文庫 9

宮崎滔天

新学社

装幀　友成　修

カバー画

パウル・クレー『跳躍者』一九三〇年

個人蔵（スイス）

協力　日本パウル・クレー協会

河井寛次郎　作画

目次

三十三年之夢

吾友滔天子。侠烈気高軒。画策縦横多危言。抱負在解兆民寃。胸蔵経天緯地謀。欲興亜洲及全渾。感想湧来山嶽動。談論激処勢瀾翻。難那天時猶未到。失脚十年徒走奔。半生夢覚落花夕。青衫唯見斑酒痕。回首三十三年非。空有一片赤心存。半夜燈前感多少。呵筆写尽旧夢繁。不入山門不避世。含垢笑入雲氏門。雲氏巧為浪花節。妙技絶倫人伝喧。子也天賚声音美。努而可窮造化源。講筵任述胸中事。案上宜説人間原。一身安処随処是。不須驕傲枉自尊。君不見人生擾擾一場夢。富貴功名何足論。大隠隠市。小隠隠村。人間更有隠外隠。併来清濁呑乾坤。噫吁彼一時兮此一時。清時須先伴芳樽。今夜対酌滌襟煩。更傾一杯作春温。落花紛紛雨紛紛。満眸春老暗銷魂。
滔天子投于桃中軒、隔数日、余得聞訪焉、滔天歓迎、啣杯迭話旧夢、自申至戌、而談遂不及当今之事也、感慨無窮、席上賦詩而述懐、偶告其著三十三年夢刻成、即附以代題辞云爾。

壬寅盛夏　　　　　呑宇　清藤幸七郎識

世伝、隋時有東海俠客号虬髯公者、嘗游中華、遍訪豪傑、遇李靖於霊石、識世民於太原、相与談天下大事、許世民為天人之資、朂靖助之以建大業、後世民、起義師、除隋乱、果興唐室、称為太宗、説者謂、初多俠客之功有以成其志云。宮崎寅蔵君者今之俠客也、識見高遠、抱負不凡、具懐仁慕義之心、発拯危扶傾之志、日憂黄種陵夷、憫支那削弱、数游漢土以訪英賢、欲共建不世之奇勲、襄成興亜之大業、聞吾人有再造支那之謀、創興共和之挙、不遠千里、相来訂交、期許甚深、勗励極摯、方之虬髯誠有過之、惟愧、吾人無太宗之資、乏衛公之略、馳駆数載、一事無成、実多負君之厚望也、君近以倦游帰国、将其所歴筆之於書、以為関心亜局興衰、籌保黄種生存者、有所取資焉、吾喜其用意之良為心之苦、特序此以表揚之。

壬寅八月

支那　孫文逸仙拝序

三

本是名家子。剣書其所耽。
三三前已爾。翹足後三三。

十

九九八十一。三三不為十。
不平出至性。人世愛深笠。

三年夢

深笠飛燕子。艶情多畸男。
他説真豪傑。何知是張三。
侈矣王侯夢。醒来羨小仙。
清白高明士。空期五百年。
夢乎吁是夢。夢裏何尋夢。
玲玲陌上声。覚殺夢中夢。

桃中軒席上、酔余与呑宇居士、分三十三年夢五字、相唱酬、調滔天子学浪花節。

壬寅夏日　無何有郷生

自序

余性声曲を喜ぶ、東西に論なく、文野を選ばざる也、則ち義太夫と言はず、ホーカイと言はず、阿保陀羅と言はず、新内と言はず、一切声曲の類、人の称して以て野鄙淫猥となすものと雖も、一として余が神を怡《よろこ》ばしめざるものあらず、但未だ曾て自ら能くせざるのみ、

余幼時僅に祭文の一節を記す、「親分頼む〳〵の声さへ掛けりや、人の難儀を他処に見ぬてふ男伊達、人にやほめられ女にや好かれ、江戸で名を売る長兵衛で御座る」唯是のみ、則《すなは》ち心鬱すれば放誦して以て自ら慰む、十数年以来、余東奔西馳、人世の激浪に打たる、こと漸く繁くして、此技亦少しく進み来るを覚ゆ、則気平かならざるときは酒を被り、疾呼放誦して以て自ら漏らしたるに因る也、

数年前、余南清より帰りて雲翁を訪ふ、翁為めに筵を設けて牛飲せしむ、余遂に酔に乗じて歓呼して歌ふ、翁笑つて曰く、祭文語りになつて居たらば、今頃は世界一になつてをつたものをと、後復康有為君を伴ふて香港より帰り来り、支那の志士陳白君と共に翁を其邸に訪ふ、翁贈るに琵琶を以てす、陳君翁に代つて之に題して曰く、

流落潯陽婦。氷絃訴別情。呉門乞食客。亦作洞簫声。英雄漂泊紅顔老。同抱余情委秋草。贈爾琵琶作伴遊。一撥十年長潦倒。

嗚呼語讖《しん》をなせるか、当時余豈浪花節家たるを期せんや、

或曰ふ、人志を立つる須らく遠大なるべし、又或曰ふ、人其分を知らざれば一生を誤ると、前者は人をして気壮ならしめ、後者は人をして心小ならしむ、前者に誤るものは空に落ちて無為に終り、後者に誤るものは萎縮して天賚《てんらい》を傷ふ、余の如きは前者に誤るもの歟、

余常に以為《おもへ》らく、世上未だ人力の範囲を定限したるものあらず、軽々速断して小節に安ずるは、直に是天賚を暴殄《ぼうてん》するものなりと、須らく志を立つる遠大なるべきを思ひ、空前の偉業を建てゝ以て蒼生を安ぜんことを希へり、

人或は曰ふ、理想は理想なり、実行すべきにあらずと、余以為らく、理想は実行すべきものなり、実行すべからざるものは夢想なりと、余は人類同胞の義を信ぜり、故に弱肉強食の現状を忌めり、余は世界一家の説を奉ぜり、故に現今の国家的競争を憎めり、忌むものは除かざる可からず、憎むものは破らざる可からず、然らざれば夢想に終る、是に於て余は腕力の必要を認めたり、然り、余は遂に世界革命者を以て自ら任ずるに至れり、

余や素より所謂人力の範囲を認め得ずと雖も、人生の要務は自箇を自覚するにあるを思へり、仏者の所謂見性成仏にあり、耶蘇の所謂神の完全なるが如く自ら完全にするにあり、以為らく、玆《こゝ》に至るの道唯学に待つべきのみと、夫れ唯学に待つべきを信ぜり、故に教育の普及を思へり、然れども社会は不平等也、貧者多くして富者少し、而して教育も亦時と金とに待たざる可からず、乃ち教育の普及を謀らんと欲せば、多数細民の状態を一変せざる可からず、是に於て余は又社会革命者を以て任ずるに至れり、

余は個人の自由権利を認むるものなり、故に財産平均の説を喜ばず、また国家社会説を採らざりき、但土地なるものに至つては、元是人力の生出する所にあらずして、天の万民に賦与するものなるが故に、少数人の専有して以て私すべきにあらざるを思へり、乃ち此道理の根柢に拠つて地権の恢復を行ひ、以て細民の窮境を一変せんことを希へり、如何にして之を行ふべきか、以為らく言論畢竟世に効なし、唯腕力の権に頼るの一法のみと、

嗚呼余が理想は現世と遠かれり、その相距る千里のみならざる也、而して独り之を理想するのみにして安んずる能はず、必ず之を現実にせんことを希へり、以為らく世一朝にして百世の後に退くものあり、亦一夕にして百世の上に溯るものあり、千里の距離豈に一瞬にして一致せざらむや、唯是腕力の権によりて起るを得て、人天の和不

和によりて定まる可き也と、然れども、所謂腕力の権なるもの、之を実際に施す能はざれば、亦是一類の夢想のみ、乃ち余は支那を選んで以て腕力の根拠地となさんと欲したり、以為らく彼処人多く地広し、而して、亦甚革命の機の迫れるものあり、吾取つて之に代るか、然らざれば同主義者をして之に代らしめ、一切の理想を適用して立極の基を定め、依て以て宇内に号令せば、庶幾《こひねがは》くば我が志望を遂行するを得んと、然れども、余は又人に人種的憎悪の病毒あるを思へり、故に元彼地の言語風俗に習熟して内地に潜入し、自ら支那人として事に従はんと擬したり、然も事情意の如くなる能はずして、徒らに炎天熱地に漂浪せり、既にして木翁の恩顧によりて夢寐の郷国に入るを得て、遍く人物を物色するに努め、遂に孫逸仙先生を得たり、乃ち驥尾に付して経策すること多年、或は菲島事件となり、或は新架坡の入獄となり、海峡植民地の逐放令となり、香港の逐放令となり、恵州の革命軍となり、背山事件となり、同志の内訌《ないこう》となり、我事悉く敗る、則ち終に桃中軒の門を敲いて浪花節の群に投ず、果然余が理想は夢想となり了れり、嗚呼雲翁の語、陳白の題、夫れ予め余に諷示せるもの耶、非耶、而も余は覚醒の晩きを憾まざる也、

余の身を浪花節界に投ずるや、余は之を知己先輩に言明するの勇なかりき、その恩顧に報ゆる能はずして玆に至るを恥ずれば也、偶々余事を以て弄鬼斎の寓に至るや、麻翁も亦来り席を同うして痛飲す、話頭の上余が事偶々翁の知る所となる、翁大声を

発し杯を投じて曰く、何んたる意気地なしぞ、貴様のやうな奴には杯は遣らぬ、畳に飲ましてやると、余も亦酒気に激せられ、礼を忘れて俗政事家の杯は要らぬと怒鳴り、而して論難反駁、夕より晨《あした》に達す、翌日翁の門生来り告げて曰く、翁帰来臥床に入りて泣き伏し、ア、何とか助け様はないかなア、茲へ連れて来い〳〵と連呼せられたりと、聞いて余も亦情に堪へずして泣けり、嗚呼余豈心に病む所なからむや、後数日一書木翁の処より来る、曰く、昨弄鬼子来り告げて云ふ、君は何右衛門とかの門弟子となりて祭文語の群に投ぜりと、僕実に怪訝に堪へず、但世間往々誤伝あり、僕は此風説の誤伝ならんことを祈る云々、又曰く、過般筑前三好将軍来り訪ふ、彼近頃陶朱氏に学ぶありと、既に昔日の怒髪衝冠的の人にあらず、是亦喜ぶ可きの事に属す、君何ぞ独り世を味気なく悟りて錫杖を寄席に振るの人となるか、僕如何にしても其の茲に至りし所以を解する能はず云々、余は遂に答をなす能はざりき、後又数日、一念兄来り訪ふ、曰く、木翁及其夫人吾に嘱して君の事を止めしむ、厭やでもあらうが、マ一度思ひ直して羽織袴で馬鹿酒でも飲み合ふ気にならぬかと、余応ぜず、彼潸《さん》然《ぜん》涙を垂れて去る、嗚呼余豈心に病む所なからむや、

余既に桃中軒に寄食するに及んで、一日師と共に雲翁の邸に至る、乃ち告ぐるに実を以てす、翁微笑を漏らして曰く、何でもよからう、併し人が八ケ間敷云ふだらう、ムー彼等の止むるのも賛成、君が肯かずにやるのも賛成、僕は両方にとも賛成しよう、

兎に角幕位作らぢやコテと、嗚呼余豈心に病む所なからんや、

然り而して余が昔日の知己友人、亦余と未だ相見ざる諸君にして、或は直接言辞を以て、或は遠く文筆に托して余が決意に同情を寄せ、或は慰藉し激励し来るもの甚だ多し、是余が感激に堪へざる所也、然れども余の浪花節界に投ずるや、諸君の想像するが如く大決心をなしたるにあらずして、唯余が性の好む所に従つて職業を採りしのみ、余が同情諸君に対して殊に慚愧に堪へざる所以也、嗚呼、余は三十三年にして略ぼ我分を知り得たりと謂ふべき歟、

余の心浪花節家たるに決するや、偶々嚢中一物なく、身を動かすに由なし、乃ち書を熊本の三浦女侠に送り、情を明かして憐みを乞ふ、女侠乞ふところのものを送り、且つ曰く、マダ世を果敢なみ玉ふお年とも思はれ不申候処、如何なる御考へにて左様なる御決心被遊候や、呉々御思ひ止まり下され度、御返事奉待上候、是は車代のおたしにでも云々、余は涙を呑んで此一物を使用し、厚意に逆うて斯業の緒を開くを得たり、殊に記して鳴謝すと云爾《しかいふ》、

嗚呼人世元是一夢場、「三十三年之夢」はその一部のみ、今、公にして夢を説くの痴人となる、豈賢者の笑を拒むものならんや、

明治三十五年八月　　滔天　宮崎虎蔵識

半生夢覚めて落花を懐ふ

響きなば花や散るらん吉野山、さりながら、誘ふ風にも散るものを、何ぞ独り鐘撞坊主の心なきをのみ恨むべけん、咲き揃ふ梢の花を白雲と見て喜ぶものあり、散りゆく狂花を白雪と見て楽むものあり、十人十色、人各々其心によつて情を異にす、唯花無心にして之に関せざる而已、余やそれ花とならんか、花や可なり、観を白雲と競ふ梢上の花となるも可なり、皎を白雪と争ふ狂花となるも亦可なり、但余に於ては是皆過去の一夢想に属す、豈に之を再びす可けんや、余や泥土に塗れる落花とならん哉、

嗚呼半生夢醒めて落花を懐ふ、則ち鏡に対して一笑して曰く、君の容貌、一癖ありそふにして而して何ぞ意気地なきの甚しきや、君の風骨、英霊なるが如くにして而して其手腕何ぞ鈍なる、君の体軀、徒らに長大にして而して其心何ぞ豆の如くなる、君の行為、不羈磊落なるが如にして而して其情何ぞ婦女の如くなる、君は是れ終に天下の不英雄なり、嗚呼不英雄なる哉、天下の不英雄君と我とのみ、共に唱はん落花の歌、共に奏せん落花の曲、武蔵野の花も折りたし、それかとて、嗚呼それかとて………

故郷の山川

然れども、余が母上は猶ほ七十有余の高齢を以て其故郷に在せり、若し余が唱ふ落花の歌を聞き玉はば如何に感じ玉ふべき、母上の在す故郷には余が妻子も亦在り、猶ほ汲々の苦を忍んで其夫其父の旧夢を護れり、若し余が奏する落花の曲を聞ば何とか言ふらん、帰去来乎、市蔵、兵吉は何とか思はん、帰りなば、故郷の山川は如何んか余を迎ふべき、

実に加藤肥州が夢の名残の銀杏城を距る西北十余里、大道髪の如き長州《ママ》街道の、ゆく〳〵将に筑後の国境に入らんとする処に一小村落あり、荒尾村と云ふ、民貧なりと雖も純朴に、地瘠せたりと雖も形勝を占む、余や此寒村の名族たる古の所謂郷士の家に生れて、旦那々々と崇められ、朝に小岱八郎行平の居城たりし七面峰を東に眺め、夕に白浪脚底を洗ふ有明湾を隔てゝ、遥かに肥前の温泉、多良二峰を西に望み、俯仰大声を放つて、英雄起処地形好を歌ひしこと幾度ぞや、而して今や斯の如し、嗚呼地形余に背きたる歟、余地形に背きたる歟、抑も英雄とは如何なるものぞ、

余が家庭

父上は余が十一歳の時に此世を去り玉ひたれば、その事の記憶に存するもの少けれども、撃剣の道場を開いて子弟を教導せられしことは、微かに余が記憶に残れり、手作の西瓜を馬に着けて、親ら村中の老人、病者を恵み廻はり玉ひしことも記憶せり、時に酒に酔ふて大声を発し大手を拡げて、無作法に歌ひ舞ひ玉ふ其面影の如何に恐ろしかりしことも記憶せり、殊に明々地に頭脳に印せられて忘れざるは、豪傑になれ大将になれと、日に幾度となく余が頭を撫でゝ繰返し玉ひしことゝ、金銭に手を触るゝ毎に、穢多、非人の所為なりとて酷く叱り玉ひしことなり、母上も亦よく父上の気を承け玉ふて心強く、常に戒めて、畳の上に死するは男子何よりの恥辱なりと教へ玉へり、而して余が親類縁者や、村中の老爺、老婆等は、皆言を極めて兄様のようになりなさいと煽りたり、兄様とは、明治の初年に自由民権論を主張して四方に漂浪し、十年西郷の乱に与して戦死したる長兄八郎の事なり、されば余は、大将豪傑の何者なるや知らずして、大将豪傑たらんことを望み、自由民権の何物なるを知らずして、自由民権を善き事と思ひ、また官軍や官員や、総て官のつく人間は泥棒悪人の類にして、賊軍とか謀叛とか云ふことは、大将豪傑の為すべき事と心得居たり、嗚呼家庭余に善からざりし歟、余家庭に善からざりし歟、余や今実に斯の如し、

余が同胞は、男八女三、合せて十一人にして、余は実に其末弟なり、此十一人の外に猶ほ一人の養兄ありし由なれども、余は終に之を知らざるなり、母上の物語り玉ふ

を聞けば、此養兄をして家督を相続せしめ、実子は皆一ト通りの教育を施して自由に放任し、各自の成行を眺めて楽まんとの父上の願望なりし由なれども、その当さに家督を相続すべき筈なる養兄は、逸早く家を棄て、藩を脱して四方に流浪し、後長州に一味して天皇の御謀叛に加担し、終に蛤御門の戦に討死せりと、爾余の兄弟亦皆夙く夭して世と親まず、父上逝去の時には、僅かに二姉二兄の余が上に残りしのみ、当時二姉は已に他に嫁し、二兄は共に近郷の某私塾に学び、而して余は近村の小学校に通学しけるが、習字、作文の課業に自由民権の字を濫用して、幾度か教師の譴責を受けたり、然れども余や先天的自由民権家なり、教師の譴責に依つて匡正《きやうせい》せらるべき病癖にあらず、十五の年、小学を卒へて中学に入りし後も、同一なる狂態を演じて屢々校長、教員の譴責に逢ひ、殊に深く同窓生に疎悪せられて、夜襲を蒙らんとしたることも再三のみならざりき、

余が中学にありし頃は、一兄は東京に、二兄は大阪に遊学せり、而して母上は、おノカと云ふ正直なる下女を対手に、唯一人にして其家を護り玉へり、父上は曾て家人の生産に心を用ひ玉はず、貧民を憐み遠人を遇することを喜び玉ひたれば、其末世に至つては家政大に乱れ、殆んど収拾すべからざるに至れり、母上女性の身を以て其後を襲ひ、且資を給して三児を遊学せしめ玉ふ、其苦心の尋常ならざりしや知るべし、余時に学資を仰がんが為めに帰省するや、窃かに蒲団、蚊帳の類を質屋に運ばせ玉ふ

を察知して、部屋に隠れて泣き伏したることも亦一再のみならざりき、而もよく此難関を打破して、余等をして一部の学校教育を受けしめ玉ひし母上の労は言も更なり、母上を助けて家政整理の功を建たるは、実に村農彦代夢翁なり、翁已に死して男千馬氏之を継ぐ、今猶乃父に代つて壊残の吾家を眷顧補助せり、唯余と余が家の恩人たるのみならず、又澆季なる今世の珍品なり、

中学校及び大江義塾

中学同窓生の其志望目的を語るや、皆曰く吾は何々の吏となり、吾は何某の官に就かんと、官や吏や彼等が唯一の志望目的にして、而して余が泥棒なり悪人なりと思惟し、自由民権の当の敵なりと認識せるものなり、故に余は彼等の余を厭ふよりも多く彼等を嫌悪せり、否寧ろ蔑如せり、但悲むべきは謂ゆる多勢に無勢なり、四面皆官軍にして賊軍は余一人のみ、即ち進んで戦ふ能はざるのみならず、常に退いて防禦の地に立たざるべからず、且つ其教員中には結髪せる神風連の残類二人もあり、固より温厚篤実の君子たるや論勿しと雖も、狭量なる自由民権家の心中には、其教授を受けることを、憐みを敵に乞ふて糧を得るが如き感をなせり、不愉快実に言ふべからざるなり、乃ち楚歌声裡一策を案出し、事に托して母上を説き、遂に脱走を企てたり、落行く先

は何処ぞ、当時頑迷守旧の風塵中、別に一旗幟を詫麻原頭に樹て、自由民権の思想を鼓吹して人材を養成しつゝありし大江義塾、即ち是なり、

大江義塾は徳富蘇峰先生の手に開かれたる家塾にして、余は実に蘇峰先生の門弟子となりたるなり、先生は自由民権主義の鼓吹者たると同時に、其教育法も極端なる自由放任主義なりき、彼は門弟子が先生と呼を允《ゆる》さずして其名を呼ばしめたり、故に余等は徳富先生と呼ずして猪一郎さんと云へり、学課日程は教員と猪一郎さんと之を定むと雖、別に塾則なるものを置ざりき、故に塾生は自ら議して塾則を設けたり、則ち所謂自治の民なり、此を以て皆楽んで塾則を守り学業を励めり、暁天霜を踏んで竹刀を闘はすものあり、三更蒲団の中より頭を出して書を読ものあり、破畳の上に淇水老師の白髯を撫で、『道徳原理』を講ずるあれば、一方には猪一郎さんが口角沫を飛して仏国革命史を講ずるあり、而も談佳境に入るや、弟子覚えず矢声を上げ、立上つて舞ひ、刀を抜て柱に斬り掛るもあり、されど猪一郎さんは此狂乱に近き挙動さへ制せざりき、余をして重囲を脱して故郷に帰るの思あらしめたるも亦宜《むべ》ならずや、殊に余をして驚異せしめたるは、毎土曜に於ける演説会の光景なり、塾生中の年長者は言ふに及ばず、十二三の鼻垂坊に至るまで演壇の弁士たることとなり、弁士たる猶ほ可なり、其滔々の弁や実に驚かざるを得ざりき、滔々の弁も猶ほ可なり、其の口ベスピールやダントンを説き、ワシントンやクロンウエルを引き、コブデンやブライトを論じ、手

を振り眉を動かして弁じ去り弁じ来る処、実に先天的自由民権家をして顔色なからしむ、然り、余や先天的自由民権家なり、唯自由民権を善き事と思ひ、大将豪傑と賊軍謀叛とは、自由民権と離るべからざるものなるを知れるのみ、而して其他を知らざるなり、何ぞクロンウエルやロベスピールを知らんや、況んやコブデン、ブライトをや、進んで演壇に立たんか、言ふべき事なし、乃ち病に托して之を避け、或は遠足登山に托して之を逃れたり、先天的自由民権家も、茲に至つて窮せりと謂ふべし、

然り、大江義塾は実に余が理想郷なりき、否余が理想よりも遥かに進歩せる自由民権の天国なりき、故に余は甚だ其処を得たるを喜べり、但例の土曜演説のみは唯一つの心掛りなりき、二三度までは佯病《けびやう》にても之を逃るべけれど、五六度となれば是も面白からざるなり、されば進んで演壇に立たんか、言ふべきものなきを奈何、於是、余は遂に自ら其短所を掩はんが為めに説を為せり、曰く必要に迫れば人皆雄弁家たるを得べし、予め之を修練するは芸人の事なりと、乃ち自ら高ふして先天的自由民権家の価値を落さざるを得たり、而して此説や終に変じて余が新なる信仰となり、再変して文章の修練も亦同一の論理に帰納して之を放棄せり、余が文章に拙なるや由来する所ありと謂ふべし、

　余や既に演説文章の修練を以て芸人の事と為す、されば先きに余をして顔色なからしめたる弁士文章家も、今は一個の芸人として余が眼底に映ずるに至れり、則ち六十

有余の同窓生悉く芸人ならざる無し、何の恐るゝことか之有らん、敬畏の念は一変して軽蔑の念となれり、既にして又一疑問は余が胸中に浮み出でたり、何ぞや、彼等皆口に自由民権を唱導し、筆に愛民憂国を論議して、一命為めに軽きを公言せざるなし、彼等衷情果して然るかと、是れ自己に対して提起すべき疑問を以て人に擬し、自己を責むべき問題を以て人に要したるなり、其意、人の短所を発見して自ら慰めんとするに在るか、将《は》た人の醜を見て我醜を正さんとするの意に出づるか、余之を知らず、但此一疑問の胸に掛つて読書を廃し、眠をなさずして煩悶するに至りたるを知るのみ、余は終に塾中第一の熱誠家と信じたる松枝弥一郎君に就て此疑問の解釈を求めたり、問ふて曰く、君の熱誠は余之を知る、但一死以て国に報じ民に奉ずるの言議、真に其衷情に出で、一片の私情なきか、或は幾分の功名心に駆使せられしものなきや、願くば我為めに君の真情を吐露せよと、彼れ呵々大笑して曰く、人豈に名誉心なからんや、人間の活動するは唯之あるが為なり、吾の如きは全身渾《すべ》て名誉心のみと、彼は実に其真情を吐露せるなり、而して余は之を聞て驚けり、以為らく斯人にして然るかと、仍《かさね》て又問ふて曰く、猪一郎さんは如何と、彼れ断乎として応じて曰く、猪一郎さんの如きは吾等よりも一層名誉心の旺《さかん》なるものなりと、此時余の顔に失望の色ありしと見ゆ、彼は慰めんとする者の如く余に謂て曰く、斯る無用のことに心を労する勿れ、男児生れて世に出づ、大功を建て大名を揚げて死せば足る、復其他を顧慮するに及ばずと、然れども斯言は余の心を慰むるに足らざりき、余は独り心に思へらく、国家民人の為めに死すと云へばこそ床しけれ、名を売らんが為めに死すとすれば、亦た是一種の利己主義にあらずや、然り彼等は所謂羊頭を掲げて狗肉を売る詐欺漢なり、否師の猪一郎さんさへ然りと云へば、天下の人推して知るべき而已《のみ》と、余は是に於て独断的推理家となれり、乃ち同窓生を蔑視するのみならず、師の猪一郎さんさへ蔑視せり、猪一郎さんのみならず、天下の有志家、古今の英雄豪傑までも蔑視せり、既にして自ら省みて其心裡を点検せり、自由民権の何物なるやを知らずして之を説くは如何、権利平等の何事なるやを弁ぜずして之を唱ふるは如何、此疑問は一瞬にして決せり、余は自由民権の奴隷なり、寧ろ空涙を揮ふて自由民権を演説する同窓生よりも下劣ならずや、余は同窓生を蔑如するの心を以て自ら蔑如せざるを得ざりき、然り余は自ら蔑如せり、結果は失望落胆となり、煩悶憂鬱となり、終に寝食を廃するに至れり、嗚呼虚我擲ち去つて真我来らず、心は糸を断たれし紙鳶《たこ》に似て、中空に漂ふて帰着する処を知らず、身は群を離れし迷羊の如く、千里の荒原に叫んで適従する処を知らず、帰結は終に自棄となれり、以為らく、此五六十年の娑婆に何かせん、意の欲し情の動くに任せて一生を了らんのみと、余や他を反照せんが為めに取りたる鏡によりて、却て自己の醜を発見して、自ら知らず人生哲学の疑問に到入したるなり、

嗚呼自棄なるものは人間至険の境涯なり、彼れ求むる所なく欲する所なし、故に為

さゞる所なきなり、天下何物か之に敵すべき、然れども彼其当に至るべき処に至らず、当に捕ゆべきものを捕へ得ず、胸裡一片の悲愁に逐はれて衷心言ふ可からざるの苦を生じ、苦更に苦を逐ふて迷を生じ、迷苦錯綜昂進して終に自棄となる、故に自棄の衷心には哀々の情炎の燃え居るなり、唯夫哀々の情炎の燃るあり、此情炎一たび真機と触れば濶然として道に入る、否《しか》らざれば自ら焼死するに終らんのみ、余故に曰く、自棄は必ずしも致命症にあらずと、正に是れ死活一髪の岐路、唯運命の神の之を監視するあるのみ、

余は自棄の卵子となつて此の至険至苦の地に立てり、夫れ何の為す所ぞ、余は酒を好めり、故に市に出でゝ之を飲めり、余は美味を思へり、故に塾則を破り鶏、牛肉店に入つて之を喰へり、余は十六の少年にして既に女を想へり、若し金と伴侶ありて其手続方法を知るを得せしめば、当時已に青楼に登つて春を買ふの人となりたらん、但一月得る所の資僅に三円、鶏、牛、濁酒も猶且つ飽く能はず、安《いづくん》ぞ青楼の巷に出入するを得ん、然れども強て之を行はんと欲すれば其術なきにあらず、盗を為すこと是なり、余や既に名誉の羈絆を脱して進んで道義の塁壁を破らんとせり、故に眼中是非なく善悪なし、加ふるに自棄の烈火を以てす、盗と雖も之を避くるの理なきなり、然れどもこは遂に余が夢に上らざりき、是れ余が回顧して少しく自ら慰むる所なり、然れども余が自由郷たりし大江義塾も、今は却て此身を束縛する不自由郷となり来

れり、自由民権の詐偽漢等は、余が酒気を帯び来るを見て非難するなり、名誉の奴隷等は、余が鶏、牛肉屋に出入するを知て悪口するなり、自棄の卵子も亦彼等を蔑如して其境にあるを好まざりき、故に名を独逸学修業に托して母上と一兄を胡魔化し、大江義塾を辞して帝都の中央に迷ひ出でたり、

自棄の卵子の反動

余は所謂自棄の大決心を以て紅塵の巷に立てり、運命の神は如何に余を遇せんとするか、余は始め同郷の友人を便《たより》て其下宿に同居せり、触目の事物一として新奇ならざるなきが中に、殊に余をして一驚を喫せしめたるは友人の変化なり、余は先其外形の変化を見て一驚せり、此間まで短髪弊衣の一壮夫たりし彼、其頭髪は横分にかき撫られ、其衣は足先さへ隠るゝジヨベ〳〵の絹布を纏ひ、机の上には鏡が正面の第一座を占め、鉄の如かりし彼の色は、さながら感冒に病る幽霊の如く蒼白となり、共に洗湯に行けば、石鹼もて一時間も其顔を磨《こす》る、更に驚くべきは彼等同志の談話なり、此間まで沫を飛して自由民権や忠孝仁義を説きし其口は、今や女郎、芸妓乃至矢場、牛肉店の女の評議の為めに忙はしく、評議の結末は何時も実行となる、彼等固より余が自棄の大決心を知らず、故に始めは憚つて之を秘し、既にして余が故郷への通信を恐れ

て自ら打明けて緘黙すべきを乞ひ、終には余を誘ふて其群に入んと試みたり、余や既に所謂自棄の大決心を有するものなり、若し其決心を以てせば是豈に好箇の手引にあらずや、豈に恰当の案内者にあらずや、余や当に進んで之に応ずべきなり、然れども余は之を拒めり、断乎として之を拒めり、而して自ら其理由を知らざるなり、唯一種言ふべからざるの厭気を彼等に有したるを知るのみ、其形と、其話と、其行を見て嘔吐を催さんとしたるを知るのみ、然り余は終に彼等の面をさへ見るを厭ふに至れり、故に其下宿を去りて某私塾に寄宿し、以て彼等との交通を断絶せり、西郷南洲曰く、学校は善士を育する所以なり、啻《たゞ》一村一郷の善士にあらずして、必ず天下の善士たらしめんと欲するなりと、余も亦学校とは此の如きものと思へり、但余が某私塾に寄宿したるは実に異例の魂胆なりき、則ち心胆を練磨して天下の善士たらんが為めにあらず、亦書を読み字を習ふて学者たらんが為にもあらず、先づ厭な友人の面白からざる風采、談話、行動より遠かるが第一の目的にして、特に学校を撰びて之に居りたるは、余が経済的事情然らしめたるのみ、直言すれば育英の場所を自棄の卵子の安泊りに利用したるなり、利用の道は当を得たり、然ども余は其第一目的に於て失敗せり、則ち四五の厭な友人より避得て四五十の厭な友人に出会せり、泥土の中より脱し得て更に厠の中に逃込めり、然り此の学校も亦余一人の安泊にあらずして色餓鬼の共同安泊なりき、余は此に至つて幾度か「憂しと見し世ぞ今は恋しき」の嘆を漏せり、窮屈なる不自由郷となせし大江義塾も、自由民権の詐偽漢と思ひし旧同窓生も、今は屢々自棄の卵子の夢懐に入れり、嗚呼天地広しと雖も、此身を奈何、自棄の卵子は再変して一種の不平動物となり、三転して厭世の人たらんとせり、天地寂々万象も眠に入るの夜、独り天地万象の外に棄てられたるが如き心地して、窃かに声を絞りて泣き伏したる事幾度ぞや、

耶蘇教徒となる

当時大江義塾同窓の先輩荒木三保彦君会々《たま》此の学校に通学せり、余は日毎に彼と帝都の名所を見物し、以て僅かに胸中の《の》鬱情を舒べたり、或る日曜の夕、荒木君は復た余の嚮導となりて所々を散策し、帰途耶蘇教会堂の前を通過するに及んで、余を誘ふて此処に入らしめたり、余は何心なく従つて入れり、而して又何心なく所謂讃美歌なるものを聴けり、オルガンの音何ぞ劉朗なる、讃美歌の調何ぞ清愴なる、余は之れを聴く少時にして、心既に澄み渡れる秋宵の天の如くなれり、而して其オルガンに合せて唱ふ信徒の面影を窺ふに及んで、其清く楽しさうなる境涯の切りに羨ましきを感じたり、歌歇《や》みオルガンの音も絶えて、一宣教師は演壇に立上れり、説き出す所は上帝の存在論なりき、余は彼が説教の巧拙を知らず、亦其説教の論理も今之を記憶せず、

只余は之に依つて暗夜に光明を望むが如き感をなしたるを記憶するのみ、一身万事を斯神に捧げて一生を送らんとの感想を起せるを記憶するのみ、而して説教の終りに読み上げられしバイブルの一節を記憶したるのみ、バイブルの朗読了つて再び劉朗なるオルガンは響き渡れり、清愴なる讃美歌は唱はれたり、余は悲しきが如く嬉しきが如く、一種言ふべからざる感想に打れて泣かんと欲せり、式完く了つて夢の如くに教会を出でたり、而して亦夢の如くに書肆を探つてバイブルと讃美歌を購へり、而して亦夢の如くに学校に帰て之を繙けり、而して亦夢の如くに宣教師の朗読せる一節を探して之を読めり、「身の光は目なり若《もし》なんぢの目瞭《あきらか》ならば全身も亦明なるべし、若なんぢの目眊《あし》からば全身暗かるべし是故に爾の中の光もし暗からば其暗こと如何に大ならずや……、是故に我爾等に告ん生命の為に何を喰ひ何を飲また身体の為に何を衣んと憂慮《おもひわづらふ》こと勿れ生命は糧より優り身体は衣よりも優れるものならず乎、爾等天空の鳥を見よ稼《まく》ことなく穡《かる》ことを為ず倉に蓄ふることなし然るに爾等の天の父は之を養ひ給へり爾等之よりも大に勝る丶者ならず乎、爾等のうち誰か能おもひ煩ひて其生命を寸陰も延べ得んやまた何故に衣のことを思わづらふや野の百合花は如何にして長《そだつ》かを思へ労ず紡がざるなり……爾等先づ神の国と其義とを求めよ然らば此等のものは皆なんぢらに加へらるべし、是故に明日の事を憂慮なかれ明日は明日の事を慮わづらへ一日の苦労は一日にて足れり、……」言々語々皆両鋭の剣の如く余を刺せり、句々節々余が生命の活泉ならざるなし、余は悲喜交々胸に迫つて終に泣けり、泣いて而して読み、読んで而して泣き、夜を徹して独り悲喜交至の清歓を擅《ほしひまゝ》にせり、運命の神の未だ余を棄てざるに因る歟、

自棄の卵子は一変して希望の児となれり、既に一条の曙光を望めり、一気当に其到るべき処に到らざれば休む能はざるなり、一週日の間、余は睫を合する遑なくしてバイブルを通読せり、全篇の言句、皆生ける電気の如く余が心裡に働けり、「人若し婦女を見て色情を起すは衷心既でに姦淫したるなり……若右の目爾を罪に陥さば抜出して之を棄てよ……」、是等の句を読んでは覚えず震慄せり、而して「総て重荷を負へるものは我に来れ……、誰か其児パンを求めんに石を与へん乎……」等の語を読みし時には自ら知らず雀躍せり、然れども余が共同安泊の同宿生は此消息を解せざるなり、彼等の中には余が俄かに勉強家となりたりとて冷笑するあり、亦或者は耶蘇の伝導師にでもなるのかと余を揶揄《からか》へり、嗚呼哀れなる色餓鬼共よ、公等未だ毀誉の外に道義なるものあるを知らざるか、余は之を認め得たり、公等未だ肉体以外に霊魂なるものあるを知らざるか、余は今之が本源に遡りつゝあり、嗚呼公等未だ人間の上に神なるものあるを知らざるか、余は今之を捉へんとしつゝあり、公等は粉脂《ママ》の臭を追ふ糞蠅たるに甘じて、余が胸中の春風を煽ひで自ら酔へることを知らざるなり、然り昨日の我は今日の我に非ず、今日の我や既に斯の如し、千百の罵詈嘲弄何かあらん、果然余

は宏量の君子となれり、復昔日の不平動物にあらざるなり、
　楽しき日曜は来りぬ、余は逆に例の荒木君を誘ふて教会堂に到り、午前の集会に参列して新世界の清気を呼吸せり、而して復た待兼たる夜の集会に参列して、劉朗たるオルガンの音に心を澄まし、清愴なる讃美歌に神を鎮めて宣教師の説教を聴けり、式了つて恍惚として教会堂を出で、感情胸に満ちて独り帰路を辿る時、不図背後より余が肩を叩くものあり、ふり顧れば今迄演壇に立ちたる宣教師なり、覚えず一礼すれば、彼は最《い》と親切なる語調にて余に言て曰く、卿《あなた》は実に神様の恵みを受くべき人です、神様は必ず卿を救ひます、私は築地の四番館に居ります、フシヤと御尋ねになれば判り升、奥さんも居り升から何時でも遊びに御出なさい、神様の事、基督の救の事、何でも委しく御話を致しましよう、是れは帰りて御読みなさい、神様の存在の事が判り升と、一小冊子を取り出して余に与へたり、余は実に忝《かたじけ》なさに涙のこぼるゝを禁じ得ざりき、然り、其言ふべきことを知らずして泣ひて叩頭したるのみ、而して別れて夢の如くに学校に帰り、又夢の如くに其小冊子を繙けり、此小冊子は基督教三綱領と題するものにして、神の存在、人間の罪悪及び基督の贖罪の三綱目を簡短に説明したる、斯道の初学読本なりき、
　余は翌朝々飯を了へてフシヤ師の寓を訪へり、彼は喜び迎へて其細君に紹介し、亦其子女にも紹介して一家人の如くに遇したり、一見如旧と云へる文句は余曾て之を知

れり、然れども事実に於ては始めてなりき、殊に外人によりて此好遇を受く、誠に余の感を深ふせる所以なり、況んや師は余が為めにバイブルの講義をなし、其細君は余が為めに英語の初歩を教授するに於てをや、余は日毎に本郷の共同安泊より、築地四番《ママ》に通学する身とはなりぬ、

時日は廻転して盛夏の候となり、フシヤ師は其家族を挙げて暑を閑地に避け、共同安泊の連中も思ひ思ひに処を換へて、あとには余と共に動かれぬ事情を同ふする二三の貧生のみ残されたり、然れども余は少しも暑を厭ひ彼等を羨むの心なかりき、余にはまた彼等の有せざる一点の楽地あればなり、

時しも旧師猪一郎さん来つて芝浦に在りと聞き、直に往て之に謁せり、余や固より師なつかしき情意なきにあらざれども、その心底には、曾て自己胸底の乱迷によりて漫《みだ》りに其師を軽重したる罪過をば、せめて其面影に対して心に詫びる処あらんと欲したるなり、然り余は此の如く小心の人となれり、而も面《まのあた》り之を懺悔告白して自ら慰むる底の勇気を有せざりき、然るに師は余が罪を罪とせざるのみならず、余を延いて其膝下に至らしめ、夙に余が傾向に憂慮して現状を問ひ、耶蘇教に熱中しつゝありとの余の答を聞いて先づ安心せりと喜び、且つ余を勧めて其寓に同居せしめ、また余が為めに其友人小崎弘道師に紹介し玉ひければ、余は玆に始めて小崎師の門に入るを得て、日毎に師の芝浦の寓より小崎師の門に通ひ、漸く耶蘇教の道に進むことを得たり、

斯《かく》て避暑休暇の時期も過ぎて、学校の門は開かれ、学生は皆京に帰りて業に就く頃とはなりぬ、余も亦共同安泊の学校を辞し、心を新にして早稲田専門校に入学せり、当時師の猪一郎さんも足を東京に駐むるに決し、其の高弟人見市太郎君を遣はして大江義塾を閉校せしむる事となり、塾生の師の後を逐ふて東京に来るもの多く、その内亦来つて業を専門校に学もの尠からず、乃ち曽て心に侮辱したりし旧同窓生と、今は帝都の片隅に同居して、却て往事を回顧して共に相喜ぶの境となれり、当時余が郷に得る所の資僅かに六円、而して経常月出の費目は食料三円と月謝一円八十銭、合せて実に四円八十銭、余す所の一円二十銭を以て、一ケ月の筆紙墨料及び小遣銭となす、焼芋の間食だに容易ならず、其窮屈や知るべし、会々同窓中此事情を同ふするものあり、中合せて近傍のしる粉屋に相談し、月二円五十銭の約を以て食事を賄はしめ、身は寄宿舎に起臥するの法を採つて五十銭の剰余を作出せり、五十銭は大金なり、私かに其策の当れるを喜びたりしが、一ケ月の末に及びて断わらるゝに至れり、謂ふ余り御大食なさるによりて引合不申と、止むなく転じて之を理髪店に諮る、即ち許諾を得たり、復た一ケ月にして拒絶さる、其理由や前と同じ、策窮して遂に六畳一間の柴小屋を豊島村に借り、自炊塩菜以て斯命を繋ぎ、且つ楽んで業を励めり、一家五口、皆大江義塾の旧同窓生なり、人称して五貧軒と曰へり、然も余や実に自から貧なるを覚えざりき、他に生命の糧の倉庫を有したるが故なり、則ち番町教会は当時小崎師の牧する所にして、余は毎日曜日に此教会に至りて説教を聞き、讃美歌を唱ひ、バイブルを研究するを以て無上の楽となし、以て新なる生涯に向つて歩武を進めたり、秋逝き寒去りて余は十七歳の春を迎へぬ、小崎師は一日余を招いて最早洗礼を受けては如何と云ひ玉へり、是れ固より余の願ふ所、然ども余の道に入るや、其引をなせるものはフシヤ師なり、故に特にフシヤ師を徳として斯道の父とせり、乃ち小崎師に告ぐるに斯情を以てし、フシヤ師に就て洗礼を受けんと答へたるに、小崎師も亦其情を察して之を可とし、且つ徐ろに余に謂つて曰く、フシヤ君の属する教派は浸礼教会にして、其教会政治に於ては略ぼ吾派に近し、但洗礼之義に就て面倒なる持説あるのみ、然れども基督教たるに於ては則ち一なり、宜しく君の欲する所に従ふべしと、余や未だ曾て耶蘇教にも八家九宗の派別あるを知らざりき、而して此時始めて之あるを知つて聊か迷へり、就て其理由を問ふて教会歴史の大略を聞くを得て、始めて撰択者の地位に立たざる可からざるを自覚せり、然れども遂に多くの考慮を費すことなくして組合派を撰べり、其教会政治の共和的にして、信仰条目の自由なるに採りたるなり、これ一たび放擲したる自由民権主義の此処に復活せるものか、余は到底自由民権と分離する能はざる者なり、

余は小崎師によりて洗礼を受け、愈々信徒の交に入れり、則ち神の嬰児として地上天国の民となりたるなり、歓喜何ものか之に加へん、余は此歓喜を分たんが為めにフ

シヤ師を訪ひ、告ぐるに小崎師の洗礼を受けて信徒の交に入りたることを以てせり、何ぞ図らん、彼は之を聞て喜ばざる色をなし、洗礼之義に就て喋々と陳弁せり、是が為めに余は少しく心配せり、教理の為めにあらずして情実の為めなり、然れども情実は終に道理に敵すべからず、余は断乎として組合派を以て満足すべしと言ひ放てり、而して彼れの顔色益々悪くなれり、終に言を高くして謂て曰く、卿は組合教会の洗礼では救はれませぬと、余は自己の歓喜を分たんが為めに其師を訪ふて、却て其目的を誤りしのみならず、更に一打撃を加へられたり、此一打撃は固より余が安心を擾乱するに足らざりき、されど無識なる余が胸中一点の闇雲とはなりたり、以為らく天国も終に学に待たざるべからざるかと、

然るに余が故郷の母上は、六十の高齢を以て猶未だ此の福音を耳にだもし玉はざるなり、此れを思ば余が胸中の春は一消し去て、一時に愁雲の襲ひ来るを感ぜざるを得ざりき、故に余は急ぎ郷に帰り、母上に謁して道を説けり、否寧ろ道を強ひたり、余や自ら信ずること厚しと雖も、之を口に説き人に教へんには余りに無学なりき、則ち泣ては禱り、禱りては泣き、終に祈禱と涙とを以て母上を征伏せり、母上のち余に物語りて曰く、己はおまへの熱心に驚かされた、此弱年の者がアノ位熱心するのだから、何か非常なものがあるだらうと、其疑問の刺激によりて種々なる迷を生じ、終におまへの宗門に逃込んだのであると、母上や今猶依然たる斯道の信徒にして、其信仰も亦

年と与に境を進めつゝあり、而して余や今斯の如し、人生の行程も亦奇なる哉、
「己もおまへの御蔭で救の道に入りたれば、おまへも最早安心して東京に上り、人に後れを取らぬ様勉強しなさい」と、余が為めに吝気もなく祖先伝来の山林を伐採して金に代へ、以て余が旅用と数月の学資を給し玉ふ母上の熱き心を涙に受けて、再び東京に入りし時には、二兄弥蔵は其友人宍戸第君と共に大阪より来りて東京に入り、麹町の一下宿に蟄居してありたり、

軈《やが》て避暑休暇の時となりたれば、余は二兄の下宿に同居して起臥を共にし、機に触れ時に乗じて耶蘇教の伝道を試みたり、然も彼等は何やら落着かぬ様子にて、常に余の目を避けては二人してコソ〳〵と密談を凝せり、余は甚だ之を心に訝かりたれども敢て言はず、唯切りに吾道をのみ説きて之に引入んと努めたり、一日余例に依て二兄を勧説するや、彼れ自烈《じれつ》たさうに余に謂て曰く、宗教の事固より重要ならん、されど吾今眼前に一大事の横るものあり、故に今日宗教を講ずるの遑なしと、余曰く人生固より重大事なきにあらずと雖も、何物か自己の立命より急なるものあらんと、バイブルを繙き其の中の一節を摘示して曰く、「人若し全世界を得るとも其生命を失はば何の益あらんや」、此一語実に深く之を味ふべしと、彼れ熟読反復して心甚だ動くものあるが如くなりしが、少焉《しばらく》あつて愁然として余に謂て曰く、汝は吾が希望の熱湯に一桶の冷水を投じたり、最早汝の忠言を棄てゝ自己の志望に従ふの勇気なしと、仍つて

其所謂胸中の秘密なるものを吐露せり、曰く人の世に在る須らく一代の大方針なかるべからず、吾れ心を此事に労すること多年、近頃漸く自ら考定する所あり、以為く世界の現状は弱肉強食の一修羅場、強者暴威を逞ふすること愈々甚しくして、弱者の権利自由日に月に蹂躙窘蹙《きんしゅく》せらる、是豈軽々看過すべきの現象ならんや、苟《いやしく》も人権を重じ自由を尊ぶものは、須らく之が恢復の策なかるべからず、今にして防拒する所なくんば、恐くは黄人将に長く白人の圧抑する処とならんとす、而して之が運命の岐路は懸つて支那の興亡盛衰如何にあり、支那や衰へたりと雖も、地広く人多し、能く弊政を一掃し、統一駕御して之れを善用すれば、以て黄人の権利を恢復するを得るのみならず、又以て宇内に号令して道を万邦に布くに足る、要は此大任に堪ゆる英雄の士の蹶起して立つ有るに在るのみ、吾れ是を以て自ら支那に入るの意を決し、遍く英雄を物色して之を説き、若し其人を得ば犬馬の労を執つて之を助け、得ざれば自ら立て之に任ぜんと欲す、故に已に一友と約して窃かに入清の準備を急げり、元汝と雖も秘して知らしめざるを期せり、然れども今汝の勧説に逢ふて心甚だ安からず、斯志望を一擲し去らんと欲して一擲し去る能はず、進まんと欲して進む能はず、汝は我をして進退両難五里夢中の人となり了らしめたりと、之より日毎に握飯とバイブルとを携へて独り郊外に駈け出し、夕に帰り晨に出で、立命を逐求し、終ひに小崎師の教導により て斯道の人となり、其入清の志望も全く之を擲《なげう》てり、而も余が胸底には此時を以て

「支那」てふ一点の印象を止めたり、

思想の変遷と初恋

当時一兄は病を得て家郷に在り、偶々書を寄て一旦帰郷すべきを命ぜり、曰ふ近年凶作の影響を受けて家運大に傾く、最早月々の学資を送る能はずと、余終に二兄と前後して郷に帰り、兄弟三人久し振にて一堂に会し、共に母上の膝下に奉侍する身とはなりたり、

余が一家は頓《とみ》に宗教哲学の研究所となりぬ、余と二兄は耶蘇教を以て一兄を説落さんとすれば、一兄は道理主義を以て之に応じ、母上は常に傍聴者の地位に立ち玉へども、時にまた其実験を説いて余等に加担し玉へり、既にして近郷の青年も亦来つて此研究に加はるもの漸く多く、隣家の子女や余が家の下女下男に至るまで、淫鄙なる俗謡を廃して讃美歌を唱へ、楽んで以て業を励むに至れり、而して余は日曜毎に集会を開いて必ず一場の説教を試みたり、果然、必要は演説嫌の余を駆つて弁士たらしめたるなり、

母上も今は殆んど家運の傾頽を心に掛け玉はず、一日の苦労は一日にて足れりと云ふ境に安んじて、下女下男や村内の子女を率ゐて此の研究の仲間に投じ玉へり、斯く

て時ならぬ春風は余が一家に満亘れり、然れども家門一歩を出づれば、全村総是秋風落葉の光景なり、数年打続きたる凶作に、貯蓄の余裕は云ふも更なり、日に三度の芋飯さへ飽くこと能はず、剰《あまつさ》へ年貢上納の期は迫り、小作米払込の時は来れり、金貸業者は容赦なく抵当の地所を引上げ、農民唯一の財産なる馬さへも奪ふなり、余は今猶ほ記憶す、数十の小作人余が家に詰め掛けて窮状を訴たへ、母上に泣き付いて徳米を値切り、其中には酒気を帯びて暴言さへ吐きしものあることを、然れども母上は之が為め怒を発し玉はず、諄《じゅん》々として処置法を講じ玉へり、而して殊に余が感を動かしたるものは、一兄の彼等に対して述べ玉ひし言語の一節なり、曰く沢山の土地を一人で私有して、おまへ方に小作をさせて其徳米で座食すると云ふことは、固より道理ではない、実は今にも分配しておまへ方にやりたいが、少焉堪忍して吾等を貢いで居つて呉れ、一ト通りの学問が出来て世の中に立てば、必ず此不道理を打破ることに尽力して、広く小作人の為めに権利の恢復をやる、今は準備の時代ぢや、準備が出来ねば戦争もされぬ、どうか此意を諒してと、熱心面に溢れて語り玉ひたれば、彼等一言の返す言語なく、叩頭涙を垂れて去りたり、嗚呼彼等は実に心の純なる者にして、而して其境の憫むべき者たるなり、

　我が郷村また農婦あり、名をおナカと云ふ、男優りの働者にして天成の雄弁家なり、余は其談話を聞いて一夜眠らざりしことありき、曰く稼ぐに追付く貧乏なしとは云ふ

が、稼いでも〳〵追付かぬのは水呑百姓で御座り升、私でも一度は十八の時がありました、あの爺とくッ付きまして、恋れた同志が鍋一つ、茶椀二つに箸四本、ほンにそれ丈で御座り升た、さうして世帯を持つて御内の地所を拝借しまして、稼ぐも稼がぬも、それは〳〵一生懸命で御座り升た、御袋様の御承知の通り、三年目には俵の四五十も積み立てました、そりや一度も上納の不足なぞは仕ませぬ、が、恋れた仲なら是非もなく、我慢が出来ませぬもンぢやから餓鬼がツン出て来まツしゆ、スルと子守が要る、口がふへる、私は仕事は半分ほか出来ますみやア、餓鬼が感冒《かぜ》ひく、ソラ御医者様、ソラ着物、彼是する内に又腹がポカリンで御座りましよう、ア、死んで生れて呉れと念願立てますが、オギアと云ふ声聞いちや殺されたもンぢや御座りませぬ、もう私しや三ケ一も野に出られますまい、折角積んだ俵はズン〳〵減つてゆく、もう無くなる、気違のごとなつても駄目で御座り升、コリ〳〵して前をおさへて居ても、また何時の間にか餓鬼が出来ます、其中には死ぬ奴がある、そら葬式、よつて掛つて飯米を詰込みまツしゆ、もう借銭で利子に追はれまツしゆふ、浮ぶ瀬が御座り升か、一生火の車で御座り升……嗚呼先づパンを与ふべき歟、福音を先にすべき歟、是れ当時新に起り来りし余が胸中の疑問なりき、抑《そもそ》も一兄の地権恢復意見とは如何、

一兄は云へり、宗教の安心によりて貧境を慰めしむるは完全なる方法にあらず、慈善的救助は道義の切売にして一時の姑息手段なり、須らく人権の大本に溯つて之が恢

復を策せざる可らずと、又曰く土地なる者は天の人類に供せる共同物件なり、人之を耕作して利を収むるの権ありと雖も、専有して以て私慾を張るの要具となすべき権あるなしと、彼はその所謂道理の大法を以て現社会を反照し、其欠陥を捉へ来つて直に道理の大法中に融化せしめんと欲するなり、故に曰く土地なるもの丶性質と之に対する人類の権利とは、共に現社会の外に逸せる大問題にして、未だ正当合理の解釈を与たるものなし、若此大問題にして正当合理の解釈を与られんか、啻に天下貧民の状態を一変するを得るのみならず、同時に現社会の根底を革むるを得て、真の平和幸福始めて庶幾すべきなりと、余は猶彼によりて欧米社会主義者の主張と、其運動方法の一斑を聞けり、ヘンリー、ジヨージの名も聞けり、而してクラプトキンの名も覚たり、余の彼れに負ふ所大なりと云ふべし、夫唯一死人を見て感情を激成し、終に死生の分別を着けたる釈迦牟尼仏は、蓋し根器の上乗なる者なり、余や鈍根下器の人、乞食貧民を見たること幾百千なるを知らず、而して之を見て時に一掬の涙を灑《そそき》て行過ぎ、偶に一二厘を投与して以て自ら真機一点の芳心を胡魔化し去て、未だ曾て「貧」を掲て胸中の問題となさゞりき、天偶々禍を下して余が郷に帰を促し、窮民の実情を耳聞目睹せしめ、殊に一児をして道理的断定を下さしめて終に余が心裡に「貧」てふ印象を刻銘せり、

家居半年有余にして余は熊本に出で丶海老名師の門に入り、又転じて長崎に出で丶

カブリ校に入れり、カブリ校は米国美以美派の所轄にして、所謂ミッシヨナル、スクールなり、当時同窓の学生百余名、中には校費生もあり、亦多少の労働によつて学資を得る所謂自給生なるものもありたり、而して余は此校に於て初めて未だ見ざる所のものを見たり、校費生たらんが為めに信仰を偽る詐偽信者是なり、不信者と信者とを取分けて待遇する宣教師の手管是なり、而して定期リバイバルとでも云ふべき一種奇怪なるリバイバルさへ見たり、然れども余は昔日の如く狭量ならざりき、故に唯己れの分を守つて静かに学業を励めり、余や其教派を異にせりと雖、信仰は甚だ堅固なり、固より詐偽信者と日を同ふして論ずべきものにあらず、故に教師信徒の間にも厚遇せられて、幾度か転会すべしとの勧誘を受けたれども、遂に之を肯ぜざりき、組合派の教会政治を離るゝは、自由民権を棄つる所以なりと思惟せるが故なり、

先是《これよりさき》、余の海老名師の門下にあるや、常に其の説教演説を聞いて思想議論の新奇なるを喜び、深く自ら研磨造詣の浅きを恨めり、故に長崎に至るや大に修練啓発するあらんことを期し、自ら課外の課を定めて神学、哲学の一斑と、一児によりて繙かれたる社会学の門戸を窺へり、焉ぞ知らん、源因此処に発して信仰の大変動を来さんとは、

余は知を求めんが為めに書を読めり、読んで一事を知れば、従ひてまた一の疑を生ず、余は道に進まんが為めに黙想せり、想至つて一事を得れば、従ひてまた他の想に迷ふ、余は此疑雲迷霧を打破せんが為に奮戦せり、而して遂に理に於て基督の神性を

否定したり、然れども情に於ては飽までも彼に神事せんことを希へり、理性の命に従つて基督の神性を否定せんか、教会を脱して信徒の交を離れざるべからず、禱なきの人とならざるべからず、自励み自進む一本立の人間とならざるべからず、即ち他力本願を棄て自力得道の人とならざるべからざるなり、歯嚙みして以て是矣《これぞ》と断定すれば、言ふべからざる寂寥の感は油然として胸中に湧き来るなり、千里の荒原を独旅するの心地せらるゝなり、されば依然として基督に神事せんか、既得の知識を放棄して無智の旧態に返らざるべからず、是豈能すべき事ならんや、既に祈禱の以て天地の大法を動かすべからざるを知れり、如何で天に在《ましま》す云々を叫ばんや、既に人間の心性は練磨して以て道に進むべきを悟れり、如何んぞ基督の贖罪を求むべけんや、余が感情と理性とは是に於て相反撥せり、胸中の春色一時に消て秋風は吹き荒めり、既にして余は復た沈鬱煩悶の人となり了れり、遂に読書を廃して余が所謂祈禱の山に隠れ、或は号泣して旻天《びんてん》に叫び、而して又自ら嘲けり其愚を笑ふて沈思黙想し、情激し感窮まり、泣て又基督の救を呼ぶ、此の如きこと一週日にして余は遂に自ら叫べり、真理世に在り理性吾に存す、復何をか悲まんやと、自ら励まして山を下り学校に帰る、然れども胸中一点の疑惧は猶未だ全く去らざりき、

　当時偶二兄より一書を寄せ来る、披けば亦是自己信仰の変化を報じて、余の一考に資せんと欲するものなりき、彼は其変化の順序と自己の意見を詳細に記述せり、其要

旨は、基督の神性を疑ふに始つて、遂に之を否定し、更に森羅万象を以て黙示の聖書となし、自己の理性を以て自己の救主と信じ、研磨攻究して自化の大道に入らんとの意にして、殆ど余と其帰を同ふするものなりき、而して彼の書中別に一紙を封入す、友人藤島君贈る所の書にして、是亦余と二兄に対して信仰の変化を報ずるものなりき、曰く、天清閑を賜ふて却て古聖賢に親むの機を得、黙座静考、大に陽明知行の説に得る所あり、終に基督の門を脱して自ら吾道を拓くに決せり、二君近頃の感想果して如何と、君は筑前の人、豪咄《ごうとつ》と号す、軀幹偉大、膂力絶倫、其識見も亦群を超ゆ、慷慨にして気節あり、常に東方の事を以て念となせり、余君と学窓を専門学校に同ふし、また二兄と前後して小崎師の門に学び、終に耶蘇教の列に入りたるものなり、今この三人時を同ふして此変化あり、亦奇ならずや、君当時秘密出版事件に連累して獄中にあり、天清閑を賜ふ云々の意は即ち是なり、君や既に早く逝て現世の人にあらず、二兄も亦其後を追ふて鬼籍に入る、而して余独り此世に在りて夢の記を作る、また夢なる哉、

心既に三位一体の基督に絶縁せんと決して、猶一分の未練を胸底に蔵したる余は、藤島君と二兄の書を読むに及んで、俄かに千軍万馬の援兵を得たるが如き思ひをなして、愈々其決心を固ふせり、依頼質の動物なる哉、是余独り薄志弱行なるが為の故に然るか、抑々人間の常情なるか、余之を知らざるなり、然れども余は将に言はんとす、

浮世の道行に於て頼むべきものは、神にあらず基督にあらずして、却て人類間の真友に在りと、然り、唯所謂真友なるもの、得難きを恨むのみ、

当時余は偶々また新なる一友人を発見せり、そは西洋生れの乞食叟なり、人は皆彼を見て狂乞食と云へり、其主張の余り極端にして行の太《はなは》だ奇なるが故なり、然れども彼は独り自ら宇宙の真民を以て居り、却つて天下の人を目して狂人となせり、彼は一種の凡《ママ》神説を把持する極端の自然主義者なりき、故に基督教的有神説に反対して、現今の文明なるものを憎悪せり、彼が畢生の希望は、現社会を破壊し尽して無政府の世界となし、人民箇々の私有権を奪ふて共有となし、通貨を撤し商賈を廃して、物々交換の旧世紀に返らしめ世界人類を挙げて共夫共妻の一家族となし、万民を農夫たらしめて太古の民に帰るにあり、而して彼が理想社会の法律は、唯一部の生理書を以て足れりとなせり、彼は其主張を口に言ふのみならず、必ず之を自箇境遇の範囲内に於て断行せり、彼は非肉食論者なりしが故に一切之を食はざりき、彼は自然論者なるが故に畳を厭ふて土間に起臥せり、彼は共夫共妻主義なるが故に時に婦女を引張つて相談したる事あり、余は彼の主張よりも寧ろ其実行力に驚けり、而も世人は却て其主張に伴ふ実行を見て狂と呼べり、世上未だ狂の定義の適切なるものあらず、彼の如きは当に百世の後を待つて判明すべきものか、

余や彼に頼つて益を受けたること尠少ならず、基督教的迷想より遠かるの助勢たり

し事是なり、欧米貧民の状態を説明して、文明に随伴する貧富隔絶の弊毒を知覚せしめたる事是なり、余が家庭に受けて基督教に依つて培養せられたる自由民権論を、一層広濶切実ならしめたる事是なり、主義信念を断行する徳善の勇を羨望せしめたることと是なり、

当時又長崎に製糞社同人なるものあり、何人の命名する所なるを知らずと雖も、佐藤龍蔵君を社主となし、一木才太郎、鈴木力、則元由庸、本城安太郎等の諸君之れが黒幕たり、其社中の面々に至つては、白米伯あり、馬骨男あり、爵禄以下の徒と雖も皆一世の奇を以て鳴るもの、日に社主の邸に相会して奇説怪論を競へり、余弱年を以てして時に其末班を汚し、奇中実を捉へ、怪中真を捉へて以て自から資するを得たり、余一夕偶々社中の人に告るに此乞食の事を以てす、皆太だ之を奇なりとし、余に命じて携へ来らしめ、是より懇親を結び為めに一学校を起すこととなり、終に余が同郷の有志前田下学君を説いて資を出さしむるに決し、前田君も亦之を諾して長崎に来りて乞食先生を迎へ、余をして之が通弁方たらしむ、乃ち乞食先生と共に前田君の処に至る、居ること数月、学校の準備未だ成らずして警官先づ杞憂を懐き、乞食先生を目するにバクニンの亜流を以てして、遂に命じて長崎に還らしめたるを以て、此の企も水泡に帰せり、而して彼の長崎に帰るや、官復退去すべきを命じたりと、以後其足跡遂に尋ぬべからず、十数年後の今日に至つて杳として聞くべきなし、先生名をイサク、

アブラハムと云ふ、瑞典国《スエーデン》の産にして世界の無籍者なり、知らず彼将た如何なる天地に其夢想を逞ふしつゝあるか、

此乞食先生は真に之れ余が無形の大恩人なり、否啻に無形の恩人たるのみならず、又実に余が為めに生ける遺物を残したる有形の恩人なり、何ぞや、余が妻女是なり、余は彼の通弁として前田家に在る間に、其家の嬢と夫婦の契約を取結べり、先生は唯余等の為めに此機会を作りし無心の媒妁者たるのみならず、亦両者の情意を通ずる唯一有心の電話機となれり、彼は余に向ひて嬢の余を愛することを通じ、嬢に対して余を稀世の大人物なりと称誉して、速かに夫婦の懇親を結ぶべきを勧告せり、而して余等は遂に其の如くなりて現に三児までも此世に挙げたり、但、人生道危うして行人幾度か途を失し、情海浪高うして舟行屢々路に迷ふ、生れて人の夫たり妻たり子たること、果して人生の幸福なりと謂ふを得べきか、是未だ俄かに断ずべからざる宿題なりと雖も、而も当初一刹那の快感に至つては、実に是人生稀有の大紀念なり、斯一刹那の快以て終生の苦痛と交換するに足る、然り、斯間に天地なく万物なく生命なし、何ぞ苦痛を談ずるの遑あらんや、

然りと雖も余は曾て此の如き強敵に遭遇せざりき、当時余未だ処世の大方針を有せず、辛ふじて基督教の範囲を脱し得て、福音を以て自ら救ひ人を救ふ能はず、研磨修養を積んで遂に宇宙の大道に冥合すべきを信じたり、然り余や少しく書を読み理義を

解して、既に道に進むの資を有せりと雖も、市蔵、兵吉おナカの徒は之を有せざるなり、於是余は人生の急務は教育にあるを感得せり、然れども彼等は終日営々として麦飯さへ且飽かず、曷《なん》ぞ代価を払ふて教育を受け得むや、於是余は教育も亦時間と黄白《くわうはく》とに待たざる可からざるを察知せり、然り世には之が為めに慈善学校あり、亦貧民学校もあるなり、然れども是れ一兒の所謂道義の切売業にして、自ら恩人の地に立つて人の子を乞食の子となすものなり、是れ豈余の安んずべき所ならんや、於是余はパンを与ふることの最大急務なるを断定せり、然らば市蔵兵吉をして衣食に飽かしめ、且つ教育を受けしむるの道如何、否、余が家庭に受けし理想と、基督教に得たる知識とは、共に余が世界的人間なることを知らしめたり、而して狂乞食のアブラハムは、欧米の文明諸国に於て殊に状を市蔵、兵吉と同ふするもの、夥多なるを知悉せしめぬ、於是余は世界万邦を通じて貧民の状態を一変するの策なかるべからず、而して未だ其策あらざるなり、加之《しかのみならず》、二兒は猶余に世界各国の傾向を説き、人種競争の現情を説き、以て武装世界の実景を知らしめたり、於是余は人権の大本に溯つて現世を一変し、宇内を一統して以て万民を安堵せしむるの策なかる可からず、而して未だ其策あらざるなり、嗚呼、事や大なり、策を建つる豈に容易ならんや、然れども斯策を建つるは余が立命を求むるなり、故に余は之を逐求せり、求めて未だ得ずと雖も、策を建て道を行ふに当りては、幾多の艱難あるべきを予想せり、而して已に終生之と戦ふべきを覚

悟せり、底事《なにごと》ぞ、余は此の覚悟を有しながら、偶々予想以外の強敵によりて其進路を横断せられたり、何ぞや、則ち所謂恋なり、

余の前田家の嬢と夫妻の約を結ぶや、予め前途の利害に顧みて之を抑制せんと試みたり、然れども無効なりき、既にして彼が前途を幸福ならしめんが為めに抑制せり、是れ亦無効なりき、然り余は前途の利害を忘れ、彼我の得失を擲つて斯情に従へり、而して母上と両兄に此事を漏らせり、母上と一兄は此事を承諾し玉ひたれども、二兄は不同意なりき、されど余は二兄の意に逆へり、余の先輩も亦幾度か早婚の志士に害あるを説て忠告を試みたり、されど余は之を容れざりき、今にして之を思へば冷汗の背を湿すを覚う、然も当時の余は余に非ずして「恋」の化身なりき、何物か之に敵せんや、而して是実に共夫共妻主義者アブラハム翁の余業たりしなり、嗚呼彼翁今何処に自然を讃美しつゝあるぞ、

恋の結論は性慾の満足なり、余がその結論に達したる時、則ち反撥覚醒の一機なりき、余はシマツタと思へり、大罪悪を犯したるが如き感をなせり、千仭の谷に墜落せるが如き想をなせり、天の高より陰府《よみ》の底に蹴落されたるが如き心地せり、既にして胸中の志望は頭を擡《もた》げて激浪の如くに余を打てり、而して先に不同意を唱へて余に結婚を忠告したる二兄や先輩の面影も、今は歴々として眼前に輝き渡りて嘲り笑ふ天使に似たり、余は自ら激せる感情に鞭つて夫婦契約の解除を言出せり、否、泣て叩頭し

て申請せり、されど無効なりき、余は彼が数行の涙の為めにもろくも倒されたり、余は幾度か気を鼓し涙を揮つて争へり、されど亦無益の業なりき、始て識る女性の涙には不動も敵せぬ妙力あるを、

然れども余は既に自ら反省せり、最早恋の化身にあらざるなり、余は恋と志望と両立せざることを覚悟せり、故に幾度か彼女を以て志望の敵として憎悪せんと試みたり、然れども是もまた無効なりき、されば余は終に志望を擲つて恋情の奴たるべきか、是豈に能すべきの事ならんや、理性感情の衝突時代は已に過ぎ去て、今や形を変じて恋情と志望の衝突時代となれり、余や復た之が為めに煩悶苦悩せり、而して終に三十六計中の妙策を取つて、海外に逃亡して恋情の羈絆を脱せんと企てたり、即ち彼れに打明るに胸中の苦を以てし、且前途の利害を説て此意を漏し、両人協商の上にて独り万里の遠行をなすに決す、亦特異なる洋行の発心と謂ふ可きなり、

余は先づ布哇《ハワイ》に渡りて労働に従事し、倹勤貯蓄の法を行ひ、而して後米国に留学せんとの予算なりき、然れども猶差当りの難題の途に横はるあり、布哇までの渡航費是なり、百考すれども一策を得ず、遂に事に托して我家伝来の仏像を持出し、近郷の富者に売却して三十金を得、長崎に到りて宮川辰蔵君の石灰船の到着を待てり、彼我の間此物を売り飛ばして同行の約あるに因る、居ること十数日、宮川君未だ来らずして二兄の電先づ東京より到る、曰ふ他処に動かずして吾が到るを待てと、既にして二兄

来る、曰く汝布哇行に意ありと聞く、果して之有るか、余曰く然り、彼又曰く、吾此事を聞き敢て急行して来り見る所以のものは、汝と大に談ずる所あらんが為めなり、想ふに世上才能の士に乏しからずと雖も、主義に頼り至誠に立つもの殆んど稀なり、況んや道を同ふし志を共にして一生を貫くものをや、吾是に於て汝を多とし一兄の尊きを懐ふ、而して頃ろ吾心既に決する所のものあり、今之を汝に告げんと欲す、汝も亦其所思を吐露して敢て吝む勿れ、願くば共に信念を談じ方策を講じ、以て一生の大方針を確立せんと、瓊浦《なまのうら》横丁の一下宿、月白く夜更て人皆眠れる頃、余灯心を剪り、二兄茶を煎じ、難議問答して一夜を語り明せり、嗚呼此一夜、実に是余が半生の方針を確立せる紀念の一夜たるなり、

大方針定まる

二兄は余が為めに闇中の灯明たりしのみならず、また我が一生の進路を指示する羅針盤となれり、彼は余と宗教的見地を同ふして、亦社会的意向を一にせり、則ち先パンを与へよとの意見は彼我同一の帰着なりき、而して余や如何にしてパンを与ふべき乎の方策に到達するの遑《いとま》なくして、恋愛の横道に彷徨せる間に、二兄は一気直に其竿頭を進転して最後の断案に到達せり、彼の意に以為《おもへ》らく、パンを与ふるの道古人已に

之を喝破し尽せり、社会改造の論や土地処分法案や、皆議論に於て既に陳腐なり、要は之を実地に決行するに在り、而して之を決行するの道、唯腕力の権に頼るの一法あるのみと、猶ほ彼は世界の現状に鑑みて、露国が野蛮的暴力を振つて人道を蹂躙し、民権を掠奪し去るの日あらんことを憂へたり、故に之を掩衛擁護する上にも亦腕力の権に頼らざる可らざるを思念せり、則ち進んで人道を宇内に敷くに於ても、或は退いて人権を擁護するに就ても、その孰《いづれ》よりするも腕力の基礎の切要にして且急務なるを認めたり、然らば乃ち何の処にか其基礎を定むべき、是に於て彼が過去の宿望たる支那問題は復活せり、彼曰く、人は云ふ支那国民は古を尊ぶの国民なり、故に進歩なしと、是れ思はざるの甚しきものなり、彼等三代の治を以て政治的理想となす、三代の治や実に政治の極則にして、吾等の思想に近きものなり、彼等古を慕ふ所以のもの、則ち将に大に進まんと欲する所以にあらずや、但現朝政柄を執る三百年、民を愚にするを以て治世の要義となす、故に人疲れ国危く、終に自ら弊毒の禍を受けて支ゆる能はざらんとす、是れ豈命を革め極を立つべきの好機にあらずや、言論畢竟世に効なし、願くば共に一生を賭して支那内地に進入し、思想を百世紀にし心を支那人にして、英雄を収攬して以て継天立極の基を定めん、若《も》し支那にして復興して義に頼て立たんか、印度興すべく、暹羅《シャム》安南振起すべく、非律賓《フィリピン》、埃及《エジプト》以て救ふべきなり、而して仏蘭西亜米利加の如き、聊か理想を重んじ主義に立たんと欲するものに至つては、必しも吾等の敵たらざるやも知る可からず、思ふに遍く人権を恢復して、宇宙に新紀元を建立するの方策、この以外に求む可らざるなりと、余は之を聞いて起て舞へり、余が宿昔の疑問茲に破れたればなり、然り、余が一生の大方針は確立せり、更に其枝葉細目を議して、余先づ独り彼地に入りて言語風俗に習熟し、二兄は諸般の準備を整へて余の後を逐こと、定め、更に余は猶ほ二兄の意を承けて、此事を以て一兄に謀らんと欲し、長崎を発して郷里に帰ること、なれり、

余は故郷に帰りて一兄に面し、具《つぶ》さに二兄と協定せる所を陳弁して其意見を徴したるに、固《もと》より大体の精神に於ては異存なかりしも、其方法手段に於て不同意なりき、曰く、支那人をして此高明深遠の道理を弁識せしむるは到底不可能的の事なりと、又曰く、若し此業にして可能的の事となすも、辮髪を作り胡服を着け、且つ氏名生国を偽りて道を説くは、是れ正義の目的を達せんが為めに権道を用ゆるものにして、吾が断じて採らざる所なり、苟《いやしく》も正義公道を天下に敷かんと欲せば、其方法手段も亦公明正大ならざる可からず、若し権道に依らざれば志望世に行れずとせんか、之を行なはざるも亦可なりと、余は曰く、志公に存して私にあらず、成ば則ち天下万世を救ひ、誤れば則ち自ら進んで死に就く、人見て権道となすも、我に於て病む所なしと、一兄は曰く、主張一代にして行はれざるも、公然天下に号呼すれば、百世の下猶志を続いで起つものあり、吾は寧ろ是に安ぜん而已と、余は曰く、議論已に世に尽きたり、自

己の主張は自己之を行ふべし、然らざれば百年黄河の清を待つに均しきのみと、彼我の論背馳して帰一する所なし、遂に書を裁して二兄に此事を報ず、仍《よつ》て二兄も亦帰り来つて一兄に面し、互に論議を上下したれども、終に其帰着を同ふする能はず、三人二途に別れて其所信に従ふこととなれり、

余と二兄は為めに聊か気を落さゞるを得ざりき、されど二兄は自ら慰めて曰く、吾等の事たる元是一類の賭博のみ、成れば一代にして万世の基を定め、成らざれば犬馬と其死を一にするなり、而も一兄の事や宗家開基の法の如し、成効を眼前に見るを得ずとするも、其敷く所の主張は時を待つて発生せん、されば吾等不幸にして犬死するも、其精神は猶一兄によりて此世に活動す、仮令《たとへ》ば一身にして両体を有するが如し、須らく奮励して事に従ふ可きなりと、余も亦聊か安んじて自ら激励し、進んで先発の任に当ることを希へり、然り、二兄も亦余が発程の一日も速かならんことを希望せり、然れども先つものは黄白なり、而して余と二兄と此事に於て甚だ微力なり、是に於て一兄の力を藉《か》らざる可からず、乃ち之を一兄に謀る、彼れ之を諾して曰ふ、財事今直に意の如くなる能はずと雖も、数月中には必ず求めに応ずるを得んと、数月の一語、前途を急ぐ余に取りては善声にあらず、而も却て心中之を喜ぶが如きものありしは何ぞや、嗚呼恋か、余寧ろ汝に与せん、但汝我を虜にして余が理性に抗せんとするの時、余亦汝に敵せざるを得ざるなり、

当時余一夕二兄と前途の事を議す、談余二兄余に謂て曰く、兄弟手を携へて軍に従ふは先人の戒むる所、蓋し人情の弱処に鑑みるものあるなり、吾等義に頼り道に立つ、固より此過に陥ることなかるべしと雖も、更に一人の良友を加るを得ば、庶幾《こひねがは》くば万一の欠陥を補ふに足んと、余其意を賛して然りと為し、友人呑宇君を推して二兄の意を徴す、彼手を拍て曰く、之有る哉、彼の聡明と敏腕とを以て吾等に与せば、啻《たゞ》吾等の欠陥を補ふのみならず、亦以て大に大局に益あるを得ん、汝彼に一面して試みに之を説けと、時に呑宇君東京に在り、余馳到りて一面し、説くに胸中の密謀を以てす、彼膝を叩て賛同の意を表し、談一席にして決す、乃ち相前後して郷に帰り、余の旅資の調ふを待つて、呑宇君と共に先発して上海に向ふ事を協定せり、呑宇君は多血性の人なり、故に一たび志を決して支那行を定むるや、意気昻騰して静処時の至るを待つに堪へず、遂に独り先づ長崎に至りて語学の修業を始めたり、而して余の旅費は時を移して調達すること能はず、日一日と遷延し行く間に、余は疾を得て病院に入る、此間余が未来の妻は窃かに来りて看護の労を採れり、余や大志大望を懐くもの、其病蓐にあるや、時に人生不如意の歎を発せざるにあらず、然れども亦却て病の長かれかしと思ひし夜もありたり、之を恋なき友人の切なる心に比す、寛急の差豈《あに》啻千里のみならんや、

夢寐《むび》の郷国に入る

既にして呑宇君は長崎より帰り来れり、曰ふ吾れ支那行の志を翻せり、乞ふ二君との盟約を解んと、其故を問へば曰く、吾は理想信念の上に於て一大変動を来せり、則ち君等と根底の道を異にするに至る、復共に事に従ふ能はずと、彼は得意の弁舌を揮て其変転の次第を説明せり、虚霊有神説の妄を弁じて物質主義の合理なる所以を論せり、而して優勝劣敗主義、而して快楽主義、皆唯物論の立脚点に拠り、昨非今是の説を為せり、狭量なる余は其説を謹聴するの余裕を有せざりき、然れども終に一言の争ひをなさず、独り人間の無常を観じ、一兄の与ふる旅資を懐にして、孤剣瓢然《ママ》、長崎に向つて出発せり、

長崎にて船を待つこと三日、定期出船の前二日、偶《たまたま》製糞社時代の先輩白米伯来り訪ふて曰く、吾僅少なる黄白の為に男の一分を損することあり、君の旅資を挙げて一日の融通を為せと、余則ち命の如くす、既にして期至る、彼約を蹈む能はざるなり、更に待つこと一週日、行機再来つて復逸す、余が心既に飛んで異郷の天に迷へり、而も又如何ともすべきなし、下宿に籠居して怏々《あう》たること更に一週日、伯僅かに三分一の資を携へ来りて曰ふ、先づ是にて上海に航せよ、数日の後必らず其残余を電送すべしと、猶ほ上海在留の宗方小太郎君に送るの書一通を出して之を托す、余其言を信じ、

西京丸に乗じ上海に向ふ、航行二日にして呉淞の一角を望む、水や空、空や水、雲、陸に連りて陸、水に浮ぶが如きもの、是支那大陸なり、即ち久しく夢寐の間に髣髴たりし第二の故郷なり、船港口に進むに従ひて大陸の風景眼底に鮮かに、而して余の感慨や愈切なり、余は船頭に立つて顧望低徊して遂に泣けり、其何の故なるを知らざるなり、船は上海に到着せり、乃ち常磐館に入る、維明治二十四年五月、余が二十二歳の春なり、

余は可成的日本人の雑居せる処を避けて、上海附近の田舎に潜居独修せんことを期せり、故に白米伯の送金を待つこと切なり、而も杳《よう》として消息なし、仍つて持久策を採つて小下宿に移転し、宗方君の尽力にて支那人の教師を傭ふて語学の修業を始め、傍ら書簡を続発して白米伯を促せり、されど遂に一片の返音なし、一日宗方君来りて余を訪ふ、曰く、君の帯び来る所の書に依るに、白米伯其資を借りて消費し尽せりと、想ふに嚢底既に空如たらん、願くは学校に来りて吾と共に衣食せよ、白米伯も書中此意を以つて吾に嘱せりと、学校とは日清貿易研究所の謂にして、宗方君此に教鞭を取り居たり、果然余は白米伯の為め胡魔化されたるなり、

然れども此の胡魔化しや余に取りては実に大打撃なりき、宗方君の好意に応じて学校に寄食せんか、余が目前の利便之より善きはなし、然れども当時余等は其校長たる荒尾精君及び其一派の人々を目して支那占領主義者の一団なりとなし、異主義の集団

なりとしたるを以て、其粟を食ふを好まず、宗方君の厚意を謝して体よく之れを断りたり、されど懐中残す所既に幾何もなし、独り途方に迷ふて為す所を知らず、終に長崎に引返して強談するに決し、郵船に搭じて逆航し、瓊浦の客舎に入りて直に白米伯を訪へり、底事ぞ、彼は在らざるなり、家人余に告げて曰く、卿御出立の翌日を以て御上京になりましたと、滑稽も玆に至つて極れりと謂ふべし、乃ち余は同郷の友人白灰店を張るものに寄食し、怒に乗じて電報を続発して彼を攻む、色よき返事は来れども実物は来らざるなり、斯の如きこと五十余日、余も終に悄然として郷に帰れり、後数日にして白灰屋の主人書を寄せて曰く、東京より送金ありたれど僕之を消費せりと、折角の希望も終に此の如くにして一場の滑稽に了りぬ、

無為の四年間

郷に帰りて幾何もなく、余は前田嬢と結婚式を挙げたり、人皆云ふ此事あるが為に帰り来りしにあらざるかと、想ふに其然らざるを知ものは白米伯一人のみ、然り、余も亦長く彼の所為を恨まざりき、大陸の風光に換るに此快事ある故なり、然れども余が知己先輩は皆為めに憂慮せり、以為らく新婦の愛に溺れ、意気銷沈して又た世の用を為さゞるべしと、而して余や寧ろ彼等の余を憂慮するよりも多く自ら憂慮せり、臥

せば夜具を掛くるものあり、起れば口嗽《うがひ》を供ふるものあり、立つに下駄をすけ、座るに座蒲団を敷くものあり、余は昨日に変はる今日の我身を顧みては覚へず戦慄せり、而して警戒せり、終に自ら愛情の向を張つて防禦の地位に立つに至れり、斯くて胸中の戦闘は日に夜に絶えず来るなり、何の愉快か之あらん、而も自ら其愉快ならざる境に居らんとするは何ぞ、嗚呼愛情か、余寧ろ汝に与せん、但余を捕へて汝の一局に拘禁せんとするの時、余も亦汝に敵せざるを得ざるなり、

然り、妻を娶り家を成すは必ずしも人間の責任にあらず、又必ずしも其人の幸福にあらず、されど人の情は之を逐求して止まず、故に貧にして一家の主となり、志操定まらずして人の親となる、則ち栄左おナカが一生火の車を廻はす所以となり、滔々たる才子終生無為の白骨となる由縁となる、余家財を三分して其一を領し、本宅の傍らに一家を構へて之が主となりし時には、心に弛みの来ぬようにと警戒し居たるさへ危く、何時しか半生の望を達したるが如き気心を生じて、自ら知らず一家の春に酔へり、既にして生計の問題は起り来れり、而して一子は此世に初声を挙げたり、余は何となう責任の重きを感ぜり、而して何やら恐ろしくなり来れり、窃かに以為らく、此処らが人生の危機にあらざるか、英雄俗物の岐路にあらざるかと、喜憂錯綜して一種の苦をなせり、然り帯妻成家は人生の一大関門なり、

当時二兄は慢性胃病に罹りて熊本に在り、治療の傍ら英仏の学を修めつゝありたり、

而して余は其間に恋愛と戦ひ、生計と闘ふて三年の星霜を夢の如くに消過せり、而して遂に自ら発憤せり、乃ち熊本に至りて二兄に面し、一計を提して説て曰く、天下の事拱手して待も益なし、宜しく自ら進んで当つて砕くべし、弟幸に朝鮮亡命の士金玉均を識る、彼れ殆ど家なく国なきの人、夢の故山に迷ふものなきにあらざるべしと雖も、眼大局を洞察するの明あり、若し説くに大義を以てし、示すに利害を以てして、而して支那問題の重要なる所以を知らしめんか、彼或は濶然大悟して朝鮮の局部を離れ、心を支那の運命に傾けて、全力を挙げて吾等の事を援くるやも知るべからず、予試みに往いて之を説かん哉と、二兄大に之に賛し、余は直に出発して東京に向へり、

王城の南、品海の浜、清風都門の塵を洗ふ処に海水浴場あり、金君俗客を避けて此処に在りと聞き、往て刺を通じて謁を求む、君乃ち喜び迎へて一室に入らしむ、座に二三同席の客あり、置酒清談、覚えず知らず半日を費せり、余や淳酒清談の外、猶心に求むる所ありて遠く三百里外より此処に来るもの、乃ち隙に乗じて少しく密談すべき要件ありと告ぐ、彼軽く首肯して一語を発せず、客の辞し去るに及んで、婢に命じて漁舟を装せしめ、共に月明に乗じて品海の沖に浮み出でたり、

金君は善く余が為めに密談の機を作れり、此機一たび失して復得べからざるなり、舟子艪を操り、漁夫網を引く間に談話の端緒は開かれたり、余乃ち座を正ふして先づ支那行に意あることを述べ、進んで支那に対する観察を説き、更に自己の抱負を説き、

二兄と相約せることを説き、従来の経過事情を説き、終に一身を彼に投げ掛けて其援助を乞へり、彼直に余が言に応じて曰く、今日以後の事唯支那あるのみ、朝鮮の如きは是れ途辺の小問題物たるに過ぎずして、結局の運命は支那問題に待たざるべからず、支那は東亜運命の係る楔子《せっし》たるのみならず、恐らくは全世界の運命に繋る一賭場なり、君の用意実に我心を得たりと、更らに語を低うして謂て曰く、僕亦た遊清の志あり、頃ろ準備略ぼ已に成る、将に近日を以て発程せんとするなり、但此事情ありて之を秘密にす、而して遊期亦甚だ長からず、想ふに往復三週を出でざるべし、君乞ふ郷に帰りて静に僕が消息を待て、帰り来つて共に支那永住の策を建てん、又乞ふ慎んで此事を人に告ぐる勿れと、言意共に切なり、則ち一道の活路茲に生ぜり、余叩頭感謝して酒盃を献ずれば、彼受けて之を飲み、且つ自ら大声を発して朝鮮歌を誦し、又余に命じて詩を吟ぜしむ、偶魚躍つて舟中に入る、彼喜んで曰く吉兆なりと、因て捕へ祝して海に投ず、中宵月傾き風起るに及んで、共に月明の詩を唱へて帰る、嗚呼天心宵《ママ》上の月、寸前の運命を自覚せざる人間の真情を目睹して、果して如何の感をかなしたらん、

余は満腔の希望を以て郷に帰り、二兄に告ぐるに此事を以てせり、二兄も亦欣喜雀躍して宿昔の志望の緒に就かんとするを祝し、偏へに金君の消息の至るを待望せり、然り而して夢の如き凶報は突如として新聞紙上に顕はれたり、曰ふ、金玉均氏洪鍾宇

の為めに暗殺せられたりと、世人皆之が為めに驚けり、而して余と二兄は殊に驚いて且俄かに信ずることを得ず、遂に電を東京に在る金君の心腹に致し、以て其実否を照会せり、而して得る所の答も亦新聞の載する所と同一なりき、然も猶且つ誤伝なれかしと祈れり、既にして金君従僕の電は長崎より来れり、曰ふ、アボジシンダイサイフミと、アボジは阿父師なり、金君に対する尊称なり、今は已に疑はんと欲して疑ふ可からざるに至れり、既にして書亦到る、情景歴々多読に堪へず、知るべし余等が唯一の希望は非常の惨劇に依つて断れたるを、嗚呼一場の春夢消えて跡なし、又誰に向つて胸中の秘密を語らんや、二人熟議の上二兄は留まつて所有の土地を売却することに着手し、余は独り東京に出でゝ金君の遺髪を弔ひ、群に列して野辺の送りを為す身とはなりぬ、

金君の葬儀に会するもの千を以て数ふ、天下の名士之が多を為せり、中に短矮肥満の一紳士あり、余偶々一見して心既に動く、而も其何人なるを知らざるなり、行て青山墓地に到りて、共に一茶店に小憩し、友人に依りて其氏名行径を聞くに及んで、敬慕傾仰の情愈々禁じ難く、終に友人に乞ふて刺を通ずるを得たり、実に是瓊浦市上に隠るゝ無名の英雄渡辺元翁なり、嗚呼当時曷《なん》ぞ期せん、此人後に余等を救ふ無名の恩人たらんとは、金君の葬儀了るに及んで、余は又一無名の女俠と相見るの機を得たり、女俠名は玉、北海の産なり、曾て金君の後を慕ふて東京に来り、上海行の事あるに及

んで、一身の所有を挙げて商賈《しやうこ》に付し、以て其旅用を助けたりと云ふ、余一友と其情を悲み、帰るを送つて其寓に至る、女侠涙を揮つて曰く、妾は女性の身、固より先人の志望を知ませず、又世の中に立て彼是と申す事も出来ませんが、卿等には生前に色々とお話もありましたらう、此後の事は何しろ卿等にお願ひ申します、何分お達者で……、若又万一の事でも御座りました日には、何時でもおいで下さりますれば、召上りもの位には御不自由は致させませぬ、妾は何うせ再び浮川竹の流れに身を沈むるより外はないのですから……、嗚呼当時何ぞ期せん、此女侠に頼つて活路を求むるの身とならんとは、

余は金君の葬儀の終るに及んで郷に帰れり、而して二兄の着手せる土地売却の事は行悩みて意の如くならず、余の帰るを待つて善後策を議せんと欲せる所なりき、然り而して天下の大勢も亦漸く変態を現し来れり、朝鮮東学党の気勢益々旺にして日清衝突の動機愈々迫れり、而して軍隊は繰出され、通訳官は募集せられ、国民兵の調査は行はれ、国民軍志願の運動は始められ、天下騒然として人皆な乱を思ふの秋となりぬ、而して余等兄弟皆曾て一たび支那に遊びし事あるを以て、官亦余等を召して通訳官たらしめんとす、然れども余等元支那語を善せざるを以て之に応ぜざるを得たり、当時一夕兄弟火鉢を擁して共に天下の将来を談ず、談余余両兄に謂て曰く、此の如くんば又何日か国民軍の召集に逢ふも知るべからず、如かず今に於て暫く国外に遊んで之を

避んにはと、言未だ了らざるに、母上満面に朱を灑ぎ、身を顫し大喝して宣はく、今から出て行け、見下果てた我子！　出て行け!!　百姓の子さへ名誉の戦争に行きたいと云ふてをるではないか、それに何ぞや戦争を見懸けて逃る、もう此家に居く事は出来ぬ、三人揃つて出て行け！　己は父上に申訳がない、世間に顔出しが出来ぬ、出て行かねば己が死ぬ……、一兄は徐ろに母上に説ひて曰へり、私共一命を惜んで戦争を逃げようと云ふにあらず、今一兵卒として戦ふよりも、時機を待つて、多くの効力を国家民人に致さんと欲するが故に此議に及びしのみ、母上の意之を諒せざるやと、因て始めて解くるを得たり、然り余が母上は天下の義人なり、而して余は終に豚犬に了るべき歟、

若し母上に告ぐるに余等胸中の秘密を以てしたらんには、母上は其激怒に替ゆるに歓喜の涙を以てし玉ひつらん、然れども余と二兄は母上にさへ其秘密を語らざりき、唯母上のみならず、一兄にも其運動を秘密にせり、否啻之を秘密にせるのみならず、屢々口実を設けて母上と一兄に偽証したることさへあり、則ち土地売却運動の如き、名を米国行に托して、実は支那行の旅資を作らんとしたるなり、斯く意地悪く之を秘密にしたるは、何処までも支那人に化し了らんとの希望ありしに因る、

然れども土地売却運動は遂に意の如くなる能はず、辛うじて之を典して数百金を得たり、仍て二兄は之を懐にして東京に出で、余は一家を片付けて其後を逐ひ、共に東

京に落合ふて背水の陣を張り、以て徐ろに方法を議することゝはなりぬ、
二兄は既に東京に向へり、余は直に一家の整理に着手せり、是れ余に於ては至難の大事業なりき、語に曰く、座して食へば山さへ空しと、況んや五十俵取りの小家に於てをや、又況んや座して食ひ出でゝ之を消費するに於てをや、三年の間に借財は積んで山をなせり、今は本来の志願なくとも一家の整理を着けざる可からざる場合なり、而も余や実に策の出づる所を知らざるなり、遂に妻の建議を容れて居宅を売却し熊本市に出でゝ一家を賃借し、下宿業を営みて以て妻子糊口の方便となすに決せり、郷国の先輩笑つて曰く、嗚御盛んな梁山泊が出来まつしゆと、果然、余が下宿屋は先づ天祐俠の潜伏所となれり、
余は兎に角一家の段落を着て東京に向へり、当時岩本千綱君なるものあり、神戸に在りて盛に暹羅経綸を説く、而して余が同郷の友人檜前捨次郎君なるもの彼と事を共にせり、余乃ち檜前君の紹介によりて往て岩本君を見る、而して其説く所に因りて同国の事情を知り、殊に同国に於ける支那人の勢力あるを聞知するに及んで、心頭一点の希望は浮み出でたり、以為らく此処或は万一の踏台をなすに足らんと、窃に胸底に畳みて東京に出で、有楽町八百屋の楼上なる二兄の下宿所に入り、共に起臥寝食を俱にして、窃かに前途の方針を協議せり、
方策を建るものは常に余なり、而して之を撰択採決するは二兄の任なりき、是に於

て余は又三条の方案を提出せり、即ち曩《さき》に金君の葬式の時に一見したる無名の英雄を訪ひ、胸中の秘密を擲出《てきしゆつ》して其義気に訴ふること其一なり、無名の女侠の函館にあるものに頼りて身を潜め、一切外間との通交を絶ちて支那語学を専修し、業成るに及んで、帯ぶる所の数百金を以て直に支那内地に進入するの策其二なり、暹羅の地は生活するに易く、而して支那人その人口の大半を占むると聞く、即ち此処に航して支那の言語風俗に習熟し、基礎を同国の支那人に作りて、機を見て支那本土に進入するの策其三なり、而して余等は終に悉く此三策を試みるの止を得ざるに至れり、

若し余等自ら進んで知己を先進の有志に求め、胸中の秘懐を披瀝して援助を乞ひたらんには、豈に一義人の其志を憐むものなからずや、然ども余等は世の所謂有志家なるものに信を措く能はざりき、以為らく彼等は利益と名誉の問題外に動くべきものにあらず、而して余等の事、此問題と関渉すること遠くして且大に過ぎたり、説て秘密を暴露するの恐あれども、成効の望み甚だ鮮しと、強て胸中の苦を忍んで秘密を固守せり、

一兄は謂へり、吾れ汝に先ちて東京に来り、左思右考すれども一策を得ず、胸中悶々の情に堪へずして、遂に車を駆つて高操清節の聞えある蒼海老伯を訪ひ、問ふに支那の将来を以てせり、老伯歎声を発して曰く、支那の事は唯其人にあり、若し一人傑の起るあれば、天下の事一朝にして定まるべく、無ければ則ち亡びんのみ、而して

今一人傑の眼に映ずるなし、豈に悲むべからずやと、尚ほ所謂其人傑なるものを論じて曰く、今の世李鴻章を以て清臣の巨魁となす、然れども李や已に老ひたり、而して其器亦曾国藩に及ばざる遠し、曾や実に近世卓出の傑士にして、曾て中興の偉策を画したるもの、而して遂に其志を伸ばす能はざりき、嗚呼今の局に当るべきものは、夫れ漢高以上の人傑にある哉、然り、西洋学ある漢高に待つべきなり、而も終に其人なきを奈何、嗚呼迂叟亦老ひたり、坐して友邦の衰亡を待つべきのみと、吾は其情を悲しみて自ら識らず発言せり、曰く、不肖敢て自ら漢高以上の人傑を以て任ぜんと欲す、願くば高慮を労する勿れと、仍て略ぼ胸中の秘懐を述べたり、老伯起つて手を握つて曰く、之ある哉、卿乞ふ之を努めよ、又乞ふ此事を以て敢て人に知らしむる勿れ、今の有志家に謀るも、事に害ありて益する所なし、達識憂国の士無が故なりと、夫老伯の今の有志家を視る此の如し、又吾等と其見を一にするものなり、但女性に至つては情を以て勝るものあり、若し説くに至誠を以てせんか、感奮して義を取る亦知るべからず、況んや金玉均の故事あるをや、汝先づ行いて試みに之を説けと、余は命を含みて即夜上野発瀛車に搭じ、函館に向へり、余等は天下の有志よりも北海の一芸妓に重きを措きたるなり、

函館に至りて一旅館に投じ、書を発して面会を女侠に求む、女侠自ら来りて余を旅館に訪ひ、問ふに来意を以てす、乃ち威儀を正して告ぐるに求むる処を以てす、彼は

快く之に応ぜり、曰く、それには定めし何か仔細のあることで御座りましやう、はしたなき女の妾をそれほどまでに……、小さな家ですが二階があり升し、たつた老母と二人きりですから、御勉強なさるには静かで恰当の所です、ナニお二人の召し上る位、妾が腕一本で稼ぎますよ、決して御心配には及びません……と、余は感極つて泣かんと欲せり、

翌朝起き上りて市中を徘徊し、遍く支那人の語学教師たるべきものを捜索したれども、時会々《たま》日清戦争中なりしを以て、彼等も皆敵国に居ることを好まずして故国に帰り、最下等人の帰国旅費に差支たるものゝみ止まりて、教師の資格あるもの有る無し、女俠も種々に手を尽して探求したれども其効なく、遂に其の厚意を空ふして帰束せざる可からざる事となれり、女傑深く余の為に事の齟齬せるを悲み、旅館に来りて別を告げ、且つ贈るに菓子箱様のものを以てせり、船中にて之を抜き見れば、曾て金君の嗜好せる煙草バイレット数多あり、其中又一箇の紙包あり、之を披けば若干の紙幣出で来れり、何等の好情ぞ、嗚呼女俠今夫れ如何の状をかなす、余や知己に辜負《こふ》すと謂ふ可きなり、

暹羅遠征

東京に帰りてありにし事を二兄に報告すれば、二兄も女侠の厚志に感激して気を鼓し、立上りて余を顧みて曰く、一心天に徹すれば海も亦飜へすべし、往かん哉、往て無名の英雄を説かんと、乃ち相携へて八百屋を立ち出でたり、銀座街頭洋服店伊勢幸の奥二階、車馬人語の響あれども、自から一箇塵中の別天地をなすものは無名の英雄の仮寓なり、主客鼎坐して談ずる所何事ぞ、音声微にして意義の高朗なるは二兄の談なり、威儀を正して黙聴するは主なる無名の英雄なり、而して結果如何にと危んで心に成効を祈願する者は余なり、談尽て依托するに大事を以てしたる時、彼徐ろに口を開いて曰く、両君の志望誠に善し、憾むらくは我時未だ至らざるを、若し吾に仮すに多少の時日を以てせば、思ふに必らず両君の望に副ふを得ん、然れども両君の意先づ支那の言語風俗に習熟するにあらんか、暫らく忍んで支那商館に潜み、一切日人との交通を絶つて支那番頭となり済まし、他日吾時至るを待つて目的の地に進入し、而して其志す所に従ふべし、両君異存なければ吾自ら紹介の任に当らんと、義気懇情眉宇の間に溢る、余等乃ち其高意を謝し、且つ一日熟考の閑を乞ふて辞し帰れり、

余と二兄の議は一時間を出ずして決せり、則ち二兄は彼の高意に従ひて支那商館に

入り、余は暹羅に航して基礎を彼地に作るに努め、両人二途に別れて分業の法に従ひ、而して遂に基礎堅固にして将来の進路に便あるの方面に向つて合同せんと、仍て無名の英雄を訪ふて所思を述ぶ、彼亦大いに之を可とし、直に横浜某支那商を招きて其手続を了り、且つ自ら白熊の号を与へて胡服辮髪を被らしめ、以て二兄をして支那商賈の群に入らしめ賜へり、是より二兄堅く旧友との音信を絶ち、骨肉と雖も其居所を知らしめず、之を知るもの唯四人のみ、二兄自身と、無名の恩人と、伊勢幸女史と、余是なり、当時余は幾度か友人の二兄を問ふものに逢へり、而も皆答ふるに不知を以てす、罪責固より軽からざるなり、然れども余が此事を以て同じく骨肉をさへ欺きしを知らば、友人も亦余が罪責を恕するに吝《やぶさか》ならざるべし、

余は東京を発して神戸に向へり、岩本君に面して暹羅行の打合せをなさんが為なり、彼曰ふ近々移民を率ゐて暹羅に乗込むべければ、期に後れざる様来り会せよと、余は急ぎ郷に帰りて準備を整へ、再び神戸に至りて岩本君を訪り、何ぞ図らん、彼は重病を得て瀕死の境に漂ひつゝあらんとは、

百人に近き移民は既に来りて出発を待ちつゝあり、而して主なる岩本君の病は日に重もり行きて、何時出発すべしとも定まらず、剰《あま》さへ病院長は死生不明の診断さへ報告するに至りたれば、之が周旋者たる広島移民会社の困却一方ならず、加ふるに各所の新聞は筆鋒を揃へて岩本君の身上攻撃を始め、其事業を危みて山師的なりとなすも

の多かりしを以て、移民会社も前途の憂慮と目前の事情とに迫られて、其移民を挙げて、布哇《ハワイ》行に変更せしめんと努め、遂に岩本君等一派と移民会社の衝突となり、延いて移民と移民会社との衝突となり、紛々擾々として解決の期なく、時日徒らに遷延して出発の期知るべからざるを以て、余は先発して単身暹羅に入るの決心を採り、別を告げんが為めに岩本君を其病蓐に訪へり、

曾て鉄の如くなりし岩本君は、今や糸の如く瘠せ細りて病蓐に横れり、余を見て目礼を施し、手真似もて看護婦に下知して、差出す冷水に其口を湿ほしつゝ、微声を絞りて余に謂て曰く、僕の身今此の如し、生死未だ知る可らざるものあり、恨むらくは暹羅農商務大臣の重托に辜負することを……語絶えて言ふ能はず、復た水を飲みて漸く口を動かして曰く、聞く移民の大半既に布哇行に変更して、残余二十人のみ頑として暹羅行を主張して止まずと、想ふに是天の未だ吾志を棄ざるなり、君願くは僕に代り、彼等を引率して暹羅に航し、彼国農商務大臣スリサック侯、及び我殖民会社同人と謀りて殖民の基を定めよ、若し此の如くなるを得ば、豈啻《あにたゞ》僕の幸福のみならんや、亦実に日暹《にっせん》両国将来の幸福なりと、余は此一言によりて動かされたり、従来彼の言説所作に多少の疑惑を懐きたる余は、其是非を問ふの遑なくして彼の意に従へり、人を動かす豈弁舌にあらん哉、

余岩本君の代理人となり、移民を率ゐて暹羅に至らんと決するや、移民会社も亦法

規に従つて一代理人を置かざるべからざるを以て、余に托するに其任を以てす、蓋し彼等余を以て経済的方便の用となしたるなり、余も亦懐中僅かに渡航費を余すのみなるを以て、奇貨用ゆべしとなし、月給四十円、外に旅費百円の約を以て之を諾す、余が月給取りとなりたるは前後唯是あるのみ、乃ち航期定まり紛擾《ふんぜう》も亦た解くるを得て、移民会社員の喜び一方ならず、重役一同余を拉して福原の第一楼に上れり、是れ余が青楼に春を買ふの始なり、

芸妓宴に侍して歌舞盛に行はれ、酔来り興至りて人漸く寝に就かんとするの時、同遊の一人余に謂て曰く、君の一諾によりて会社も亦安を得たり、故に同人皆悦に入りて連日の憂を忘る、今より君独り辞し去らんか、恐くは他の興を妨ぐるなり、願くば枉《ま》げて一夜を此処に明せと、余乃ち之を諾す、彼又余に謂て曰く、然れども僕等の此処に来る、其意君の行を壮にせんが為めにして、敢て勧むるに穢肉を以てせんが為めにあらず、君や志を立てゝ将に遠征の途に上らんとするもの、若し穢肉を食ふて病を得んか、十年の志望一夕にして傷る、故に僕君の為めに枉げて一夜の潔を守らんと欲す、君も亦僕の意を諒して一場の苦を忍ばずやと、余大に其事を可となし、敢て犯さゞるを約して寝に就けり、而して余慾を制するに忙はしくして終夜眠る能はず、翌朝起き出でて酒席に至れば、前夜約する所の人先づ在り、余を見て笑て曰く、僕は遂に失敬しました、誠に相済みませぬと、一座之が為めに哄笑せり、然れども余は却つ

て瘠我慢を彼等に誇りたり、而も一日の後に其誇りを失墜せるは何等の醜態ぞ、然り、余が下宿業は如何なる状態なるか、余が妻子は如何なる境遇にあるか、余は之を憂へ之を悲まざりしにあらず、否、寧ろ深憂至悲の情に堪へざるものありき、故に梅田雲浜観音堂の記を写して之を妻に送り、又た先輩的野半介君に書を寄せて一家の後事を托し、依て以て聊か我妻を慰め、亦自ら安んぜんことを努めたり、余が当時の心境実に此の如くなりき、而して一旦青楼より帰りて旅寓に在るや、何やら幽居静処に堪へざるが如き心地生ぜり、座に居着かずして青楼に忘れ物でもあるかの如き感は起れり、余は自ら我心に反抗を試みざりしにあらざれども、其所謂反抗力は甚だ薄弱なりき、而して遂に酒を被り、友人を誘ふて再び青楼に上り、遂に一枝の花を手折りたり、唯一たびにして止む能はず、終に再三に及べり、而して深く慚恨の苦を感ぜざりしは何ぞや、抑も余が道義信念は如何の状をかなせしぞ、

余は発航の前夜を以て移民の寄宿所に至り、二十人の渡航志望者を一室に集めてその決心を確めたり、謂て曰く、暹羅の地は余未だ曾て足を容れざる処、万般の事一も之を詳にするものなし、而して世人の喋々する所も亦信拠するに足らず、成敗の果、往て而して後に之を徴すべきのみ、然れども諸子の此行を企つるや、皆利益を以て主眼となす、即一日も早く財貨を貯へ得て、一日も早く故国に帰り、而して父母妻子と残生の安楽を計るは其本願にあらずや、されば危きを蹈んで成敗を蛮地に賭せんより、

寧ろ事情既に明にして、危険の虞《おそれ》なき処に到るに如かんや、余が暹羅に行くは諸子と其本願を異にす、余は諸子の悔を貽《のこ》さざらんが為めに、玆に改めて熟考を促す、若し心を飜して布哇行に変更せんと欲せば、余自ら諸子と会社の間に立て其便を計らん、乞ふ今夕中に之を決せよと、衆皆曰く、折角の思立で御座り升から是非お伴を願ひ升、金が儲からぬ時には参宮したと諦め升、如何なる苦労に逢ふとも決して恨みは致しませぬと、余は猶問を発せり、曰く、金儲の出来ざるは参宮したとも諦むるを得ん、然れども生命を失ふの虞あり之を如何と、答て曰く、関ひませぬ〳〵、唯此の為めに会社とも喧嘩したので御座り升、死ぬも生るも皆旦那様の御命令通りに致しますと、淳朴一徹の意気実に愛すべきものあり、乃ち余の意気も亦之が為めに大に昂り、酒を買ふて其決意を祝し、酔に乗じてひよろひよろと、明日はお立かお名残り惜しやを口吟しつゝ、又もや足を福原の第一楼に進め、以て春宵一刻の夢を貪りぬ、余や其妻の愛を離れて新なる恋に入らんとするか、否らざるなり、抑も余が人道恢復の初一念は如何の状をなせしぞ、

実に迷ひ易きは色の道にぞある、之を抑ゆれば益々揚り、之を制すれば愈々発す、豈に是れ人間自然の性情に出でゝ、却て之に服従すべきものにあらざる耶、否、余をして説を為さしむる勿れ、説を為して之を弁ずるは、猶盗を為して黙借したりと謂ふが如し、遂に弁之用をなさゞるなり、余や既に基督教の羈絆を脱せりと雖も、当時未

だアブラハムが共夫共妻説の信仰者にあらず、又モルモンの徒弟にもあらざるなり、否、彼等と雖も女郎買ひを以て善き事とはなさざるなり、然り、余も当時殆んど従来の道徳論に確信を措く能はざりしと雖も、未だ以つて善として行ふたるにあらず、一片の慾情に駆られて遂に玆に至りしのみ、余や無信の間隙に乗じて其慾情を漏したる、一種の盗人と謂ふべきなり、

実に夷《ならひら》げ難きは功名の心にぞある、之を右に防げば左に出で、之を前に推せば後に隠る、此心や是れ人間自然の情に出て、却て之を大成せしむべきものにあらざる耶、否、余をして説をなさしむる勿れ、説を為して之を弁ずるは、猶人を殺して刀の所為と謂ふが如し、遂に弁之用をなさざるなり、余や当時既に思念の境を出でて実行の緒に就けりと雖も、其心は即ち固より人道恢復の根底に発したるなり、天下幾億の蒼生をしてパンを得せしめんが為なりしなり、豈一片の私心を挟むを容さんや、而も余が心は何時しか根底に遠かれり、身は其道を歩みつゝ心は之に背行せり、余の暹羅事業の成敗を予測するや、常に白衣白馬の客将が、一隊の支那人を率ゐて支那の本土に突進するの状を夢見せり、之を夢見しては大声快を呼んで杜康《とかう》の門に出入せり、更に顧みて支那革命の艱難なるを想像するや、常に白衣の将が、敵手の毒刃に虐殺さるゝの状を夢見せり、之を夢見しては「まゝよ三途笠」を歌ひつゝ青楼に上りて春を買へり、嗚呼白衣白馬の将、是れ余が真我にあらずして功名の我なり、浮たる我なり、余や未

だ順逆の外に立つて静かに所信を遂行する程の人傑にあらざりき、されば浮たる我こそ余が当時の真我たりしなり、然り、余は慥かに一条の光明ある志望を有したり、而も之に合ふべき道義信念の素養を欠きたり、乃ち心、道に副ふ能はず、意、志と相距りて並進する能はず、遂に酒色を以て功名の心に鞭《むちう》ち、依て以て辛ふじて其道を辿りしのみ、然り、酒と色とは余が半面の生命なりしやも亦未だ知るべからざるなり、

神戸を発して航行五昼夜にして香港に達し、更に船を更めて暹羅に向ふや、幾百の支那労働者は余等一行と同船せり、是れ人の目して禽獣と同視する所謂苦力《クーリー》なるものの一類なり、余が一行の百姓と雖も之れに近くを欲せざる一種の汚穢物なり、然れども余は実に彼等を熱愛するを禁じ得ざりき、余が一生を托すべき支那国民なりと思へばなり、余が大に用ゐて以て人道恢復の用をなさしむべき民と思へばなり、然り、我に敵意なければ人皆我の味方ならずや、彼等何ぞ余に親むことの速かなる、何ぞ其言動の無邪気なる、彼等は皆口々に余が生国を問ひ合へり、余が骨格の長大にして頭髪を垂れ居るを見て、或は以て朝鮮人と為し、或は以て琉球人と為し、互に言ひ争ふて決する処なかりしが、余の日本人なるを言明するや、彼等は少しく驚けり、或者は暹羅征伐に行くかと問ひ、又或者は支那の戦争より逃げるならんと言ふもありたり、而して其中の物知りとでも云ふべき一人は、余と彼等との間に立つて調和を謀るかの如く、例の支那英語もて説いて曰く、Last month China Japan fight all right. Yes now finish. Japan king say, I spend money so and so. China king say, I am poor, can not pay money. Japan king say, then I will take Taiwan. China king say, all right! all right! You take Taiwan. You and me brother, no like more fight. Japan king say, all right! all right! I will stop fight. Yes all finish, now finish! と、彼は平和条約の終結を説いて、暗に交情の復旧を勧説しつゝあるなり、是れ実に禽獣と同一視せらるゝ苦力の言なり、余は彼等の為に慰められて、航行八日の苦を忘れて暹羅に入れり、

嗚呼大陸の風光何ぞ其れ相似たる、陸、水に連りて一目渺茫際涯を見ざる処、湄南の濁流波浪に和して海面を染むる処、青草緑樹千里に亘りて曠野を彩色する処、実に往年上海に見る所と異ならず、満目の風光、人をして座ろに長政当年の事を追懐せしむ、長の航旅に疲れたる移民さへも、猶且つ目を挙げ快を叫んで感に堪へざるものゝ如し、

船の湄南河を遡ること二三時程の処、則ち是れ暹羅の首都盤谷《バンコク》なり、余は先づ独り上陸して石橋禹三郎君の処に到り、岩本君の紹介書を出し示し、且告るに来意を以てす、彼曰く、岩本は実に無礼極まる奴なり、殖民会社の要務を帯て帰国し、既に半歳を過ぐるも回り来らず、諸般の事一も約を踏ことなし、之が為めに信をスリサック侯に失し、違約料を商人に取られ、信用財貨両つながら失墜して如何ともすべきなく、

終に先月を以て殖民会社を解散するに至れり、故に僕殖民会社員として此事に関するを得ずと雖も、一箇石橋の資格を以つて君の事を助けんと、言動活潑、宛然《あんぜん》古壮士を見るの感あり、乃ち余が為めにビールを抜ゐて其安着を祝し、部下の士二三を率ひて船に来り、共に小舟に転乗して湄南の支流を遡り、棕梠芭蕉の下を潜りて暁鐘庵に入れり、

暁鐘庵は農商務大臣スリサック侯の旧邸にして、日本殖民会社用の為めに貸与せる所、古びたりと雖も壊頽に至らず、規模宏壮、優に千人を容るゝに足る、而して侯の下臣の其傍にあるもの、皆意を尽して誠懇の情を致せり、又以て侯が日人を愛重せることの深厚なるを見る可きなり、一行も亦前途を望んで意気前日に倍し、自ら市場に至りて菜肉を求め、支那酒を購ひ、石橋君と其同人とを招いて宴を張り、以て入暹《にうせん》の紀念日となせり、当時石橋君の吟声朗々起つて剣舞せるの状、今猶ほ眼底にあり、而して今や其人亡し、噫、

殖民会社は已に解体して形影を存せざるを以て、移民をして当初の目的たる農業に従はしむるを得ずと雖も、石橋君等旧殖民会社関係人の周旋によりて、二十名の移民は一先づ造船会社に雇役せらるゝことゝなり、差当り糊口の患《うれひ》丈けは免るゝを得たり、余は彼等の監督通弁の役をなすの傍ら、殖民事業の調査に従事し、略ぼ事情を詳にするに及んで、此事業の有望にして必要なるを感じ、猶スリサック侯に面会するに及ん

で、殖民会社再興の念は一層の切なるを致せり、

侯は当国の貴族にして武官出身の人なり、曾て老撾《ラオス》の戦闘に武効あり、挙げられて陸軍大臣の要職に在り、偶々欧洲を漫遊してダイナマイトの密輸入を企て、事発覚して同族の為めに譏せられ、一命殆んど危からんとしたれども、国王の侯を信ずる殊に厚く、特典を以て罪を允して農商務大臣の閑職に就かしめたりと云ふ、彼れ熱血あり胆気あり、身閑職に在りと雖も、心曾て仏英の怨を忘るゝ能はず、而して其国人の終に為す無きを慨し、自ら資を出して殖民会社を創立し、日本人を輸入して暹羅の再興を企図せんとしたれども、事志と違ふて殖民会社の解体を見るに至れり、其心事悲しからずとせんや、然れども彼は此一事を以て終に其志を墜すものにあらざるなり、

余のスリサック侯をサラデンの邸に訪ふや、歓び迎へて一室に延き、先づ遠来の労を慰めて而して後愁然として謂て曰く、貴国と弊国との交誼、其由来する所遠くして且つ深し、啻《たゞ》今日に始まるにあらざるなり、而して貴国の現勢実に旭日の東天に登るが如くにして、弊国の状態誠に秋風落寞の景に似たり、命の窮る処、殆んど旦夕を計るべからざるものあり、敢て問ふ、貴国朝鮮を擁護するの精神は、是を何の処にまで及ぼさんとするかと、其殖民事業を談ずるや、岩本君の所為に対して一片の怨言を挾まず、却《ママ》て其失敗を以て経験の資なりとなし、且曰く、若し貴国人にして資を投じて殖民業を起すものあらんか、吾は全幅の同情を以て之を迎ふべし、吾れ貧なりと雖も

猶此邸宅を有す、之を売却すれば十数万金を得るに難からず、合せて以て殖民の用となすに吝《やぶさか》ならざるなりと、嗚呼清廉の吏は常に貧なり、侯や実に暹羅大臣中の最も貧なるもの、而して其意気や此の如し、余が帰国の決心をなしたるは之が為なり、以為《おもへ》らく広嶋移民会社を説いて殖民事業を再興せしめ、侯の力を合せ用ゐて斯業を大成せしめんと、

然れども変り易きは人心なり、曩《さき》に余と浮沈生死を共にせんと誓ひし二十人の移民は、日本医生某の為めに誘掖せられて、切りにタルラックの鉄道工事に至らんことを乞へり、賃銀の甚だ貴きが為なり、而して其賃銀の貴き所以は、瘴煙毒霧の身に適せざるものあり、土人と雖も避けて至らざるを以てなり、嘗て日人の到りて服役したるもの、皆瘴癘《しやうれい》の気に冒されて死亡したり、故に余の心堅く此行を允さゞるに決し、百方利害を説ひて論止すれども用ゐず、神戸に於ける誓言を捉へて之を責むれば、唯済みませぬ〳〵と云ふて頭を垂れて、終に服従の意を表するものなし、実に悲しむべきは土百姓なり、彼等既に眼前の利慾に眩惑せられて一身の危を忘れたり、余も千言万語遂に其用をなさゞるを見て彼等に宣言せり、曰く、余諸子の身命を重んじて此の如く苦諫せり、而も諸子翻心の色なし、余は既に厚意を尽すべき余地を失へり、故に玆に会社代理人の資格を以て諸子に一言す、断じて此行をなす勿れ、命を用ゐざるものは余と会社との関係を絶てと、且つ余が帰国の意あるを漏らし、殖民会社再興の望み

あるを説くや、彼等の大半は心を飜して其行を思ひ止まりたれども、其中の六人は止らざるなり、乃ち貴下の命に背きてタルラックに至るに就ては、以後如何なる不幸の事ありとも、決して貴下と会社の煩と相成不申と、文書に認めて余に絶縁せり、彼等は余に対して絶縁せり、而も尊敬の意を失はざりき、余も亦其情を察するが故に、深く其所為を咎めず、却て酒肴を供して彼等の行を送り、且つ一言の注意を与へて彼等を慰めたり、曰く、余が諸子の絶縁状を取りたるは、代理人としての責任を明にしたるものにして、余と諸子との関係に至つては自ら別問題なり、諸子若し行ひて病を得るが如きことあらば、直に帰りて余が事務所に来れ、必ず力を尽して諸子を助くべし、余若し帰国して在らざれば、救ひを柳田亮民君に求めよ、余に代つて必ず諸子を助けしむべしと、彼等は之を聞いて泣り、而して余を拝めり、然も之が為めに其行意を飜さゞるは何ぞや、彼等を義理知らずと云ふこと勿れ、済まぬ済まぬと云ひ居るにあらずや、彼等を情知らずと云ふこと勿れ、泣いて拝みつゝあるにあらずや、彼等は皆善く之を知れり、知りて而して之を抑制し、猶且毒霧瘴煙の裏に身を投ぜんとするもの、唯是一黄白の為めのみ、否、黄白の為と謂ふこと勿れ、之なければ彼等は父母と親む能はざるなり、妻子と同居する能はざるなり、彼等の生命は是れなり、嗚呼豈止むを得んや、

柳田君は移民中の知識なり、余の始めて神戸に彼を見るや、目するに移民を煽動し

て私利を営むの徒となし、面罵して其非を鳴らしたる事あり、而して交漸く深くして、一種奇矯の人なるを知れり、彼れ自ら云ふ曾て僧籍にあり、釈元恭の伝を読んで感奮し、遂に此行をなすに至れりと、余深く自ら前日の誤解を悔ひ、信睦殊に厚し、乃ち托するに後事を以てし、余は一旦帰国して殖民会社再興の計画をなすに決せり、

帰国中の三个月

余は暹羅殖民会社再興の議を広嶋移民会社に提出せんと欲したるが故に、直ちに門司より広島に向へり、然れども広島の地たる、余未だ曾て行て遊びたることあらず、而して余や実に容貌風采の不可なるものあるが為に、未知の宿屋に敬遠せらるゝは従来の常例なり、此行又此に病むところありしを以て、車夫に命じて其撰択を一任し、且予め意を含めて高楼の身に適せざるものを避けしむ、車夫命を領し、威勢を作りて一小旅宿に駈入る、お客様！の声何ぞ大なる、忽ち下婢の走り出で来るものあり、余を見て吃驚、一語を発せずして踊り去る、以為らく失敗《しくじ》つたりと、然も猶万一を僥倖せんと欲するが故に、未だ俄かに立ち去らざるなり、既にして一婦人の襖の隙より覗くものあるを看る、蓋し余が運命の判決者なり、吉凶如何、下婢は再び出で来れり、彼の顔色は辻占の吉を示せり、果然、恭しく手をつひて曰く、お上りなさいましと、

乃ち一室に通りて此家の珍客となれり、蓋し未曾有の上出来なり、抑《そもそ》も運命の判定者たりしは誰ぞ、問ふことを休めよ、此は是余が懺悔の前提なり、

余は即日移民会社に至り、説くに暹羅殖民の事を以てす、彼等少しく心を動かすものあり、云ふ重役会議を開きて可否を決せんと、乃ち其結果を待たざるべからざる事となれり、然も終に無聊の苦を感ぜざりき、飲むに友あり、之を補くるに主婦の厚情を以てせるが故なり、

武田範之、太崎正吉二君は余が旧友なり、当時朝鮮王妃暗殺事件の広嶋疑獄に連累し、一旦縲絏《るいせつ》の苦を嘗めたれども、既に允されて自由の民となり、日々余が寓に来りて共に飲めり、新話旧談湧いて尽きず、興至りて吟じ、酔来りて歌ふ、太崎君得意の仙台節、何ぞ其不調法なる、武田君専売のキンキラキン、何ぞ其の怪しげなる、但其不調法にして怪しげなる処、実に人をして懐旧の情に堪へざらしむ、真に是れ歌曲以外の歌曲なり、音律以外の音律なり、酔後武田君筆を執りて余の為めに法名を贈る、曰騰空庵、余其何の意なるを知らず、為めに之を釈かんことを乞ふ、又筆を執りて書示して曰く、

騰々古今　空々天地
独歩天地外　向上何妙意

と、余猶其深意を解する能はず、再び之が説明を求む、彼笑ふて曰く、絶命前一秒の

間には人皆悟入すべし、面倒臭ひよせ〳〵と、復た杯を挙げて共に痛飲す、席に侍して常に酌を採るものは主婦なり、厚遇歓待尋常にあらず、二君余を揶揄して曰く、此の若後家は君に意あるぞと、然も余は彼女を疑ふて却つて或筋の廻し物となし、彼等に告げて言論を慎ましむ、彼等も亦遂に余が説に雷同して、共に私かに警戒せり、余が運命の判決者たりし彼女は、今や其厚遇歓待の報酬として、却て其運命を余等の判決に待つべき身とはなれり、人世の行路も亦危険なる哉、

先是余広島に至るや、書を横浜の二兄に致して帰国を報ぜり、二兄亦書を送りて曰く、事了らば一来せよと、而して余が事未だ了らざるに忽ち来電あり、曰ふスゴコイと、時に余が懐中一物なし、主婦為めに融通すること数十金、乃ち馳せて横浜に至れば、二兄会々病蓐に横る、眼窪み頬落ちて恰も別人の如し、曰ふ病は是れ慢性腸加多児と精神所労なりと、余の到るに及んで起き上りて曰く、ア、顔見た計りで病気も治りそうだと、又曰く、別後、労働の傍ら英、仏、清三国の語を修め、余り勉強し過したるが為に此に至りしならん、急げば事を仕損ずるとは此を謂ふかと、牛肉を取り酒を温めて余に供し、自ら亦一杯を傾け二三箸を試み、談、興に入りて病を忘れ、又時の移るを忘れて夜を更かし、東天白まるに及んで、共に病床に相抱いて眠に就けり、翌日東京に出でて二三先憂の士を訪ひ、談ずるに暹羅殖民の事を以てすと雖も、当時人皆朝鮮の事に心を奪れて、絶て一顧を与るものなかりしを以て、独り恨を呑で横浜

に引返し、又二兄と相抱いて一夜を病床の上に明かし、翌朝朝飯を済まして別れを告げんとすれば、彼れ甚だ情に堪へざるもの、如く、大息を発して謂て曰く、ア、別れともない、話しは略ぼ尽きたが、何だかまだ心残りがする、昼後にしては如何だと、言ひ終つて笑顔に涙を湛へて曰く、少し婦女の言に似てをるねエ、体力の衰弱に従ひて精神も弱るもンか知らん、デモ半日位は宜かろぢやないかと、余異議なく之に従へり、浮世半日の談、哲学宗教の事あり、経綸方策の事あり、人情の事あり、談笑の間時刻将に迫らんとす、二兄衣を更めて立ち上り、余を顧みて曰く、今より汝と公園側の西洋料理店に到り、共に昼飯を倶にして別れを告げんと、之を止むれども聴かず、曰ふ吾病汝の来るによりて癒へたり、又憂ふる勿れと、自ら杖に倚りて門外に出でたり、嗚呼西洋料理店の楼上、正宗を飲み肉を啖ふもの、是二兄の余が行を送るなり、而して両人其永訣の離宴たるを知らず、互に前途を祝して分袂せり、時正に歳の極月極日なりき、

瀛車に乗りて神戸に出で、更に船に搭じて広島に到りたるは、正に正月元旦なり、乃ち諸友と会飲して殆んど夜を徹す、偶的野君来る、曰く、我友末永節なるものあり、君と暹羅に同行せんと欲す、帰途我家に到りて之を誘へと、既にして殖民会社の事も亦定まる、移民会社の一重役は来り告げて曰く、時期尚早し、請ふ暫らく之を他日に待てと、旅費数百金を以て余に附す、余其遂に為すなきを察して敢て強ひず、直に発

して若松に向ふに決す、若松は的野君の郷にして、末永君の居る処なり、出発の前夜、主婦、下婢二人を携へ来りて共に余が室に眠る、豈に瓜田の履にして止むを得んや、

若松に到りて末永君に面し、告ぐるに的野君の意を以てす、彼襟懐洒落、談に装飾なく、心に城府なく、議立刻の間に決し、略出発の日取を定め、長崎にて落合べきを約して、余は独り郷里荒尾に向へり、

余が家族は市に出でゝ下宿業を継続し居れども、故郷の荒尾には一兄の家族と母上とあり、若し余が心に一塊物の蟠《わだかま》るなくんば、此行の如何に楽しくして、滊車の行くこと牛歩の遅々たるが如きを怨みしならん、然り、余が心は急がれざるにあらず、暹羅の特異なる風俗事情を物語りたらんには、そを如何に喜び聴き玉ふならんと思へばなり、然れども若し二兄の消息を問ひ玉はゞ何と答へん、思ふて此に至れば、余は実に滊車を飛落ちたき心地せられたり、但滊車無心にして情を解せず、余が半面の歓楽と半面の憂愁とを載せて、何時しか其当に到るべき処に到らしめたり、

然れども母上は、偶々下宿業監督の為めに市に出玉ふて在さず、一兄と嫂と、其子女のみ家にありたり、一兄は暹羅の事情を問ひ、又予想の如く二兄の消息をも尋ね玉へり、されど其問や甚だ遠慮気を帯びたり、是れ多少余と二兄との挙動に悟る所ありしに因るか、余は好加減に胡魔化せり、然も胸中の苦や言ふ可からず、一兄の強ひて追窮詰問せざる所、余に於て殊に苦となす所以なり、余は嫂の運び玉ふ酒に酔を買ふ

て、力を暹羅談に入れて強て興を作り、匆《そう》々別を告げて余が下宿営業所に到りたり、
下宿営業所には母上在り、妻子在り、余や千里の蛮邦を蹈みて帰り来り、今一堂に会して飲み且つ談ず、皆積年の憂を忘れて喜びに入れり、然れども喜びに従つて更に喜びの完全を求むるは人の情なり、母上の久しく逢はざりし其の末子の勇健なるを見て、猶ほ他の一子を忍び玉ふや理なり情なり、兄さんは何処に如何して居るだらう、おまへには文通があるかい、今度は東京あたりで出逢はしなかつたかとは、実に母上の余に問ひ玉ひし言葉なりき、嗚呼酒なる哉、余は唯酒力を藉りて巧く母上を胡魔化せり、子に迷ふ親心ありと雖も、酒力なくんば余豈に此の如く嘘言に巧みなるを得んや、嗚呼酒なる哉、余が嘘言をつかんと欲して躊躇する時、余を補けて大胆なる嘘言家たらしむるものは酒なり、余に利害の心の発生する時、利を捨て義に就くの勇を与ふるものは酒なり、余に偸安《とうあん》の念の萌せる時、奮然として道に走らしめたるものは酒なり、余に失望落胆の襲ひ来りし時、憤然蹶起せしめたるものは酒なり、唯夫れ此酒ありしが為めに此夢あり、蓋し余が此夢と此酒とは、共に一体を為して離るべからざるものたるなり、
然り、酒や余が唯一の好友なりき、之によりて母上を胡魔化し、又之によりて一家の春風を煽りたり、然り而して偶一事の余が心胸を貫くものあり、そは吾妻の姦夫を有せりとの噂なりき、一家の春風も、酒の酔も一時に滅却して、余が心は死せんと欲

せり、心既に死せんとす、固より理性も滅却せり、主張も滅却せり、然れども余は強ひて心を冷かにして、事の真偽を確めんと試みたり、而も遂に無効なりき、是に於て余は半信半疑の間に之を処断せざる可からず、如何に処断すべきか、余は迷ふて狂せんとしたり、彼は余をして不貞女の夫たらしめ、余が児をして不貞女の子たらしめ、而して余が親兄弟をして、不貞女の親兄弟たらしめたりと思へば、余は実に其血を啜り尽し、其肉を啖ひ尽しても猶且慊《あきた》らざるを感ぜり、然り、余が情炎は幾度となく彼を熱《や》けり、熱て熱き尽して、心の無念を加へ尽したる時、一片可憐憫愛の情は油然として湧き来るなり、可愛さ余りて憎さが百倍の情は、余此時に於て始めて其真を得たり、然れども其極憎極悪の裏面には、猶ほ熱愛至憐の情の隠れたることをも実験し得たり、則ち愛憎交々其極に馳せて、一心の内に相反噬《はんぜい》す、是に於て心光明を失して、人は闇黒の巷に彷徨し、遂に痴となり狂となりて、一生も亦茲に尽くるに至るものあり、然り、当時余が心は殆んど此処にまで其歩を進めたり、何の取り止めもなく遂に離縁を申込めり、此時に天下なく生民なきなり、余は唯二児を携へて終生山中の人とならんと思ひたるのみ、而して妻の寃を弁じて余が面前に泣き伏すに逢ふや、余も共に声を揚げて泣けり、而して心漸く旧情に復せんとするや、復憎悪の情は潮の如く押寄せ来るなり、此の如くにして余は幾度か胸中に彼を殺して又彼を活せり、而て心は乱れて糸の如く、気は昂じて虹の如く、既に煩悶苦悩の境を越えて、狂界の閾を跨げんとしたり、母上の苦言も兄上の忠告も、終に余を慰むるに由なきなり、時に偶々一電の長崎より来るあり、之を披けば広島旅宿の主婦より到るものにして、急用あり直ぐ来れとの文言なりき、嗚呼此一電、是れ実に一服の結縁剤なりき、余は此電を見て自ら反省の機を得たり、此の送電者は余が一夕の情を舒べたる人なるが故なり、以為らく余独り貞節を吾妻に強ゆるを得べきか、余と妻と地位を換へたらんには如何、然り、若し妻にして不義の行ありしとするも、余は之を責むべき権利を有せざるものなり、況んや真偽未だ判明せざるに於てをやと、是れ余が最後の断案なりき、則ち夫妻の交の今日に連続せる所以なり、

実に夫婦は終生の貞操を強ゆる一種の冒険事業なり、而して余や既に此冒険事業に蹉跌せり、是より其愛情は旧の如く濃厚なる能はず、酒量徒らに増加して、花柳の巷を恋ふの身とはなりぬ、然り、嫉妬の心を殺さんと欲すれば、勢ひ夫婦の情愛を軽視せざるを得ず、之を軽視して而して安ずる能はず、終に酒となり、花柳となるなり、豈に是人情の安着点ならんや、嫉妬の本性如何、恋愛の継続、その広狭の義如何、余が此等の疑義を釈了して、人性の太原に回るを得たる時、或は妻と旧情に返るを得ん歟、

先是余は友人平山周君と暹羅同行の約あり、故に来つて余を下宿屋に誘ふ、余一兄と下宿屋の善後策を講じ、家族を纏めて再び荒尾村に移転せしむるに決し、後事を一

兄に托して平山君と共に長崎に至り、福島屋に投宿して末永君の到るを待てり、既にして末永君到る、又余が妻の弟前田九二四郎も志を立てて余等の後を逐ひ来る、一行四人、二階の四畳半に籠居して便船を待てり、而して差当りの問題物は広島旅館の主婦なりき、

彼は何んの為めに来りしか、余は既に彼と一夕の情を舒べたりと雖も、彼に対する疑念は依然として存在せり、而して一行も亦之を疑へり、或は云ふ余を慕ふて来れるなり、或は云ふ警察の犬ならんと、余も亦少しく恐れを懐いて疑ひ惑へり、而して彼独り悠然として余等の中に交りて談笑遊興せり、是に於て一同の疑念は益々深くなれり、彼一日余に謂て曰く、少し密談があり升から……と、余乃ち誘はれて別室に至り、両人相対して座に就けり、彼端然容を正して曰く、卿にお聞合せをしたい事がありまして……、併し事妾の一生に関はる事ですから、仮令《たとへ》御不同意であつても秘密の徳義丈けを守つて下さいと、余之を諾す、彼仍て徐ろに問を発して曰く、卿は金に御不自由もありますまいが、御志を行はれる上に於ては、どうしても先つものは金で御座りましやう、ツマリ金が多ければ多いだけ、事が易く早く大く行はれると思ひ升が、如何でしやう、妾が御目的も伺はないで、斯様な事を申上げると、生意気な奴と云ふお考もありましやうが、妾は卿の男に惚れて……顔や形ぢやありませんぜ……其男を早く天下に立てたいと……生意気ながら思ふのです、所が女の腕で……殊に妾の様な不

敏な女の腕で、卿方のお志を助けるなぞ云ふことは到底出来る話ぢや御座りませぬが、金を以てお助け申すと云ふことは、女の手でも出来やうと思ひ升、否卿のお心一つでは……二三万の金は一ケ月の中に出来る道があるのです、ハイ屹度出来してお目に掛けますが、却説其後の妾の身の処分方です……どうせ妾の腕一つで二三万と云ふものを作るのですもの、迚《とて》も尋常な事で出来やう筈は御座りませぬ、で妾の身の処分方を御相談申したい……ナニ卿には奥様のお在になる事も承知してをりますし、女房にして戴かうとは申しませぬが、どうか外国に連れだす丈けの事をして下さいませぬか、決してお手足まとひにはなりませぬ、一度踏み出した以上は、女郎でもして独立で行き升、どうでしやう、それ丈けの事をして下されましやうか、

余は聊か答弁に窮せり、而して其如何なる手段によりて金策するやを問へり、彼は端然として再び秘密の徳義を云々せり、而して其所謂秘密なるものを漏らせり、余は一言にして之を卻《しりぞ》けぬ、曰く、余志を行ふに急なりと雖も、未だ不義の財に依りて速成するを欲せず、君の厚意は謹んで之を謝せん、但其厚意を受くる能はざるを恨むと、彼れ曰く、判りましたと、敢て復曰はず、一夜四畳半に雑交寝して別れ去れり、嗚呼此女雄、今如何なる天地に激浪を蹴つゝあるぞ、

　長崎は余と次兄の恩人たる、彼の無名の英雄渡辺元翁僑居の地なり、余の友人と便船を待つて旅館に在るや、共に前途の方針を議し、将来の事を夢想し、又能く哲理宗

教を談じて、果ては押入の蒲団を引出して其中に坐禅を組むあり、見るもの皆以て狂と為せり、而して余と平山君と時に酒を呼びて杯を挙ぐるや、末永君と前田君とは相競ふて羊羹を喰ひ、敢て相及ばざらんことを恐るゝもの丶如く、常に下女をして其健啖に吃驚せしめたり、福島屋楼上の四畳半、時に破鐘の如き声を発して四辺を驚かすものは末永禅師の喝なり、謳《ぐう》々の声を発して人をして愁心を催さしめんとするものは平山君の苦吟なり、而して舌鼓の音の楼上楼下に響ものは羊羹派と酒派との競争なり、人の呼で四畳半の梁山泊となすもの、実に謂ある哉、而して余や又時に無名の英雄を訪ふて、温乎たる其恩人の顔容に接し、善く太りて余が母上に酷似せる恩人の母君と談じ、又無邪気なる二人の令息と嬉戯することを得て、殆んど身に憂患あるを忘れたり、

此の如きこと数週、偶無名の恩人使を遣はして余を招く、到り謁すれば、徐ろに一封の書を出して之を余に与ふ、受けて一見するに、是実に横浜にある二兄の書にして、当時の余に取りては無上の吉報なりき、然り、則ち是二兄が支那革命党の一人に面会したる新事実の報告なりき、而して彼は詳かに其次第を叙述せり、今其要を摘記すること左の如し、

別後病気再発して復た病蓐に横臥する身となつたが、遇知己の宣教師が一人の支那人を伴ふてやつて来て、自分の病気を見舞て呉れた、固より病中の事とて何の話も

出来なかつたが、其後病癒ゆるに及んで、返礼旁宣教師を訪問して、彼の支那人の素性を聞いた、宣教師も余り深くは知らぬ様であつたが、唯南清改革派の一人であると云ふ事だけは判つた、仍て其居所を尋ね得て、今度は其支那人の寓所に行いて刺を通じた処が、喜び迎へて応接間へ通したので、先過日来訪の御礼を述べたるに、彼は宣教師によりて自分の事を聞いて、心窃かに敬恭《ママ》の情を懐いてゐたとて、一応の世辞を述べ了つて、談は何時しか支那問題に這入つて来た、彼は切りに自分の意見を釣り出さんと試みた、けれども自分は唯一商人の事で、何にも天下の事を是非する程のものでないと答へて其鋒先を避けてゐた、スルと彼は喋々と清国政府の腐敗せる様を述べ立てゝ、之に対する在野有志家の意嚮を説き、遂に革命の避く可からざることを論じたので、自分は実に飛立ちたい程嬉しかつたが、此処が辛抱の仕処と思つて、腹の虫を殺して冷かに謹聴してをつた、スルと彼は又もや自分に対して政治主義の質問を提出したので、自分は唯一言之れに答へた、曰く吾は四海兄弟の説を奉ずるものなりと、彼は喜色満面に湛へて此一言を歓迎した、さうして又喋々と自己の意見を附して四海兄弟主義の解釈を着けた、曰く東西聖人の意志は皆此一点に符合する、然れども事実に於ては此主義と現勢と甚だ遠い、之れをして現実と接近せしむるものは革命である、而して革命は支那に於て既に其萌芽を発してをる、君盍《なん》ぞ進んで是を助成せざると、是に於て自分は慥かに此人物の革命党の一人なることを認めた。さうして実に自分の本心本性を打明たくて堪まらなかつた、併し猶忍んで冷淡を装ふてをると、彼は益々まくり掛けて自分の意見を釣り出さうとする、自分も殆んど答弁に困り果てゝゐたが、恰も好し二人の支那人がやつて来たので、彼は一寸失礼すると謂つて、隣りの一室に這入りて仕舞つた、其室の這入口に、英語もて Private room と書てある所より見れば、彼等の密談室ならんと思はるゝ、此時丁度支那人のボーイがお茶を酌んで来たので、そつと此ボーイを捉へて彼の人は何をするものだと尋ねた処が、ボーイは眼を丸くし手を動かして、アノ人大変豪い、支那の王様をブチ倒さうとして出来ない、此間コチ逃げて来ると言ふたので、サテは孫逸仙の余党ではあるまいかと推測した、軈《やが》て三人一緒に出て来たから、自分は此機会を利用して帰つたが、兎に角吾等が支那に対する従来の推測は、決して其当を誤つて居らぬ事を証するに足る、否寧ろ思つたよりも機会の方が進んでをる様に思はれる、今は既に横道に深入りすべき時機でない、暹羅の事なぞは大抵の処で切上げて、一旦急に帰国する様にせよ、猶談合したい事が沢山ある、今日の事、唯拙速を尊しとなす云々、

一丈有余の長文の一書、字々皆生気あり、句々悉く活動す、而して其家の構造より室内の模様を写し、更に主人公と来客の風采態度を形容する処、人をして自ら其境に在るの思ひあらしむ、又以て二兄が如何に興奮せるかを推知するに足る、読もの豈に

感慨に堪ゆ可けんや、無名の恩人は、余の読み了るを待つて静かに一言を挟めり、曰く、眼を通したら焼き棄たが宜からんと、余命を領して直に之を丙丁に附す、彼れ又余に命じて返書を草せしむ、余乃ち筆を執りて左の意味の書を作り、以て二兄に酬いたり、

御手紙を見てさへ飛立つ思をなすものを、身其境に在りて其人と接する貴兄には、嘸かし嬉しく又感慨に堪へざるものあらん、然れども飜つて考ふるに、此人(支那人を指す)初見のものに対して感慨を漏らし、議論を吹き掛ける底の人物故、其心中には必ず日本人の同志を求めたがつてをるに相違ない、シテみると、其落着く先きも大抵は想像が出来る、△△にあらざれば○○、所謂る謀叛受負人等の手に渡るであらう、スルト折角の大業も、日本浪人の手遊になるは、鏡に掛けて睹《み》る如しである。此く成行くとすれば、其本人に対しては誠に気の毒な次第なれども、彼等は其心の急なるが為めに、一言の注意を与へた処で、迚も静かに時機を待つと云ふ事は能くしまい、されば先づ此方より手を引いて、暫らく云為言動を見て居たが宜からう、吾々も折角其志を晦《くら》まし来りて、此一挙を以て在来の謀叛受負人等と提携して、瓦礫と共に砕くると云ふ事は、誠に終生の遺憾ではあるまいか、此予測は当らずと雖も遠からずだと思ふ、而して是唯小弟一個の私見にあらずして、渡辺先生の意見も是に在るのである、貴兄若し同感であるならば、暫らく忍んで可憐支那の義士を遠

かり、以て大に他日に期する所ありては如何、小弟も既に心は横浜の天に飛んでをるが、今は乗り掛つた船で是非もない、唯成るべく急に暹羅の事を片付けて、改めて拙速主義を採る事を協定しやう、切に御身体の壮健ならんことを祈る、

嗚呼心気沮喪せる余が軀殻を起して、下宿屋より長崎に運びしは平山君なり、同情の涙を灑いで余が心を慰め、奇説怪論を吐いて一道の生気を注射したるは末永君なり、自棄失望の関門を閉鎖して、厳として余が進退を監視するが如き者は無名の恩人なり、余をして奄々の気息を持続せしめたるは、実に以上四箇の原由あるに因る、而して遂に余をして活躍の気を興起せしめたるは二兄の一書なりき、然り、余は実に此一書によりて生き返れり、而して二兄は却て余が返書によりて其寿命を縮めたらんか、彼若し其日夕思念せる所の支那人と交通し、多年鬱積せる襟懐を披瀝して、自箇胸中の春風を煽りたらんには、或は彼の如き悲惨の最後を遂げざりしならん、然れども彼は厳格に余が書中の意を守れり、死に至るまで之を固守せり、嗚呼是れ余と志との罪なり、彼豈に余を罪するものならんや、

然り而して余は猶ほ恋なき吾妻に恋せり、不信なる吾妻を信ぜんと欲せり、斯心既に余が暹羅遠征の気を落させしむるに足る、況んや二兄の一書あるに於てをや、余が心は二兄の書によりて興起せり、然も為めに暹羅行の気を引落せり、当時若し余に快

潤なる同友諸君なかりせば、余或は此行を中止したるやも知るべからず、況んや既に船を待つこと三十余日、殆んど人をして望洋の感あらしむるものあるに於てをや、然り、一行の諸君も流石に退屈せり、梁山泊も聊かさびれたり、偶一便船の来るものあれども下等船客を搭載せず、而して余等実に其以上の資格なきものなり、復た手を拱して次便を待たざる可からず、是に於て退屈は不平となり、不平は発して詩歌となりて、さびれたる梁山泊も亦一新生面を開き来れり、末永禅師乃ち不平禅の句あり曰く、

超然風骨立塵縁　書剣牢騒廿八年
自笑半生窮措大　上乗参破不平禅

当時暹羅桜木商店主山崎君、帰り来りて長崎に在り、日々来往して共に飲み、又其友人八戸君なるものを紹介して余等の一行に加らしむ、既にして一船漸く来り、行期亦決す、乃ち一行の意気大に振ひ、各々南字を附して別号を作る、末永君曰南斗星、平山君曰南万里、前田君曰南天子、八戸君曰南桜生、余曰南蛮鉄、皆一種の気を負ふて当世に歯するを喜ばざる一廉の志士なり、意気実に当るべからず、而して余も亦遂に此渦中に捲かれて、憂を忘れて発程せり、発するに臨みて原田君長篇を作りて一行を送る、南斗、南万の二君亦之に和す、而も皆忘了して記憶に存せず、既にして米国郵船ゲーリック号に搭して香港に向ふ、

第二の暹羅遠征

船の香港に到着するや、恰も黒死病流行の真最中にて、各国の瀛船皆此地よりの乗客を取らず、而して解禁の時日も亦予め知るべからず、是に於て一同顔見合せて行路難の歎を漏せり、

然れども、行路難は予て覚悟の吾々なり、銀行員兼日暹貿易家の八戸君は別問題として、其他の四南は孰れ劣らぬ窮措大にあらずや、もの、十日も禁足せられたらんには、宿料は嵩むべく、粮道は絶ゆべし、進退谷《きは》まるの窮場に陥ること、眼前に火を観るよりも瞭かなり、如かず広東広西を横断し、安南を経て暹羅に入らんには、是豈に却て男児快心の事に非ずやと、口角沫を飛ばし、意気天を衝くの概を以て述べ立てたるは南斗星なり、而して南万里之に和し、南天子も亦船は苦しからんとて此説を賛せり、然れども余や二十の移民を預るもの、若し陸路徒行の説に従はんか、着暹の時日遷延して代理人の任に負かんことを恐る、故に暫らく南斗星の提議を据置きとして、先づ船長へ直談判を試みるの議を提出したるに、皆余が意を諒して之を許せり、乃ち余と南桜生と之が談判委員となり、小舟に乗じて孔明号に至る、

船長に面して事情を明かし、便乗の事を哀願すれば、此船汕頭、新嘉坡《シンガポール》を迂回して

盤谷《バンコク》に至る予定なり、それさへお構なくば之を允さん、可成警察の目を避けて来れと云ふ、旅宿に帰りて此事を報告すれば、皆曰く止を得ざるなり、今や迂回を厭ふて逡巡すべきの秋にあらず、往くべし往くべしと、議直に一決す、乃ち夜陰に乗じて搭船せり、

一行は原より最下等の所謂荷物客なり、汕頭、新嘉坡を迂回して盤谷に至るの船賃僅かに十二円、以て其度合を察知すべし、船は順路を取りて先づ汕頭に向へり、天偶黒雲を生じて不穏の状を示し、九龍港頭赤球を掲げて沿岸を警戒す、船碇を揚げて香港を離るゝや、果然暴風の襲来に逢ふ、凄愴謂ふべからず、遊子の意気頓に銷沈す、而して南桜生ははや半死人の如く、南天子は大病人の如し、曾て小舟に激浪を衝て巨鯨を逐ひし事ありとて、大に船に強きを誇りし南万里も、漸く顔色を変じて敢て動かず、往年水夫の業を取りしことありとて、豪然として玄人振りたる南斗星も、頭を振りて箸を採らず、唯余のみ善く歩き善く喰ふて平常に異ならず、以て四南生をして顔色なからしむ、船進行を止めて海上に漂ふ事一昼夜、風なぎ波鎮まるに及んで、再び進行を始めて汕頭に入れり、

然れども前途は猶遼遠なり、行路難も亦未だ之に尽きざるなり、然り、一難漸く去りて一難復来れり、余は汕頭より新嘉坡に至る当時の事を想起する毎に、未だ曾て慄然として身顫するを禁ずる能はざるなり、

汕頭にて千余人の苦力が一時に乗込みし騒ぎは面白かりき、其場所を争ふて打合ひなぐり合ひしは壮快なりき、此状を見て拍手喝采して、彼等他日大に用ゆ可き者なりと叫びし南斗星には皆同感なりき、而して彼等遂に余等の場所に進撃して一場の活劇を演ずるや、前《さ》きに拍手喝采して快を呼びし南斗星が、おのれチャン奴と怒鳴りつゝ刀を取り出さんとするを、南万里が待て〳〵と制して抜かさじと慌てたるも滑稽なりき、而して余が已に六尺有余の長竿もて参られんとする処を、船長ヤイと抑へて引摺り行きたるも可笑かりき、既にして座漸く定まるに及んで一顧すれば、実に是宛然たる豚群の露店なり、此時南桜生が微声を漏らして、遠征家の苦労は遠征家にほか判りませぬナと言ひしも、誠に憐れにも亦有理なりき、

然り、最初の苦痛は身動きのならぬ事なり、続いて来るは阿片の臭気なり、床虫の襲撃なり、放屁の悪気なり、南桜生は復もや半死人となれり、南天子はタマラヌ〳〵と泣声を発せり、既にして前日暴風の余波次第に高く、船は風なきに躍り出だせり、ゲブ〳〵の声は恰も戦場の喇叭の如くに船の上下に響き渡れり、飽まで食詰めたる苦力は無遠慮に吐き散らせり、豚群の露店は一変して八百屋店の競進会となれり、猛虎の勇ありし彼等は青菜の如くなり来れり、既にして居小便をやらかすなり、用意の竹筒に尻をまくッて糞を垂るゝなり、糞竹筒は倒るゝなり、大小便と嘔吐物とは波を作つて船内を洗ふなり、加ふるに放屁阿片の臭気を以てす、猶加ふるに赤道直下の熱気

の之を蒸すあり、苦や名状す可からず、南天子は遂にもてぬ〳〵と鼻を鳴らせり、南斗星は宝丹を鼻にあてがつて目のみパチつかせ、南桜生は依然たる半死人のみ、而して余は南万里と共に遂に甲板に馳せ上れり、時に夜色暗澹として細雨降りしきり、雨露に身を曝らして寝ころぶ苦力は、さながら戦場に屍をころがしたる如く、目の着け足の踏み様なければ、暫ばし戸扉に佇みつ、、せめて一掬の水なりと呑みたらんにはと歎ち居たる時、不図見当りしは眼前に聳ゆる生大根入の大籠なり、イヤ天の賜ぞ、受けざれば禍ありと、左右を顧みて盗み取りたる速さ哉、歯音静かに嚙み占めたる甘さ哉、余と南万里とは共に吐息を漏らせり、ア、蘇生りたと、然り、此苦を味はざるもの、豈に此味を談ずべけんや、然れども奈落の底にも仏あり、汕頭を発して第三日、船安南沖を通過する頃、船長は余等一行の為めに別座を設け、支那人の雑居を禁じて之に居らしむ、是に於て一同蘇生の感あり、南斗星親しく茶を煎じて之を供す、皆之を啜りて曰く、甘哉、南万里舷頭に立つて歌ふて曰く、

芒々宇宙古今同　独倚舷頭感慨中
雲起碧空曾不尽　潮生蒼海更無窮
幽襟好照天心月　散髪任吹水面風
不識明朝何処到　鵬程万里一孤蓬

是れ実境なり、真情なり、豈に啻南万里の感想のみならんや、

実に人は境に随つて其情を変ず、蓋し軀殻を有するもの、当に然るべき処なり、半死人の南桜生、何ぞ其顔面に喜色を湛ゆることの速なる、鼻鳴らしの南天子、何ぞ其威張ることの早きや、而して南斗星の雄弁、而して南万里の朗吟、皆俳優の早替りを見るが如し、則ち船長の情を受けし以来、長崎四畳半の梁山泊は船中に再現せり、而して南桜生携ふる所の商品の鑵詰は、無代価にして盛んに売れ行くに至れり、

船新嘉坡に着して、千余人の苦力は一時に上陸せり、余等亦上陸して大井馬城君を其寓に訪ふ、君乃ち余等を伴ふて旅宿扶桑館に至り、酒肴を供して歓待を極む、彼其美人?を抱いて疎髯を撫し、ビールを傾け生卵子を啜り、意気傲然として東方経綸を説き、スマタラ開拓を談ずる処、血気の壮夫をして顔色なからしむ、亦旅中の一快事なりき、未だ知らず君猶当年の意気ありや、

新嘉坡より盤谷に至るの間は、船中皆余等一行の独擅《どくせん》する処、殊に天朗に波静かなり、航行四日、共に凱歌を挙げて盤谷に入れり、然れども天は猶ほ余等に与ふるに幾多の悲惨を以てせり、然り、余等の上陸して事務所に入るや、二十人の移民中、十七人までも病んで寝ころぶを見たり、云ふ余去つて後、彼等皆余と絶縁して先発せる六人の後を逐ひ、鉄道工事に至りて此惨状に陥り、辛ふじて逃れ来れるなりと、中には既に死に瀕せるものすらあり、仍て手蔓を求めて重病者を慈恵病院に入れ、軽き者は事務所に於て医薬を服せしむ、又虎列剌《コレラ》病を併発するものあり、之を病院に運び、余

自ら通弁役を努め、看護の労を採る、一身殆ど煩と苦とに堪へざらんとす、況や懐嚢甚だ軽きをや、又況んや二日の間に三人も死亡するをや、否、悲惨はこれのみならざるなり、

人生朝露の如しとは誰の言ぞ、余は南桜生の最後を思ふ毎に、未だ曾て無常迅速の歎なくんばあらざるなり、余は今尚明々と記憶せり、着暹第三日の夕、一行の同友南桜生に招かれて慰労の宴に臨みたるを、酒酣にして磯永海州君の宿次歌も出でたり、柘植呑海君のホーカイ節も出でたり、南斗星の詩吟、南万里の仮声、皆興に入り口を衝いて出づ、而して余も亦遂に得意?の祭文をやらかして、一座の好笑を博し得たり、正直なる銀行員にして、世間慣れざる貿易家の主人公は、真赤な顔して容を壊して喜び笑へり、ヤレ〳〵と叫べり、故に皆帰るを忘れて縦談放吟せり、余も亦身上の苦を忘れて歓を尽せり、而して辞して寓に帰りたるは、実に夜の十二時過なりき、何ぞ計らん此夜の主人公、明日現世の人にあらざらんとは、

翌早天、桜木商店の小使一書を齎《もた》らし来る、披き見れば呑海君の書なり、云ふ南桜生昨夜三時頃より嘔吐を催ほし、身心共に衰弱して容易ならざる状態に陥れり、今僕に嘱して君を招かしむ、願くは直に来れと、到れば呑海君台所に在り、紙片を竈に投じて之を焼きつゝあり、余其何の為なるやを問ふ、彼曰く、南桜生僕に命じて書類を焼かしむ、想ふに既に死出の準備をなすなりと、余仍て急ぎ二階に上りて病蓐に至れ

ば、昨夜の面影何処へやら、眼落ち頬枯れて現世の人にあらざるが如し、余は一見して吃驚せり、落胆せり、其虎列刺病なることをも察知せり、然も強て平気を装ふて如何だいと声掛けたるに、彼目を見開らき唇を湿し、微かに舌を動かして謂て曰く、僕はモーいけない、折角伴れて来て貰つたが、迚《とて》も駄目だ、君の帰国の時にはどうぞ又骨を……出来やうか、夫れを相談しやうと思つて……、聴くもの豈に涙なからむや、然も余はワザと語気を強ふして彼を励ませり、曰く、そンな弱ひ気を出すものがあるか、嘔吐位は暹羅には通常のこつた、余り思ひ過して弱音を吐くと人に笑はれるぜと、彼れ乃ち頭を掉つて曰く、イヤそう云つても脈搏がない、モー脈搏がないから駄目だと、仍て手を握つて脈搏を検するに、果して其言の如し、而してはや氷の如く冷へきつて些の体温なく、唯脂汗のヌタ〳〵と手につくあるのみ、余は強ひてまだピン〳〵やつてるぢやないかと口には言へども、心の中には迚も駄目だと確め得たり、乃ち窃かに呑海君に意を通じて、再び医師を迎へしめ、又他の三南に報ずるに此状を以てせしめ、独り枕頭に坐して彼が額の汗を拭き、且団扇を挙げて彼を煽げり、時に彼余を顧みて謂て曰く、机の上の手紙を取りて呉れ玉へと、即ち机上一封の書あるを看る、採りて之を閲するに、鉛筆もて母上様と書しあり、其下に彼の名を署せり、嗚呼是れ其袂《ママ》別の書なり、書遺きなり、余これかと言ひつゝ、其手に渡せば、彼頷いて之を領し、更に鉛筆もて何事をか記入して、再び其封を固めて之を余に渡し、死ンだら直ちに郵送し呉れと云ふ、余は既に坐に堪へざらんとせり、斯る時に医者は来れり、云ふ今夕中はもてまいと、既にして同行者の三南は来れり、共に枕頭に坐して看護す、余は彼等に代りて寸隙を偸み、病院に至りて移民の危篤なるものを見舞ひ、再び来りて二階に上れば、哀れや既に他界の人なりき、

此夜一同遺骸の傍らに夜を明かし、海州君も亦来りて通夜せり、夜明るに及んで、寺院に至りて之を焼き、翌日遺骨を拾ふて帰り来る、嗚呼昨夜宴を張りて共に歓を尽したる彼れ、今既に北邙一片の煙となる、彼と行を同ふし宴を共にしたる余等、豈に感情に堪ゆべけんや、

惨劇は猶も打続けり、病移民は、六人までも南桜生と前後して逝去せり、医薬糧食の料は覚束なくなり来れり、南斗生と南天子とは下痢を始めたり、南万里は内地の探険に出掛けて、期に及んで帰り来らぬなり、移民会社は請援の返信を寄越さゞるなり、而して余の身亦終に虎列剌の襲ふ所となれり、

これまでの天命ぞとは、余が自ら諦めんとする理想なりき、然り、夕ゞそれ理想なり、故に現実に於ては未だ諦らめが着かぬなり、諦らめの着かぬが故に心裡甚だ安からざるなり、病名を恐れて逃げゆく移民を見ては、情なく感ぜざるを得ざりき、移民や南桜生の死状を追想しては、心細からざるを得ざりき、而して犬の遠吠や人語の響、凡身辺の事物、悉く余が悲愁の媒介たらざるはなきなり、然り、余は天地を恨み我身

を悲みて、独り寂寥の感に堪へざりき、寂寥の感は、遂に愚痴の夢想と変ず、吾は此儘死するのであらうか、せめて支那大陸を枕に……、横浜の兄上は……、故郷の妻子……、母上や一兄……、無名の恩人には……、愚痴八百、妄想幾千、身も心も引入る、おもひ、泣かんか、所為婦人に近し、狂はんか、他人の笑ひを如何、然り、名誉の心は死際にも着き纏ふなり、煩悩の犬は逐へども去らざるなり、之を断ち之を払はんと力味ては、遂に疲れてスヤ〳〵と眠り、眠りては醒め、醒めては思ひ、思ひ疲れて又眠り、眠りて醒めて、終に心気昂進して妄想の海に漂ふ、乃ち苦悩煩悶遣るに所なく、果ては自ら殺して安に就かんとまで思ひたり、然れどもコレも唯思ふに止まりき、然り、余は狂とならんには智に過ぎ、死生を達観するには明を欠けり、苦をなし悶をなすも、亦止を得ざるなり、

当時余が懐中残す所、僅かに十余金、診察料五円を払へば、病移民と病友とは粥も啜れぬなり、而して余の病症や、日本人にして之に犯れたるもの、十死ありて一生なきは従来の実例なり、余や既に数理上の死人なり、故に亦数理的命令に服従して医師の診察を請はざりき、而も心は常に生を希へり、海洲君がツカ〳〵とやつて来て、又パタ〳〵と出で行きし時には、余は無情軽薄の友として彼を恨めり、而して未だ十分を出でざるに、医者を率ゐ来りて診察せしめたる時には、余は心の内に彼を拝めり、柳田君が看護に疲れて鼾の音を発する時には、余は無情を観じて彼を悪めり、然れど

も時に目を醒して窃かに脈を取り、足の皮を摘み上げて舌打鳴らせし時には、悲しくも亦有難かりき、服薬三日何等の効験なく、柳田君の発議に従つて永別の離盃を挙げ、氷もて冷せし黒ビール一杯を傾け尽したる其味は、今に至るも忘れざるなり、余は事玆に至つて始めて苦悶を離れたり、諦めが着きしなり、乃ち快く熟睡せり、目醒めて神気爽然たり、柳田君云ふ、顔色も亦大に生気を帯び来れりと、余は遂に死せざりき、二日の後杖に倚りて海洲君を訪ひ、彼等夫妻を驚かせり、また其勧告に従つて、始めてパンと牛肉とを喫せり、是を病後の食ひ初めとなす、海洲と柳田の二君は、実に余が再生の母と謂ふ可きなり、

余が病は此の如くにして癒えたり、既にして横浜の二兄は書を以て余が帰国を促せり、然れども余が健康は未だ復旧せざるなり、而して南万里益田君の一行は未だ帰り来らざるなり、皆云ふ猛獣毒蛇の餌食となり了りしならんと、而して病移民の大半は去つて新嘉坡に逃れ、残るものは僅かに四五の半病人のみ、而して彼等も亦病癒ゆるを待つて逃れ去らんとす、若し此儘にして止んか、世人或はその玆に至りし所以を究めずして、直に暹羅全部を目して殖民に適合せずとなし、以て永く斯事業を堙滅せしめんとす、余や二兄の勧告ありと雖も、未だ俄かに帰る能はざるなり、然り、心既に横浜の天に飛ぶと雖も、義理と人情には絆《ほだ》されざるを得ざるなり、既にして南万里と益田君とは帰り来れり、南斗星の下痢も癒えたり、仍て一日額をあつめて以後の方針

を議せり、南斗星曰く、若し此儘にして止まんか、殖民事業は勿論、スリサツク侯が折角の熱望も消亡する道理、豈是千秋の憾事にあらずや、然れども百姓は到底頼むに足らず、願くは吾等四南コ、に大奮発をなし、自ら鋤鍬を採つて耕作に従事し、大収穫期の間試作を行ふて殖民の基を開き、以て理想郷の礎を作るは如何と、皆拍手して善哉を叫び、議則ち茲に一決す、

然れど差当りの問題は粮食なり、試作地なり、農具なり、当座の粮食は是を海洲君の侠義に訴ふること、なり、余と南斗星と往いて海洲君を訪ひ、訴願するに此事を以てす、彼れは言下に之を諾せり、試作地と農具とに至つては、到底スリサツク侯に哀願するの外なし、余乃ち通弁を携へて侯を其邸に訪ひ、説に余等の決心と求むる所を以てす、彼亦快諾して農家までも貸さんと云ふ、一同の歓喜知る可きなり、乃ち勇気頓に百倍し来り、洋服、靴を脱して肌衣一枚の草鞋かけ、水牛を率き行くあり、農具を担ぐあり、光景実に一幅の古画なり、引越し済んで共に祝盃を挙げ、帝力庵の新梁山泊茲に成る、南斗星句あり曰く、

負郭一茅堂　躬耕志自高　壁頽侵雨気　屋破見星光
倚義男児侠　拯危天下狂　夜深胆宙宇　斗動剣騰鋩

又風月窓の句あり、曰く、

久為書剣客　磊塊鬱横腔　志在澄寰宇　義当扶旧邦

黄金誰得買　国士価無双　高臥且間適　結盧風月窓

当時残留の移民も又来りて艸堂に入れり、然れども彼等気既に喪して用をなさず、唯余勇を牛肉の競争喰ひに振ふのみ、独り柳田君あり、余等と始終して善く動き善く働けり、挿苗は雨期を待つて之を行ふの習ひなり、猶ほ多少の時日を余せり、而して海洲君の侠義あるも、君当時創業日猶浅く、長く余等の為めに糧食を続くる難し、是に於て余は粮道を求めんが為めに、一旦諸友と別れて帰国すること、なれり、何ぞ図らん、一身の変動之より生じ来らんとは、

是より先き、南万里の益田君と内地探険に赴くや、其主要なる目的は山林事業の調査なりき、南万里が一反歩に二三十の朱檀ありと云へば、益田君三百本ありと為し、二人の報告互に大差ありと雖も、本無代価の山林なれば、兎に角以て有望の事業なりとなし、共に協力計画する所あるに決し、余は益田君と船を同ふして帰国すること、なれり、当時岩本君も病癒えて暹羅に来り居りしが、余等の行に加はりて帰国することゝなり、共に海洲君の援助によりて香港までの船券を購ふを得て、三人相携へて帰国の途に上れり、

嗚呼二兄は死せり

孰れ劣らぬ三人の呑太郎、船中の無聊に堪へずして、素面の祭文講釈に相慰めたるも可笑しく、禁酒の誓約香港に破れて、互に其罪を譲り合ひしも滑稽とや云はん、而して領事館への借金談判旅宿料の書遺き証文、石炭船へ便乗の相談、各々得意の方面に従つて事を処理し、ヤツと門司に着して若松に駈け着けたるは、はや七年前の夢なりけり、

余が若松に至りて的野君を訪ひしは、亡友に対する義務を果さんが為なりき、余は南桜生の遺言に従ひて其骨を携へたり、故に的野君によりて旅費を得て、先づ長崎に引返して之を亡友の遺族に致さんと欲せしなり、何ぞ図らん、却て自箇身上の悲報を耳にせんとは、

的野君は余を見て眼を丸くして曰へり、君は知つて帰つてきたとなアと、余其何事なるを解する能はず、而して彼の言容甚だ穏かならざるものあるを看る、余仍て其意を反問す、彼曰く、君の兄は横浜で病院に入つてをるさうだと、余は驚けり、以為《おもへ》らく人既に其横浜に在るを知るに至る、乃ち病勢の容易ならざるを察すべしと、余は的野君に乞て直に横浜に至らむとせり、的野君曰く、少し待ち玉へ、太《ママ》した事ではない、最早近々退院すると云ふ事であつた、先づ電報でも打つておくかと、沈思稍《やや》久しくして又謂て曰く、時に母上も病気ださうだなア、是も国の病院にお在になるさうぢやが、最早大抵本復されたと云ふこツぢや、孰れも心配する程の事でないと、言葉は軽けれ

ども意太《はなは》だ重し、余は少しく迷へり、孰れを先きにせんかと、終に意を決して郷里に向へり、
郷里に至れば、一兄あり、嫂あり、甥姪あり、又余が妻子あり、而して母上は一姉と共に病院に在すなり、家人は余が安着を祝し、且つ母上二兄の病状を説いて曰ふ、母上は二三日内には退院さるゝに至るべし、二兄の病状も日々軽快に赴けりとの事なりと、嫂は猶手紙二通を取り出して余が為に説明せり、曰く是は十日計前に来りしものなり、筆跡甚だ衰弱の模様あれども、二日前に来りし此書状は、甚だ肉太く元気の色見ゆ、書中の言によれば、一週間後には帰郷せらるべし、明日は兄さんが旅費の為替に行かれる筈です、これ御覧なさいと、差出す手紙を取上見れば、筆の走りの強健なる、到底病者の手になりしものとは思はれず、而して其文言も亦恢復近きにあるを云へり、但吾身体虚弱にして、到底大事に任ずべからず、郷に帰りて大谷の山荘に隠れ、(亡父別業の地也)一生を農夫に伍して過さんのみと云へる一語、余が関心の処なりき、曷《なん》ぞ知らん是気休めの虚言ならんとは、其大谷の山荘に隠るゝとは、直に他界に隠るゝことを意味せしなり、其帰国の旅費と云へりしは、自箇葬式の費用を意味せしなり、神ならぬ余等如何でか之を察知すべけん、乃ち固く其言を信じて之を喜び、一夜を郷里に明して、翌朝一兄と共に熊本病院に向へり、
実に寸前の運命を自覚せざる人間の挙動よりあどけなきはなし、余が病院に至りて

母上に謁せる時、其喜びは如何なりしぞ、過去の苦痛は総べて現在喜楽の資料なり、母上は横腹の傷口を出し示して、病中の経過を談じ、また二兄病気の次第を物語りて、四五日内には帰り来ると喜び玉ふにぞ、余も亦以後の経過を繰返し、九死の中に一生を得たることを物語れば、母上は今更の如く吃驚して、過にし不幸を偲び、又将に来らんとする一家の春を夢想して、ヨシ〳〵是にて皆の厄払ひが済んだと祝し玉ひ、また感慨を漏らして窃かに兄弟の前途を戒め玉へり、曰く、兄さんはモー一生出て来ぬかと思つて居たが、四五日内に帰て来るそうだ、兄弟三人で一緒になるのは三年振だらう、おまへも今度は急がずに、ゆツくり身体を養ふて、それから又ポツ〳〵おやりなさい、もう三人ほかない兄弟だから、何事も善く相談して、一緒になつて行くがよい、ム、それがよい、まア兄さんが帰つたら村のもの等を集めて、回期祝ひでもしましやうなアと、

斯る間に一兄は母上退院の手続を了せり、余は猶ほ母上に告ぐるに亡友の遺嘱あることを以てして、是より直に長崎に到らんことを願ひたるに、母上も聞いて同情の感に堪へざるもの丶如く、快く之を允し玉ひ、且つ病中の来訪者に謝礼廻りをしてよと命じ、一兄と余とを残して、姉上と共に帰郷の途に上り玉へり、而して未だ二兄の命旦夕に迫るを知らざるなり、

余は一兄と共に停車場に至りて母上の行を送れり、而して共に一親戚の寓に至れり、

而して未だ一椀の茶さへ喫し了らざるに、偶々故郷の一友人の馳せ来るものあり、余等を見て一言を発せず、直に懐中より紙片を取り出して之を投ず、取りて之を読めば、二兄危篤の電報にして、横浜の友人野崎君の送る所なり、実に是青天の霹靂なり、余と一兄は直に車を飛して停車場に至り、母上の後を追ふて郷に帰れり、

翌未明、一兄と共に郷家を発して大牟田に至り、滊車に搭じて横浜に向ふ、略ぼ二昼夜の行程、気鬱して一語を交へず、横浜に着して一兄は僅かに口を開けり、曰く、病院に往かんか友人の家に至らんかと、余は事既に後れたらんが如き心地せり、故に先づ友人の家に至らんと答へたり、乃ち車を飛ばして野崎君の寓所の前に到れば、偶々令妹の其門前に佇むを看たり、彼亦余等を一見して飛んで其家に入れり、余は其の挙動によりて吉凶を占はんとしたり、以為らくマダ間に合つたナと、既にして玄関に至れり、友人の細君は出で迎へたり、其態度甚だ落ち付けり、而して令妹は其傍らに座して微笑を含めり、猶以為らく辻占は吉なりと、茶は運ばれたり、而して細君は無言の儘にて余等と対座せり、余は自ら進んで吉凶を問ふの勇なかりき、一兄も亦黙して問を発せざるなり、既にして細君は涙を浮べり、頭を垂れたり、微かに声を漏せり、曰く、実に残念で……一昨朝終に……、御遺言によりまして品川東海寺に……皆様も卿等の御出を御待ですから……、一刻も早く……、余と一兄とは車に載せられて停車場に至り、又滊車に送られて品川駅に向へり、

品川駅には四五の友人出迎へたり、余と一兄は恰も綿羊の屠場に牽かるゝ如く、彼等に従ひて東海寺の別院春雨庵に入れり、此処には数十人の親戚故旧あり、其一隅に白木の長棺あり、云ふまでもなく二兄は冷かに其中に眠れるなり、野崎君は余と一兄をしてガラス越に亡兄に面せしむ、漆の如き黒髪長く後に垂れ、其周囲は一寸許りも生ひ茂り、眼を閉ぢ、両手を胸の上に組み、喰ひ占めたる唇の隙間より、雪の如き前歯のほの見えて、問へば応へんとするが如き状をなせるものは、二兄の亡骸なり、一兄は余を顧みて私語《ささや》けり、どういふ積りで頭の周囲は剃り居しならんと、余は黙して答ふる所を知らざりき、而して二兄も今や既に無言の人たるなり、

野崎君は一封の書を取り出して一兄に与へたり、曰く、是は死後枕の下より見出したるものなりと、表面には母上様兄上様とあり、而して其下に自己の名を署せり、披き見れば唯一首の国歌を記しあるのみ、曰く、

大丈夫の真心こめし梓弓
　放たで死することのくやしき

嗚呼彼は如何に其の梓弓を放んと欲せしぞ、恐らく余と無名の恩人を措いて知るものなきなり、既にして野崎君は猶ほ一書を出し示せり、こは則ち二兄の野崎君に遺せるものなり、余は今猶其全文を記憶せり、曰く、

小生死去候節は何卒品川東海寺亡兄の傍に御埋め被下度候費用は近日宿元より送り

来る筈なれども若し間に合ひ不申候節は親戚立花方か伊勢幸方にて一時の融通被成下度奉願上候若又費用の余裕も有之候はゞ禅僧に頼んで仏典の一部を御読ませ被下度候

右至願至嘱

此夜親戚知友と亡二兄の傍らに通夜し、翌日、遺言に従ひて、仏式を以て亡兄伴蔵(明治八年に死亡したる)の傍らに埋葬せり、

式終りて、余は一兄と共に横浜なる野崎君の寓に引返せり、彼は二兄の病中より其死に至るまで、終始骨肉も及ばぬ高義を以て看護の労を採りしもの、而して二兄の遺物も皆其寓に引取り居たり、一兄は野崎君の取り出す遺物を見て驚異の色あり、衣服調度多くは支那流のものなりしが故なり、余は何がな余に対する遺書あらんと、心窃かに書冊雑具の間を捜したり、然も遂に一物の眼に止まるものなきのみならず、曾て嚢底に納め居たりし書類さへ、今は片影だも認むる能はざるに至れり、野崎君の言によれば、彼は故郷には母上の病み玉ふことを知るが故に、努めて吾身の上を案労せしめざらんことを計り、毎に書を発して病気恢復云々の言をなせしなりと、而して彼は唯余の帰来をのみを待ち詫びて、マダ来ぬかなア、今日は来るだらうと、日に幾度となく繰返せしとのことなり、余は二兄が支那の有志家に逢つた様な話はしをらざりしやと尋ねたれども、野崎君も深く其事を知らず、唯一度洋服したる支那人の訪ひ来り

しものあり、後にて何人なるぞと問ひしに、支那の学生なりとの答へにて、別段変りし人の様でなかりしと、されば彼は野崎君にさへ隠くし居りしなり、更に病院に至りて看護婦の語る所を聞けば、彼は其死亡前三日頃、書類を纏めて焼棄てたることありと、何ぞその用意の周到なるや、然れども余は遂に杖を失ひし盲人となり了れり、

一兄故郷に帰れば、此処はまた涙の国なり、愚痴の世界なり、而して余や其涙の国に居り、愚痴の世界に身を置きて、自ら吾身を削らるゝが如き思ひをなし、吾が罪過を責めらるゝが如き心地して、自ら一層の熱き涙と深き愚痴とに陥りたり、以為らく情を枉《ま》げて秘密を固守せざりしならば、二兄も或は此極に至らざりしならんと、

余は曾て幾多の艱難に遭遇せり、また幾多の不幸に逢着せり、而して屢々失望落胆せり、其極遂に終生山中の人たらんと思ひしことあり、否寧ろ自ら殺して安に就かんと欲したることさへありたり、然も常に余を此窮地より救ひ出したる者は一片の志望なりき、此志望や実に二兄の余に与ふる所にして、又二兄に頼りて維持せられたるものなり、余が心萎縮して意気消沈せる時、之を激励して一道の活気を与へたるものは二兄の書簡なりき、然り、事志望に関せずと雖も、二兄の書に接する毎に、余の胸中の感情は燃え上れり、有体に云へば、二兄は実に余が活動の源泉たりしなり、

新生面開け来る

嗚呼余が活動の源泉は既に涸れたり、而して余や涙の国に帰り愚痴の世界に立り、余は実に茫然自失して為す所を知ざりき、在暹の諸友は定めて余が無責任を怒りしならん、彼等は定めて非常の窮境に陥りしならん、余は時に此事に思ひ及ばざりしにあらず、然ども自ら立たんとするの念なかりき、否時に自ら励まさんと試みたることなきにあらず、然れども遂に自ら立つこと能はざりき、既にして在暹友人よりの報告あり、云ふ移民の一人は自殺せり、帝力庵は支ゆべからざるの境遇にありと、余や此報に接し辛ふじて百金を送り、以て一時の急に応ぜるのみ、既にして南天子は帰り来れり、続いて南万里も亦帰り来れり、而して帝力庵の惨状は説明せられぬ、今や無為にして閑日を偸むに忍びざるなり、乃ち南万里と相携へて東京に入れり、

入京の目的は帝力庵の維持策を講じ、傍ら益田君を助けて山林事業を成立せしむるにあり、而して一条の導火《ママ》は此思想を破壊して、余等をして直に支那問題に向はしめぬ、之が引をなしたるものは誰ぞ、可児長鋏君其人なり、

可児君は余が同郷の友人なり、曾て知を木翁に受けて其家に寄食せり、彼一日余等を訪ひ来り、切《しき》りに木翁の人物を賞揚して会見を勧む、余や元来改進党嫌ひなり、其之を嫌ふや寧ろ先天的なり、遺伝的なり、自由の文字に心酔して、改進の文字を嫌ひ

しも一理由なりしならん、大隈は大蔵卿で泥棒して邸宅を構へたげナと、子供心に聞き居たりし、世間の噂も其一理由なりしならん、兎に角余は改進党嫌なりき、而して木翁は現に其党の一人なるが故に、余は進んで之と会見するを欲せずして、屢々友人の勧告を拒めり、然れども彼は口を極めて其人物を賞説し、心を尽して余を勧誘せり、是に於て余が心終に動けり、乃ち南万里と相携へて木翁を其寓に訪ふ、天縁なる哉、余が方針の一転機は此時に在り、

人は批評的動物なり、故にその初めて相見るや、必づ先づ其人を是非するの心生ず、則ち彼此の眼光の接触する途端に於て、早く既に忌な奴と好きな人との判断を着るなり、則ち所謂直覚的判断なり、世人の木翁を評するもの、皆以て策士となす、策士元来厭味を帯ぶ、然も余の初めて木翁を見るや、心中些の厭味を感ぜざりき、其左手に煙草盆を携へ、右手に煙草入れを握つて、ヒヨロ〳〵として出で来る処、何ぞ仙風を帯ぶるの甚だしきや、其チヨクと頭を下げて「始めて」と云ひ、クルリと胡座して煙を吹く所、何ぞ夫れ漂忽洒落なるや、余は既に直覚的判断を下せり、是れは好きな人ワイと、彼は冷かなる笑を含んで「暹羅は如何です、何か面白い事でもありやすかナ」との問を掛けたり、言容聊か嘲弄の気を寓するもの丶如し、然も余は胸裏些の不平を感ぜざりき、乃ち答ふるに殖民と山林の事を以てす、彼れ一言にして断じて曰く、それは駄目だと、余は自箇調査せる材料によりて之を詳説せんと試みたり、而も耳を傾

くるを肯ぜず、頭を左右に振つて駄目々々と呼べり、余は少しく立腹せんとせり、彼は笑つて口を開けり、曰く、計算が立つから事業が成立すると思ふは妄想なり、殖民の事には僕も経験があるよ、僕等は内地の北海道の殖民をやらうとしてさへ失敗したぢやないか、人身売買会社的ならば知らず、（移民会社を指す）殖民で以てやり付けよと云ふことは、迚《とて》も君等や吾々では六ケ敷いテ、まア中止にしたがよからう、併し山林事業とはよく思ひ立つたもンだなア、其顔で材木屋などが出来るもンか、第一手前は計算が立つても先方が承知せぬ、君はまア金がないだらう、スルト材木商を説いて資本を出させなけりやならぬ、所が其顔では駄目だよ、其顔は如何しても計算問題まで到着せぬ顔だ、顔見た計りで御免蒙つて仕舞ふから駄目ぢやないか、と云ふて呵々として打ち笑ふ様、怒りとうても怒られぬ妙味あり、余は強ひて朱檀、黒檀の無代価にして得らるゝ所以を説明せんとせり、而も更に耳を傾くるの模様なく、小首をひねりて良久して曰く、先づ君と話をして見やうと云ふ様な材木商が居らぬねエ、止を得ざれば背水商店かなア、ヨシ僕が紹介する、マア逢つて見たまひ、と云ひつゝ硯を取り出して認めたるは、背水将軍に対する一封の紹介書なりき、

余は南万里と即日背水将軍を訪へり、現れ出でたるは丈高く顔面平かに、絹綾を着け、金縁眼鏡を掛けたる見え好き紳士なり、談ずるに暹羅木材の事を以てす、彼は本職だけに謹聴せり、根ほり葉ほりして問ひ訊せり、而して後に材木商のズルき事より、

自己の此間に於ける経験談をなして、到底素人の手にて行ふ可からざるを諷刺せり、余と南万里は少しく癪にさはれり、気障気紛々たるものあればなり、遂に要領を得ずして辞し去りぬ、

翌日、余復た南万里と木翁を訪ふ、彼先づ問を発して曰く、背水はどうぢやッたと、余等答へて曰く、長い説法を聞かされました、到底ものにはなりませぬと、彼笑つて曰く、半商半紳の彼にして然り、純商の耳を貸さゞるや無論なりと、仍て突如として問を発して曰く、時に君はなンで頭の髪を延ばしてをるか、嘸五月蝿いだらうなアと、余は唯物数寄にと答へたり、然れども彼は承知のならぬ顔つきをなせり、此の一刹那余の心は痛く迷へり、寧ろぶち明けて其目的を語らんか、イヤ待て、今までの辛抱をと狐疑沈吟せる間に、彼は再び奇言を発せり、曰ふ、其顔では迚も金儲けは出来ぬよ、さツぱり中止したが好いと、余は云へり、金儲けを仕ませぬと目的を行ふことが出来ませぬ、故に拠なく不得手の事でもしなけりやならぬ、誠に面倒な娑婆で御座り升と、彼は少しく言葉を強くして謂て曰く、金儲けも一生の事業だ、金儲けして而して後に天下の事をやる、成程正当の順序の様だが、さう甘くゆくもンぢアない、がらにないこたア中止が好い、中止して直に本職に掛かるが好い、ナニ天下の事は分業法でやるさ、儲かつてゐる奴の分から使つて行くさと、嗚呼彼れは余が志望を知るや知らずや、可児君は切りに余が膝をつゝけり、余は遂に志支那にあることを告げ、且一臂の援助

を与へられんことを乞へり、彼曰く諾、暫らく昼寝でもして待つて居たまへと、一語泰山よりも重し、乃ち二兄の死によりて消耗せる余が志望は、頓に復活せり、余は失望の谷を出で、再び希望の天地に入ることを得たり、木翁は余が心的再生の母なる哉、先是、余は南万里と日本橋の某旅館にあり、両袖清風、固より宿料の一部も仕払ふ能はず、遂に逐放の命に接して内幸町の一下宿に転ず、蟄居累月、漸く倦怠の気を生ず、日に酒を被りて鬱を遣る、而して酒神の誘ふところ、進んで南品北芳の遊となり、因業覿面《てきめん》に報い来りて、余が身終に悪疾の襲ふ所となる、南万里為めに知友の医生を携へ来りて之を診せしむ、医生曰ふ、入院して手術を行はざるべからずと、時可ならずして病名も亦善からず、余も殆んど途方に暮れたり、終に意を決して一書を草し、事情を具陳して先輩雲翁の憐みを乞ふ、翁贈るに四十金を以てす、乃ち上野桜木病院に入るを得たり、而して余之を木翁に秘して曰はず、心中其嫌悪する所とならんを恐れたるなり、小心か狡猾か、固より純白の心にあらず、

当時呑宇君来りて東京に在り、一夕肝胆を披いて大に旧情を温む、余の病を受くるに及んで日夜傍らに在りて看護の労を取る、而して余の主病や難治にあらずと雖も、偶数病一時に併発して身命殆んど危からんとす、此事終に木翁及び其夫人の知る所となり、厚く恵助を蒙れり、当時若し二三友の援助なく、又雲木二翁の恩顧なくんば、余の命茲に窮まりしやも知る可からず、

再び夢寐の郷国に入る

余の病は次第に快くなり来れり、而して木翁の好意空しからず、余は南万里、長鋏の二君と共に○○省の命を受けて、支那○○○○の実情を視察すること丶なれり、然れども此時余猶病院にあり、命至るに及んで医長に乞ふて退院し、○○省に出頭して、某長官に面し、旅装を整へて発程せんとしたりしが、偶々病気再発して意の如くなる能はず、南万里長鋏の二君のみ先発して、余は独り下宿屋の二階に居残り、後医士の勧告に従ひ、客を避けて大森に転居し、以て静かに健康の復旧を待ち居たり、

既にして余が健康は恢復せり、仍て期を定めて出発の準備を整へ、二三知友を歴訪して小林樟雄君の処に至る、座に一客あり、余の室内に進み入るを見て、満面に喜色を湛へて独語して曰く、イヤ是か、兄さんにそつくりぢや、誠に見事だわいと、此人年歯五十左右、短髪尽く白く、軀幹短小なれど軽敏の風あり、余や未だ其何人なるを知らざるなり、座に着くに及んで小林君為めに紹介せり、云ふ是れは曾根俊虎君ぢや、曾て君の御亡兄八郎君と兄弟の交ありしもの、近頃君の事を聞いて、一度逢ひたいと云つて居たが、今日は丁度好い時であつたと、余も亦嘗て曾根君の名を聞けり、乃ち一揖《いふ》して姓名を名乗れば、彼は最《い》と嬉し気に往事を語り、また現勢を談じて興に入り、

余も亦亡兄の面影に接するの思をなして、問ひつ答へつ半日を費やせり、別れに臨んで曾根君余を顧みて曰く、僕に老母あり、年既に八十に達す、明後日を以て寿宴を張る積りなれば、小林君と同道して是非やつて来玉へ、老母も定めて喜ぶであらう、其時君に紹介すべき支那人がある、出発前に逢つて置いたがよからうと、仍て参会を約して去る、抑も此支那人を誰とかなす、

げに人生の因縁より奇なるものはあらず、余の期日に及で大森曾根君の寓に至るや、楣間《びかん》先づ一幅の掛物を看る、読み下せば明治十年に戦死せる余が長兄の筆跡なり、主人の曾根君はなほ一封の古手紙を取出して示さる、是亦亡兄の筆跡にして、明治六年、馬賊の一群支那の一角に蜂起せる時、在清の曾根君に寄せたるものなりき、書中の一節に曰く、

先般馬賊の一群蜂起せりとの報あり爾後状景如何に御座候や早速御詳報被下度候事によりては万事を放棄して直に大陸に踏込度きものに候島国の事に至つては一も謂ふべきものなし唯一日も速かに大陸の空気を呼吸仕度夫のみ相楽み待居申候……

余は一読して吾身のさまに引き較べ、実に今昔の感に堪へざるものありき、時刻至て宴席に導かれ、酒盃傾け尽くして辞し去らんとするや、主人の曾根君は余を別室に伴ひ、声を潜めて曰く、今日君に紹介すべかりし支那人来らず、君閑余此処に至りて

此人を見よと、名刺一葉を出して余に与ふ、受けて之を見れば、表面に陳白仁兄と書し、裏面には其横浜の居所を記しあり、是余未だ曾て聞かざる所の人物なり、然れども余は心中常に亡二兄の遇ひしと云ふ支那人を探し居たり、故に若しやと云へる感想は此時にも浮べり、乃ち曾根君の厚意を謝して辞し帰りぬ、

当時南万里、長鋏の二君は已に南清の沿岸を巡遊して香港に到り、暫らく同所に駐つて広東地方の状況を探り、而して余の至るを待つとの報ありしを以て、余も亦直に香港に到らんと欲し、東京を発して、横浜に至り、曾根君紹介せる所の支那人に面せんが為めに、旅館に着して荷物もそこに置き放し、匇々出で、その寓を捜し、刺を通じて面会を求む、軈て玄関に顕はれ出でたるは美目清秀の好紳士なり、彼れ余を見て吃驚の色をなし、最と心安気に手を取り乍ら、イヤ珍しき御客様と叫ぶにぞ、余は心中早く是其人ならんとの断定を下せり、既にして彼は少しく怪訝の色をなせり、余はそれと察し、徐ろに口を開きたり、曰く、君は余が兄を御存じではないかと、彼は再び余が名刺を取り上げて凝視し居たりしが、俄かに悟る所あるもの、如く、手を拍つて謂て曰く、判りました、成程名が一字違つてをる、余り似てをるから間違ひました、ハアー君はアノ弟さんで御座り升かと、仍つて二兄の消息を問ふ、余告ぐるに実を以てす、彼れ天を仰ひで歎じて曰く、さうですか、再会を約して別れたり《ママ》きり終に御出にならず、モ一度逢ひたいと思つて捜しても居所が判らず、如何したのかと思ふて居

り升たと、茫然として云ふ所を知らざるもの、如し、余乃はち二兄の避けて会はざりし由因を語り、また二兄と相約せる志望を吐露し、以て一部の懺悔をなしたるに、彼は感慨に堪へざりけん、卓子を拍つて総て天命なりと叫び、話頭は漸く以後の問題に進み来れり、

余と陳白君とは旧知の如くなりき、然り、是皆亡二兄と亡長兄の旧友曾根君の賜なり、然ども彼は流石に会中の内情を打明け兼て、唯党の首領として孫逸仙を戴くことを告白し、是即ち其人なりとて、一小冊子を取り出して示せるのみ、此の冊子は Sun Yut《ママ》 Sen kidnapped in London と題せるものにして、孫逸仙自ら英国の支那公使館に幽閉せられし顚末を記述したるものなり、余は是に於て彼が興中会の一人なることを察知せり、而して其明治廿九《ママ》年馬関条約開始せられし時、南清に事を挙げんとして成らず、孫逸仙と共に逃亡せる一人ならんことをも推測せり、果然此予測は当れり、彼は話頭の上に此事を漏らせり、而して余が南清の游を以て大に可なりとなし、其友何樹齢なるものに宛てたる一封の紹介状を与へたり、情意舒べ尽さずして航期迫る、乃ち再会を約して辞し帰り、船に搭じて香港に向へり、

余が香港に着したる時は、長鋏既に去つて在らず、南万里も亦余の至るを待詫びて、はや船に搭じて帰東の途に上る処なりき、余は旅館に至りて此事を聞き、直に馳せて南万里の搭ぜる船に至り、再び誘ふて共に旅館に帰り、酒杯を挙げて別後の情を談じ、

略ぼ方針を議し、翌日を以て澳門に至らんことを決せり、則ち陳白紹介せる所の人を求んが為なり、

先是、余香港に着せざる前、南万里既に澳門に遊んで張玉濤なるものと識る、故に余等の澳門に至るや、先づ張君を訪ふて交を締す、従つて亦何君の居所を知らんとの意ありしなり、彼れ情意懇摯、宴を張り同志を集めて余等を歓待す、而して其説く所の事亦能く時弊に当り、志士の熱血を動かすに足る、然れども言秘密会中の事に及べば、口を噤んで敢て言はず、強ひて之を問へば、唯僅かに筆を採りて、内に康有為先生あり、外に孫逸仙先生あり、中国の事、未だ地に落ちたりと謂ふ可からずと答ふるのみ、乃ち問ふに何君の居所を以てすれば、冒頭其人と交際なきことを弁じて、現に広東何某の処にあるを聞くと云ふのみ、其心を用ゆることの周到なるを知るべきなり、此夜某ホテルに一泊し、翌朝張君外二三士と食卓を共にし、晩上輪船に搭じて広東省城に向ふ、また何君を求めんが為なり、然も当時日清戦争の余情未だ頭脳を去らず、且つ広東地方に於ては、孫逸仙敗後の余響を受けて、人皆安からざるものあるを以て、偶々其人に逢ふも韜晦して言はず、人をして実情を捕捉するに苦ましむ、乃ち以為らく、陳白の一書能く之が引をなすに足《ママ》と、何姓の後を逐求せし所以なり、

翌暁船省城に着す、沙面に至りて女皇ホテルに投じ、朝飯を喫し了りて輿を命じ、直に何君を某街に訪ふ、短矮瘠骨、一見神経家の風を帯びて出で来るものは則ち是な

り、余等来意を告げて窃かに陳白の一書を与ふるや、彼れ左右を顧みて隠読密誦し、窃かに余等を顧みて、筆を採つて書して曰く、両位何の所に寓す、願はくは僕至り謁して教を受けん、此処暢談密話に便ならざるが故なりと、挙止甚だ人目を惹くを恐るゝものゝ如し、乃ち告ぐるに旅宿の所在を以てし、再会を約して辞し去りたり、

旅宿に帰りて待つこと少時、何君来り余等を訪ふ、清国の弊政を慨し孤弱を悲むこと、正さに張君と一轍なり、而も問ふて改善の方法に及べば、言を左右に托して敢て言はず、唯輔車唇歯の関係を説き、切りに日本人の俠義を云々するのみにして、遂に要領の捕捉すべきなし、而して其孫逸仙と相知らざるを弁疏し、陳白と親友ならざるを説明する所、人をして其怯を思はしむ、余等為めに少しく失望せり、遂に自ら進んで支那の現状を説き、改善の方法は唯革命あるのみと論断し、以て彼れの胸憶《ママ》を発舒せしめんと試みたるも反応なく、唯その恐怖せるが如く遅疑せるが如く、而も心に求むる所あるものゝ如き、一種曖昧の態度の中より、僅かに一会員の名を漏らせるのみ、曰く、香港に区鳳墀なるものあり、元興中会の会計なりと、余等為めに紹介の労を取らんことを乞ふ、彼れ交際なきを名として応ぜず、また余等を制して、自己の名を用ゐて会見する勿れと云ひ、唯○○会堂に到らば会見せらるべしと云ふのみ、是亦闇夜の蛍光なり、辿らざる可からず、乃ち船に搭じて香港に帰る、

○○会堂は耶蘇宗の説教所なり、余南万里と其処に至る、偶日曜なりしゆへ、人集

まりて宣教師の演説を聴く、余等も亦群集の間に交りて之を聴けり、但余等の之を聴くや、天国を求めんが為めにあらずして、革命党の一員を得て、天下の大義を談ぜんが為なり、式終て人漸く散ぜんとするや、澳門に逢ひし張君の座に在るを看る、就て区君なるものを問ふ、彼一人を指示して、知らざる為して出で去る、余等其意を諒して強ひて紹介を求めず、その指示せる人に従つて階下に降り、人無きに乗じて袂を引き、刺を通じて会談を求む、彼喜び応じて一室に導き、相対座して直ちに来意を問ひ掛けたり、

年歯四十左右の中老、色黒く肉肥えて、丈高からず低からず、眼細長くして眉毛薄く、一個温良なる好紳士、うかともの言ひたらんには避やせん、何と答へなば宜からんと、余と南万里は競々《ママ》として戦き、恰も獣《ママ》夫の鳥に近寄るが如く、窃かに議を凝らして筆を執り、言葉短かに来意を告げたり、曰く、鄙人等短才浅智、素より済世の大略なしと雖も、現時の危局を座視するに忍びず、来りて道を友邦の士に求む、先生将に何を以て鄙人に教へんとすと、彼れの答は、支那人常用の輔車唇歯論なりき、而して自国の弊政を悲み、官吏の腐敗を慨する所、少しく何張両君に比して激越なるのみ、余等は遂に自ら支那革命論を提出して其是非を問へり、彼れ昂然手を拍つて曰く、是ある哉、若し日本侠士にして援助するあらんか、事の成効目を刮つて待つべきなりと、仍て前年計画せし密謀の一敗せる所以を談じ、首領孫逸仙の近状を語り、且曰く、両

位の志如し吾党の事業を助くるにあらば、宜しく急に孫逸仙と相見るべし、彼れ前月已に倫敦を発するの報あり、不日当に貴国に到着すべし、彼の貴国に到る所以は、実に貴国侠士の助力を求むるに在りと、余等の心為めに動く、乃ち再会を約して旅宿に帰り、南万里と議して略ぼ帰国の事を決す、孫逸仙の後を逐はんが為なり、

翌日、区君其同志二人を携へて来り訪ふ、談少時にして去る、別れに臨んで謂て曰く、今夕三四同憂の士と会談せん、願くは来り臨めと、乃ち時を計つて○○会堂に至る、到れば則ち堂上酒を置き肉を懸けて待つ、共に卓子を囲んで牛飲馬食し、激談痛論、殺気四隣に震ふ、快や言ふ可からざるなり、乃ち深更月を踏んで旅寓に帰り、更に南万里と祝杯を挙げて眠る、耶蘇教会堂の酒宴、余に於て空前の事に属す、

当時嶺南の士林、孫逸仙と雁行して名声嘖々たる一人物あり、康有為是なり、彼等其思想主張に於て同一なりき、則ち共に民権共和の説を把持したりき、但孫は素を泰西の学に取り、康は因を漢土の学に発す、彼は耶蘇教に養はれ、此は儒教に育つ、前者は質なり、後者は華なり、質なるものは実行を尊び、華なるものは談論を喜ぶ、二者其見地を同ふすと雖も、素養性格相同じからざる此の如し、則ち孫は革命の急先鋒となり、康は教育家を以て居る所以なり、革命の急先鋒は既に立つて跌けり、故に逃れて外洋に在り、人をして再挙の難を思はしむ、教育家の康は依然として其私塾に在り、猶ほ諤々の弁を振つて自由共和の義を説き、椽大《てんだい》の筆を揮つて時弊を痛論す、前

途実に測る可からざるものあるに似たり、人心の漸く彼に帰向せんとしたる亦宜なる哉、乃ち窃かに其人と相見んことを欲す、彼れ偶々北上の途にあるを以て果さず、遂に意を決して万事を中止し、一旦帰国すること丶なれり、万卒を擒《とりこ》にするは、一将を得るに如かざるを思へばなり、抑も孫逸仙とは如何なる人ぞ、

興中会主領孫逸仙

孫文、字逸仙、広東香山県の人、父祖世々農を以て業となす、君亦幼時鋤鍬を採つて父祖の業に従ひ、十三歳の時、夙に布哇《ハワイ》に出稼して成功者の一人に数へられたる長兄の招きによりて同処に到り、米人経営の普通学校に入学し、その感化によりて耶蘇教徒となり、長兄の怒に触れて郷里に逐ひ返へされ、再び農夫の業に従へり、時に年十七、里人其才を惜み、醵金して広東省城の医学校に遊学せしむ、居ること一年、英人経営の香港医学校の開校と同時に同校に転じ、修学五年、優等を以て卒業し、直ちに澳門に至つて薬局を開き、貧民に施療して富豪に取りしかば、声望財貨両ながら攫取するを得て、為めに却て洋医の嫉を受け、殆んど堪ふ可からざるの妨害を受けたり、当時偶同地方中支那青年党を組織せんとするの挙あり、君加はつて其一員となり、大に平生の蘊蓄を披瀝して会の前途を戒む、衆皆其見識と抱負に服して、推して首領と

なす、則ち興中会の起原なり、爾来修練愈々深くして智見益々広く、故国の状態を憂るの念亦日に切なるを加へ、終に断然医業を廃して一隅に虎嘯《こせう》し居たりしが、明治二十七八年の戦役あるに当り、時機以て乗ずべしとなし、窃かに軍器弾薬の購入に着手せり、而して諸般の準備整ひ了はりしは、既に馬関条約開始の時なりしを以て、少しく時に後れたるの恨なきにあらずと雖も、騎虎の勢制すべからず、遂に兵を汕頭、西河、香港の三所に集め、自ら広東省城に本部を構へて此処に居り、時を計り電を発して進軍を始めたり、然るに隠謀忽ち露顕して、官兵の逆撃に逢ひ、僅かに脱して澳門に逃れ、更に香港に密航して日本に渡り、始て胡服を脱し辮髪を断ち、身を洋装に変じて布哇に航し、又進んで米国より英京に入りしが、一朝支那官吏の為めに誑《たぶら》かされて、その公使館に幽囚せられ、一命殆んど風前の灯火の如くなりしも、天未だ此英傑を棄てず、事情端なく公使館外に漏れ、その師友の熱心なる尽力と、時の内閣大臣サースバリー侯の抗議によりて、九死の中に一生を得るに至れり、乃ち自ら筆を執て幽囚の顛末を記し、英京出版会社に付して刊行せしめ、暗に謝意と告別の意を寓して英国を辞し、一片耿《かう》々の志を載せて日本に航し来れるなり、

余等香港を発して航行一週日、夕陽将に西山に舂《つ》かんとする頃、船横浜に着す、乃ち一旅宿に投じ、浴を取りて晩食を了り、日の全たく暮るゝを待つて、余独り陳白君の寓を訪ふ、見覚ある片眼赭面の下婢は出で来れり、云ふ旦那様は二三日前に何処か

に行きましたと、何処か判らぬかと問へば、たしか台湾でしようと云ふ、更におまへ独りで留守して居るのかと問ふに、イヱお客様が一人お在になり升と答ふ、只今其客はお在宅かと問ひたるに、夕刻より運動にお出掛になりましたと云ふ、余は此客こそは目ざす孫逸仙ならんと思へり、故に猶問を発して曰く、そのお客は何時頃何処からやつて来たのだと、無邪気なる下婢の答は恰も天女の音楽の如く余が耳に響けり、曰く、言葉が解りませんで善く存じませぬが、たしか米利堅から来たのでしよう、ツイ一週間計り前で御座りましたと、余が心は躍れり、最早一時の猶予も出来ざるなり、乃ち下婢に乞ふて其出先を捜さしめ、余は戸外に佇んで其復命を待てり、待つて足痲れ腰痛むに至るも回り来らざるなり、遂に十一時に至つて回り来る、告げて曰く、どう捜しても判りませぬと、仍て空しく其労を謝して独りとぼ〳〵と旅宿に還り、事の次第を南万里に報告し、酒を呼び酔を買ふて眠に就けり、

翌朝早起、馳せて再び陳白君の寓に至る、乃ち例の愛嬌ある下婢に面し、様子如何にと尋ぬれば、マダお寝になつて居ます、イザお起し申さんと云ふにぞ、余は之を制して庭前を徘徊し、彼の起き上るを待つて、独り妄想に耽り居たりしが、偶々ビインと音して扉の開くるに、何心なく顔上げて打眺むれば、寝衣の儘にて頭を出せる紳士あり、余を見て軽く首肯つゝ、英語もてお上りなさいと云ふ、之を熟視するに、曾て写真にて見覚ある孫逸仙君其人なり、乃ち一揖して玄関に上り、更に導かれて応接間

に入り椅子に凭《よ》る、彼亦椅子を引寄せて余と対座せり、彼は口も漱がず顔も洗はず、ホンの寝起の其儘なり、余は先づ其無頓着に驚けり、而して少しく其軽躁なるを思へり、即ち名刺を出して初対面の挨拶を述べたるに、彼は陳白によりて余が事を知れりと云ひ、且問ふに広東地方の形勢如何を以てす、余は彼地の形勢を詳にするの遑なくして回り来りたる理由を述べて、その今日相見るを得たるの喜びを言明したるに、彼も亦陳白に依りて聞きしとて、亡二兄のことより、余と陳君と相知るに至りしことを繰返し、而してまた今日此会あるは天の冥命なりと説き、早く既に心を許して城府を設けざるものゝ如し、余の喜びや知るべきなり、但其挙止動作の漂忽にして重みなき処、人をして聊か失望の心を生ぜしめぬ、既にして下婢は来れり、云ふ、口嗽のお湯が出来ましたと、彼は暫らくと云ひつゝ出で行けり、斯る間に余は独り思ひ惑へり、此人能く四百州を背負つて立つべきか、又能く四億万衆の上に政権を揮ふべきか、吾れ終に其人を助けて我志を遂ぐるに足るや如何んと、然り余は外貌に依りて鼎の軽重を判ぜんと試みたるなり、

既にして彼は再び出で来れり、その頭髪を撫でつけ、衣服を更めて椅子に凭りし風采は、実に好箇の紳士なりき、而も余が予想せし孫逸仙は此の如きものにあらざりき、然り、余は猶ほ何となく物足らぬ心地せり、以為らくモット貫目なくてはと、嗚呼余や東洋的観相学の旧弊に陥りて自ら覚らざるものなり、

余は先づ問を発せり、曰く、君の支那革命を以て志となすは僕曾て之を知れり、但未だ其詳を知らず、願くは君の所謂革命の主旨と、之に附帯する方法手段の詳を聞くを得んかと、彼は徐ろに口を開けり、曰く、「余は人民自ら己れを治むるを以て政治の極則なるを信ず、故に政治の精神に於ては共和主義を執る、然り、余や此一事を以て直に革命の責任を有するものなり、況んや清虜政柄を執る茲に三百年、人民を愚にするを以て治世の第一義となし、その膏血を絞るを以て官人の能事となす、則ち積弊推委して今日の衰弱を致し、沃野好山、坐して人の取るに任するの悲境に陥る所以なり、心あるもの誰か袖手して傍観するに忍びんや、是吾徒自ら力を揣《はか》らず、変乱に乗じて立たんと欲して、而して空しく蹉跌せし所以なり、」

処女の如かりし彼は、何時しか脱兎の如くなり来れり、否、一言は一言より重く、一語は一語より熱し来りて、終に猛虎深山に嘯《うそぶ》くの概を示せり、乃ち言を続けて謂て曰く、「人或は云はんとす、共和政体は支那の野蛮国に適せずと、蓋し事情を知らざるの言のみ、抑も共和なるものは、我国治世の神髄にして先哲の遺業なり、則ち我国民の古を思ふ所以のものは、偏へに三代の治を慕ふに因る、而して三代の治なるものは、実に能く共和の神髄を捉へ得たるものなり、謂ふことなかれ我国民に理想の資なしと、謂ふことなかれ我国民に進取の気なしと、則ち古を慕ふ所以、正に是れ大なる理想を有する証的にあらずや、又是将に大に進まんとする兆候にあらずや、試みに清虜の悪政に浴せざる僻地荒村に到り看よ、彼等は現に自ら治むるの民たるなり、その尊長を立て、訴を聴かしむる所、その郷兵を置きて強盗を禦ぐ所、其他一切共通の利害、皆人民自ら議して之を処理する所、豈に是れ簡短なる共和の民にあらずや、然り、今若し豪傑の士の起りて、清虜を倒して代つて善政を敷かんか、法を三章に約するも随喜渇仰して謳歌すべし、乃ち愛国心以て奮興すべく、進取の気以て振起すべきなり、」「且夫共和の政たるや、唯政治の極則たると、支那国民に適合するが為めの故に必要なるのみならず、また革命を行ふ上に便益あり、之を支那古来の歴史に徴するに、国内一たび擾乱の勃興するあるや、地方の豪傑、要処に割拠して互に雄を争ふ、長きは数十年に亘りて統一せざるものあり、無辜の民、之が為めに禍を受くるもの幾許なるを知らず、今の世また機に乗じて自私を営む外強なきを保すべからず、此禍を避くるの道、只迅雷耳を蔽ふに遑あらざる的の革命を行ふにあり、同時に地方の名望家をして其処を得せしむるに在り、斯くて名声威望ある者をして落着するに至らん、共和政の革政府能く之を駕御せんか、遂に甚しき紛擾を見ずして一部に雄たらしめて、中央命を行ふ上にも便益ありと云ふは是が為なり、」

彼は一種形容すべからざる悲壮の語気と態度を以て、下の如くに談話を続けり、曰く、「嗚呼今や我邦土の大と、民衆の多とを挙げて爼上の肉となす、餓虎取つて之を食へば、以て其蛮力を振つて世界に雄視するに至らん、道心あるもの之を用ゐば、以て人道を提げて宇内に号令するに足らん、余は世界の一平民として、人道の擁護者として猶ほ且之を傍観すべからず、況んや身其邦土の中に生れて、直に其痛痒を受くるに於てをや、余や短才浅智、素より大事を担ふに足らざるべしと雖も、今は重任を人に求めて袖手すべきの秋にあらず、故に自ら進んで革命の先駆となり、以て時勢の要求に応ぜんと欲す、天若し吾党に幸して、豪傑の士の来り援くるあらんか、余は正に現時の地位を譲つて犬馬の労に服せん、無ければ則ち自ら奮て大事に任ぜんのみ、余は固く信ず、支那蒼生の為め、亜洲黄種の為め、又世界人道の為めに、必ず天の吾党を祐助するあらんことを、君等の来りて吾党に交を締せんとするは、則是なり、兆朕已に発す、吾党発奮して諸君の好望に負かざるを努むべし、諸君もまた力を出して吾党の志望を援けよ、支那四億万の蒼生を救ひ、亜東黄種の屈辱を雪《すす》ぎ、宇内の人道を恢復し擁護するの道、唯我国の革命を成就するにあり、此一事にして成就せんか、爾余の問題は刃を迎へて解けんのみ、」

彼の云ふ所は簡にして能く尽せり、而して言々理義を貫き、語々風霜を挟み、又箇中自ら熱情の燃えて溢るゝが如きものあり、其弁舌巧妙なるにあらざれども、造らず飾らず、滔々として天真を発舒し来る所、実に是れ自然の音楽なり、革命の呂律なり、覚えず人をして首肯せしむるの概あり、而して談尽きれば左ながら小児の如く、田舎娘の如く、又一事の胸中に凝滞するものなきを見る、是に至つて余は耻入りて私かに懺悔せり、吾れ思想を二十世紀にして心未だ東洋の旧套を脱せず、徒らに外貌により て漫に人を速断するの病あり、之が為めに自ら誤り、また人を誤ること甚だ多し、孫逸仙の如きは実に已に天真の境に近きものなり、彼何ぞ其思想の高尚なる、彼何ぞ其識見の卓抜なる、彼れ何ぞ其抱負の遠大なる、而して彼何ぞ其情念の切実なる、我国人士中、彼の如きもの果して幾人かある、誠に是東亜の珍宝なりと、余は実に此時を以て彼に許せり、

余は孫君に告ぐるに同志南万里あるを以てし、殆んど酔へるが如くにして旅宿に帰り、彼を迎へて再び孫君の寓に至り、共に卓子を囲んで閑話暢談せり、乃ち日本の政党談あり、人物談あり、欧米国是談あり、支那の現状談あり、宗教談あり、哲学談あり、談微《こまや》に入りて情自ら濃かに、縷々綿々として尽るの期なし、薄暮再会を約して旅宿に帰り、また旅宿を出で、一先づ東都に入れり、

東都に入りて先づ木翁に謁し、告ぐるに孫君のことを以てすれば、彼は好い土産ものだ、兎に角逢つて見やうぢやないかと云ふ、更に○○省に至り、○○次官に謁して事情を告ぐれば、兎に角報告書を作れと云ふ、乃ち○○○社の現物を捉へ来りたれば、直接逢ふて話しをして呉れと答ふるに、彼は吃驚してそんな事して貰てはと云ふ、然ども官員様は官員様なり、余等は余等なり、如何に官員様が驚き玉ふとて、余等は余等の為す所をなさゞる可からず、終に木翁平翁の高義によりて東京に一軒を構へ、南

万里のお雇語学教師の名義を以て、孫陳二君と同居すること、なれり、
当時余が家政は酷く衰へて、殆んど飢渇も防ぐべからざるの境に陥れり、乃ち後事を南万里に托して郷に帰り、長崎無名恩人の高義によりて、妻をして石炭販売店の看板を掲げしめたれども、素より慣れぬ仕事に利潤なく、数月にして損耗し尽せり、而も今に至つて恩人の義に報ゆる能はざるなり、
時に偶々筑前的野君の電あり、云ふ要事あり直に来れと、乃ち馳せて至り謁す、彼云ふ、吾れ新聞を創刊す、暫らく留まつて助力せよと、古島一雄君東京より来りて之を主宰す、余は乃ち番外記者となりて援助せり、番外記者とはキマリ無き記者なり、さて飜訳、さて訪問、さて発送、さて校正、時にまた新聞折にまでなり下りて、未曾有の労働に従へり、然れども的野社長は終にこぼせり、曰く、番外記者ほど高価のものはないと、或は然りしならん、無月給の番外記者、その胃袋が過大なりし為なり、則ち善く飲み善く食ひ、また善く遊びしを以てなり、居ること数月、東京よりの急電に接して、旅費を貰ふて馳せ上れり、
余は往事を追懐する毎に、未だ嘗て木翁の厚情に感泣せずんばあらず、余の東京に至りて翁に謁するや、手づから数千金を投じて謂て曰く、金がやつとこれ丈け出来た、暫らくは遊べるだらう、急に出発したが好い、今度は官辺の係累なければ、その運動も自在なるを得べしと、何等の高義ぞ、何等の厚情ぞ、乃ち相議して即日仮寓を取片

付け、孫陳の二君は居を横浜に移し、余と南万里は上海に向つて出発せり、

素人外交家

当時清国皇帝は、康有為の意見を容れて鋭意国政の改革を図り、要路の旧守派は此に反抗の色を示し、北京の政界漸く不穏の形勢を顕じ来れる時なりしかば、上海にて二人両手に分れて、南万里は北方に向ひ、余は南方に向ふことゝなれり、

余は先づ香港に至り、東洋館に投じて旧知親友と来往し、窃かに興中会及三合会中の人に交を結んで、其形勢を視察し、また友人宇佐穏来彦君によりて、菲律賓《フィリピン》の志士と交結するの機会を得たり、

余や志支那大陸に存するものなり、而して香港に至りて菲島の人士と交結す、自ら顧みて亦多情に過ぎるを感ぜずんばあらず、然れども余は之を抑制すること能はざりき、否敢て抑制することなくして其情に従へり、その始めて○○君（後に菲国独立軍の外務総長）と相見るや、彼慷慨禁ずる能はざるもの、如く、卓子を拍いて謂て曰く、人はその信頼する所のものに欺かるゝより歯痒きはなし、我国の現状実に然り、君知らずや、曩《さ》きに米国の西班牙と舋《きん》を生ずるや、我等をして内応せしめて事平ぐに至らば自主独立を允《ゆる》すを誓ふ、我等は其言を信じて命を賭して戦へり、自主独立を希

ふが故なり、而して西班牙は敗走せり、皆以為らく自主独立の民たるを得んと、曷んぞ知らん、米国の為めに隷属を強ひられんとは、嗚呼吾等当に何をなすべきか、自由の為に西班牙と戦ひし吾等は、今また自由の為に米国と戦はざる可らざるなり、然り、唯戦争の一法あるのみ、亜洲俠国の友よ、卿等将に如何んか吾等の心事を憐まんとするぞと、情や既に悲し、其言豈に多く聞くに忍びんや、

交漸く熟するに従つて談も亦次第に熱し来れり、彼はアギナルドの日本に意あることを漏らせり、而して是亦衆民の意嚮なることを告げて、暗に日本政府の内助するや否やを余に判ぜしむ、問や重大なり、余はア氏日本行の意を賛して、若し政府助けざるも民間中には必ず其人あるべきを告げ、其必ず決行すべきを慫慂せり、彼曰く、ア氏の意既に日本行に決す、但暫らく部下を慰藉し、敢て軽挙事を誤る勿らしめんが為めに、内地に入りて命を含めつゝあり、一週間以内には此処に来るべしと、余も〇〇〇君もア氏の来るを待てり、而も終に来らざるなり、故に余は後事を宇佐君に含めて、独り広東省城に赴けり、

広東にては、日に興中会の諸氏と往来して交愈々堅く、また友人田野橘次君によりて、康有為一派の人士とも交際するの機を得たり、康君時に北京にあり、王佐の臣となりて声望四海に震ひ、従ひて其党与の気勢も亦大に揚れり、然れども孫党及び他の一部人士は、目して以て変節漢となし、酷く其挙動を憎悪せり、即ち共和主義を擲つ

て夷王に降伏せる変節漢を以て目したり、而して両々対抗して軋轢を極めたり、余は此の両者の間に立つて交際家の手腕を振へり、私かに誇りて以為らく、欧米の高襟者流も能く及ぶなしと、

余は一日省城の革命党員に招かれて、その密議所に至れり、酒池肉林、激談痛論、誠に浮世半日の快を尽せり、宴酣《たけなは》にして座中の一人謂て曰く、僕等志革命にありと雖も、軍事的智識を有するもの鮮《すくな》し、一たび君に乞ふて省城の○営を探察せんと欲す、君之を允すや否やと、余乃ち問て曰く、其事可なり、但余の容貌斯の如く、而して又広東の語に通ぜず、未だ知ず能く官人の目を避けて、其目的を遂るを得るや否やと、座に○○○なるものあり、慓悍軽敏、一見して風霜の気あるを知る、余を顧みて謂て曰く、然り、君の風体を以て○営に入らば、恐らくは官人の疑を受けん、君の頭髪幸に長し、須らく其周囲を剃りて辮髪を作り、日本服を脱して胡服を着くべし、僕現に○籍に在り、常に門鑑を有す、願くば君の為めに嚮導たらん、若し官人の誰何するものあらば、僕将に曰はんとす、是山東人なりと、君も亦予め其意を体せよと、余快なりとして之を諾す、乃ち党員中の理髪商を招き、命じて頭髪の周囲を剃りて辮髪を作らしむ、皆曰く可なり、但髯の穏かならざるものあるを奈何《いかん》と、余が髯も亦剃落すべしと云ふや、或者は惜きものなりといひ、或者は上を残して下を剃るべしと云ひ、また或者は一切を剃落すに如かじと論じ、議論三様に分れて決する所なかりしが、理髪

商自ら刀を進めて下髯を剃落し、而して上を残し、また下のチヨボ髯丈けを留めたり、是非の論復起る、理髪商剃刀を納めて頑として動かず、余の頭を指し叫んで曰く、好的々々！　諸君之を改むべからずと、出で去て帰り来らず、皆拍手して其強情を喜び、彼の意に従ふこと、なれり、既にして会中の一人市に出で、胡服を購ひ来り、皆手を取り足を捕へて之を纏はしめ、而して徐ろに環視して曰く、善哉々々と、更に杯を挙げて余が換装を祝し、明日○○と○営に至るを約し、輿に乗じて旅宿に帰る、

此夕田野君来り訪ふ、偶又粱○君来りて余等を誘ふて花船に遊ぶ、余胡装して之に赴く、歌妓侍するもの十数人、始めは山東の珍客なりと信じて歓待を極め、情愛漸く熟して一夕の契将に成らんとす、会々《たま》一妓水煙を採りて余に薦む、余之を吹ひ、誤つて水を啜る、妓仍て疑を起して偽物なるを察知し、計略忽ち破る、に至る、また当座の一笑柄なりき、乃ち十二分の快を尽して、田野君と共に旅宿に帰る、

旅宿に帰れば数通の電報あり、香港の友人より来るものなり、云ふ急用あり直に帰れと、其何の故なるを知る可からずと雖も、事甚だ容易ならざるものあるに似たり、乃ち翌朝早起、書を認めて○○との約を延ばし、田野君と共に香港に回《かへ》り、直に友人に面して事情を問へば、云ふ北京に於ける改革派の蹉跌、皇上毒殺の電ありと、偶々また南万里の北京通信あり、略ぼ紛擾の端緒を云ふ、彼此対照し来れば強ち訛伝ならざるが如し、既にして号外々々の声は喧囂《けんがう》たり、来電愈頻繁にして人心益々恟々《きよう》、

真偽俄かに判ずべからずと雖も、不穏の状況あるは疑ふ可からざるものゝ如し、孫党は来りて云ふ好機乗ずべしと、康党は来りて云ふ訛伝なれかしと、余が旅宿は頓《とみ》に来往者の数を増加せり、

既にして電あり、云ふ康有為捕縛せられたりと、又云ふ彼れは逃亡せりと、電は風説を生じ、風説は更に風説を逐ふて、人をして真相を捕捉するに苦ましむるものありと雖も、北京の騒擾や疑ふ可からず、而してその改革事件に関すると云ふも亦信ず可が如し、果して然らば康の身の危きや推知すべきのみ、若し康の身危からんか、直に影響を受くるものは彼の家族なり、また彼の家塾万木草堂なり、余は田野君と議して応急の措置法を協定せり、曰く、田野君は夜行の輪船に搭じて万木草堂に帰ること(康の家塾にして省城に在り)而して先づ重立ちたるものにのみ事情を明かして、窃かに逃走の準備を整へ置く事、余が事実を探求して打電するまでは艸堂を動かざる事、事急なる時は幾十人と雖も余自ら引受る事、乃ち両人麦酒を傾け、手を握り別れを告げ、田野君は独り昂然として広東に向へり、

翌早天、艸堂の学生四人来り訪ふ、皆顔色を失してブル〳〵然キヨロ〳〵乎《こ》たり、余其状を見て、既に察知する所あれども敢て言はず、唯問に来意如何を以てす、彼等曰く、田野先生に面せんと欲すと、余その艸堂に返りしを告ぐるや、一同吃驚して為す処を知らざるものゝ如し、仍て慰撫して余が旅館に止まらしむ、彼等始めて安んず

るの色あり、此夕田野君亦自ら数十の学生を率ゐ来る、云ふ康密電を発して逃亡すべきを命ぜりと、是より余が旅宿は大繁昌を極めたり、

余の日本に在るや、常に一貧洗ふが如き窮措大なり、然れどもの《ママ》先輩の援助により て支那に遊ぶや、常に善く散じ善く使ふて、以て豪放なる紳《ママ》的態度を採り、而して財尽きれば、匇惶《さうくわう》去つて日本に帰れり、故に人或は其所為を笑ひ、又或は之を批難せり、然れども是れ余が特有の方法なりき、則ち余が短日月の間に於て、一部の支那人士に分外の重望を属せられたるは之が為なり、是皆実に先輩の賜なり、但這回《このたび》の事変たるや、意外に起りて空手の時に来る、僅かに旅宿の信用を利用し、以て刻下の急に応ずるを得たりと雖も、到底久きを恃むべからず、乃ち余が剰す所と田野君の所有を合せて、電報を木翁に発し、以て声援を乞へり、余は実に文なしの天川屋たりしなり、

余や性小心なり、文なしの天川屋となりて悶々の情に堪へざるものあり、而して同一なる筆談は、日に幾百遍となく異りたる人の手に繰返され、同一なる応答は、同一なる余が手によりて、日に幾百遍となく繰返へさゞる可からず、加之《しかのみならず》革命派の志士は、時来れり乗ずべしと噪《さは》ぎ、中には余が康派に助勢するを見て、来つて怨言さへ向くるものありて、忙中更に忙を加へ、胸中の苦実に言ふべからざるものありたり、当時若し宇佐君の来りて我事務を援くるなく、又た若し旅宿員田中夫婦のありて余を慰むるなく、而して更に酒と雪令女史の在るありて、其処を得せしむるなかりせば、余や或

は事の苦と煩とに堪へざりしやも知る可からず、唯箇中また自ら楽地あり、蓋し別物なり、門外漢の窺知する所にあらず、

斯る間に一電又来る、云ふ康有為上海を発して香港に向へりと、人皆之を疑へり、余も亦俄かに信を措く能はざりき、然も青菜の如かりし康の門弟子等は、当にもならぬ電報を当てにして、之が為めに大に愁眉を開きしが、そは遂に事実として顕はれ来れり、即ち生ける康有為君は、英国郵船に搭じ、同国軍艦の保護によりて香港に安着せり、門弟子の歓喜知る可きなり、彼は香港政庁の保護によりて、警察署の楼上に安置せられぬ、

門弟子は先を争ふて其師を見んとせり、然れども警察は刺客の禍を恐れて容易に之を許さず、僅かに高弟中の二人をして会見せしめたり、此二人の門弟子は、余に来りて其状景を報告し、且つ康君の命とて余の門弟子に対する高義を陳謝せり、以後数日の間、此二弟子常に余と康君との間に往復し、時に議論を吹き掛けて、暗に余が意見を挑発せんとするが如き気味あり、乃ち以為く、是れ余が孫党に縁故あるを覚りて、直にその秘懐を披瀝する能はず、此門弟子をして余が胸臆を探求せしむるものなり、彼も亦煮切らぬ策士なる哉と、仍て門弟子に対して、殊に余が意見の大略を述べたり、曰く、一片の上諭を以て支那の積弊を一掃し得らるべしと思ふは愚なり、積弊の由来する所人心にあればなり、故に改革の上諭をして有効ならしめんと欲せば、予め所謂

大官を罷免するの実力なかる可からず、実力とは何ぞや、則ち兵馬の後援なり、康君予め之れに備ふるなく、徒らに君権を頼み、紙面の上諭に依りて以つて此大事を了せんと欲す、則ち此の敗ある所以なりと、

二弟子又問を発して曰く、過去の事は逐ふ可からず、刻下の問題を如何と、余は遂に革命論の講釈師となれり、曰く、今若し在来の大官を罷免するの覚悟を以て改革を断行せんとす、その兵馬の力を要するや論なきのみ、然れども其所謂兵馬の権なるもの、皆大官の専有する所にして論談の士之を有せず、而して支那在来の秘密結社なるもの、また皆倒清扶漢を以て旗幟となす、当に何の処にか兵馬の後援を求むべき、想ふて玆に至れば、現政の改革は殆んど空望に近きを知らん、余は将に言はんとす、支那の改革の難は革命の難きよりも難しと、二弟子膝を進めて問て曰く、願くば先生の所謂革命の方法を聞かんと、余答て曰く、君等の説くが如んば、貴国皇上は世界無比の英主なり、国君にして共和民権の説を喜ぶもの、世界中あることなし、若し果して然らば、皇上自ら現位を退きて一平民となり、共和の主旨に順服して、衆民をして其好むところの人を推薦せしめ、以て其徳化を待つ可きを令せんに如くはなし、即ち衆望の帰する所知るべきなり、此時何ぞ哥老、三合、興中、白蓮の諸会あらんや、何ぞ満漢の感情あらんや、何ぞ大官の兵あらんや、是実に千古無比の英断にして、また実に貴国を未倒に救ふ上乗策なり、皇上と康君と、何ぞ自ら進んで古をなさゞる、然れ

ども皇上退位の事たる、言ふに易ふして行ふに難し、若し止むを得ざれば、康君自ら下つて民間の志士と結び、彼等を通じて以て義軍を中原に起し、気勢稍《やや》盛んなるに及んで、皇帝をして之に投ぜしむるに在るのみ、血を見ずして積弊を一掃せんとするは、泰山を挟んで大海を渡らんとするに等し、到底能す可からざることなりと、彼等敢てまた言はず、筆談の紙片を懐にして、飄然として出で去れり、

　当時余の康君を見る甚だ重く、其同志中亦多少の英傑あるを思へり、故に此機を利用して孫党と結ばしめ、更に哥老、三合の諸会を暗通して、以て風雲を呼び起さす《ママ》との夢想を懐き、予め康君をして余が意を推知せしめんが為めに、殊に二弟子に向つて此言を吐きたるなり、

　然れども康当時の境遇よりして云へば、余が彼に対する希望は、却て無理なる注文なりしやも知るべからず、彼れや草莽一介の書生を以て皇上の殊遇に感泣し、従来の主張を擲つて清朝に仕へたるもの、その今日あるに至つて、三たび其説を変じて革命党たるは、彼が能くせざる所なるべし、皇上と彼との情誼当に然るべく、行懸りの上よりするも当に然るべきなり、然り而して、革命党も亦彼を目して変節漢となすが故に、自ら一歩を譲りて憐みを乞はゞイザ知らず、主動の地位に立つて彼等を操縦することは、是亦能くす可からざることなるが故に、彼の意玆に傾かざるや是非なき次第なり、且夫れ、彼れは当時猶自ら其声名に酔ひ、皇上の知遇に酔へるが故に、改革の

惰力を利用して現勢を急転し、再び政柄を執つて初志を遂行せんと欲したり、是亦無理ならざる心ゆきと云ふべきなり、但国内援なく身を置くに処なし、まさに如何んか大局を挽回せんと欲するか、

彼は能く自ら内援を有せざるを知れり、然れども更に大なる後援あるを自信せり、外援是なり、彼は英国軍艦に護送せられたることによつて、益々其自信を強くせり、但英国に頼らんか日本に頼らんか、是彼の胸中に横はりたる疑問なりしならん、否頼るべきものは此二国なりと思惟したるが故に、寧ろ何れを先にせんとは彼の疑問なりしなるべし、而して遂に彼は日本を先にせんと決せるもの丶如し、乃ち例の二弟子は、来つて其師の日本行に意あることを漏らせり、然も未だ曾て師の言として言はず、唯彼等の推測として此事を漏らせり、且つ彼等は、師の日本領事の来り見んことを望む意を漏らせり、然も師の托言として之を伝へず、謎の如くにして此事を諷するなり、支那流の筆法とは思へども、直情なる孫党や、洒落なる三合会派と交りたる後口には、余は何やら脂《やに》臭き感をなしたり、然り、余は実に隔靴掻痒の感に堪へざりき、然れども余の彼に対する同情は深く、彼を携へて日本に至らんと欲する念や切なり、然り此情念あるが為めに、特に彼の為す所を自烈《じれつ》たがりしなり、余は彼等の謎を解かんが為めに、宇佐君と共に日本領事館に至り、時の領事○○君に面して事情を陳述せり、外交官の頭は冷かなるを要すてふ格言を、其儘確守せんと苦心しつ丶ある○○領事

は、却々《なか》に余等の乞を容れざりき、初日は遂に要領を得ずして退きたり、翌日再び到て懇請すれども応ぜず、遂に余をして暗号電信を利用せしめよと乞へども許さず、余も殆んど窮して自棄《やけ》んとしたれども、強て抑制して三たび其門を敲けり、偶々領事出衙して在らず、細君出で迎へて、急用ならば承はらんと云ふ、乃ち康君の従来の経過と現状とを説いて、大にその同情に訴へ、且つ其求むる処を告げ、伝言を托して辞し去りたるに、翌日に至りて一封の書は領事より送り来れり、披いて之を見れば、急に面会したし直に来り呉れとあり、馳せて至ればコワ如何に、前に冷然たりし彼の頭脳は、急に一変して熱心なる同情となり、自ら箇人の資格を以て康君を訪問すべしと言出せり、蓋し細君の力なり、

翌日領事は、所謂個人の資格を以て康君を訪へり、偶々事故ありて相見るを得ず、為めに聊か其気勢を落せり、而して康君は甚だ之を遺憾となし、門弟子を遣して会見を求むる更に切なり、数日の後、康警察署を出で、友人の家に転移するに及んで、領事も亦気を起して往て訪ふ、是より彼は殆んど別人の如くなれり、則ち非常なる同情家となれり、知る可し康君人を動かすの力あることを、而して康も亦《ママ》是より日本行の意を決せるが如し、

数日の後、例の二弟子復た来る、窃かに皇上密電の写しなるものを出し、(世上真偽の評あり筆者未詳なり) 康君の依頼とて之が伝達を依頼せり、之を見るに、一は時の〇〇

公使○○君に宛たるものにして、○○○○○○○○○の文面なり、一は時の○○大臣○○伯に宛たるものにして○○○○○○○○○○○との文面なり、余即ち領事に至りて此事を謀る、彼言下に快諾して手数を了せり、待こと数日なれども返電来らざるなり、門弟子日々来り問へども如何ともすべきなし、彼等漸く失望の色あり、稍不満の言語さへ洩らすに至れり、蓋し康の意亦然るなり、既にして○○君の返電あり、云ふ文書にあらざれば意を尽さず、其至るを待てと、十数日の後一書来る、○○君の領事に対する訓旨なり、余等為めに少しく気を落せり、然も康君に対しては好加減に言ひなしたり、而して領事は遂に堪り兼ねて、再び電を○○伯に発するに至る、返電来る、曰く、康有為如《もし》○○○○○○○と、乃ち宇佐君をして之を康君に伝達せしむ、彼れ帰り来りて曰く、康大に喜色あり、既に日本行に決せるを明言せりと、又曰く、彼れ切に君を見んと欲す、須らく往て会談を遂ぐべしと、余や素より彼を見んことを希へり、然も敢て至らざりし所以のものは、所謂煮切れぬ策士なりと思へるが故に、殊に自重して暗に気取りたるなり、即ち煮切れぬ策士同士の睨合なりしなり、

翌日康の二弟子来り云ふ、康先生僕等をして意を先生に伝へしむ、曰く行て先生に謁せんと欲すれども身自在ならず、切に請ふ先生駕を枉《ま》げ暢談の栄を賜はらんことをと、余宇佐君と共に往いて彼を見る、敝衣垢面、眼輝きて愁色を帯ぶる所、以て直ちに侠士の同情を惹くに足る、余は唯天下の為めに御苦労ですとの一言を述べたるに、

彼れ亦侠士の同情を謝すと答へて、今は互に区々の世辞を述べ合ふの秋《とき》にあらず、宜しく直に天下の問題を議すべしと云へり、此の瞬間の挙止洒落円滑、人をして賁切れぬ策士ならざるを思はしむ、彼れ夫れ将に何をか言はんとする、

彼は北京政変の起源より筆を起し、その敗局に至るまでの変遷を叙述せり、滔々幾万言、実に一瀉千里の概あり、且つ文の巧妙にして論理の明白なる、亦人をして首肯せしむるに足る、而して其議論の帰結如何と云ふに、罪を西太皇に帰して以て東亜の禍原となし、今日の急務は只一西太皇を除くにあるのみとなせり、余は如何にして西太皇を除くべきかを反問したるに、彼は日本の所謂壮士なるものを捉へ来り、事例を維新当時の事に取り、津田三蔵を引き、李鴻章の負傷事件を説き、朝鮮王妃事件を挙げ、その意気の壮烈なること千古無比なりと激賞して、終に此等の力を藉りて以て西太皇を除かんと欲するの意あるを漏らし、且つ余をして其成否を判ぜしむ、乃ち答て曰く、是甚だ容易なり、但此事を以て日本の志士に告白せんか、直ちに足下の無力なるを表白するに似たり、足下久しく草堂にありて育英の事に従ふ、三千の子弟中豈に一人の荊軻《けいか》なきか、若し果して之なくして、西太皇の一身真に此の如く重からば、僕乞ふ自ら之れに当らん、一西太皇を除くは、一人にして足れり、豈に多数人を煩すを要せんやと、余も亦遂に外交家の口吻を学べるなり、而るに彼甚だ慚色あるもの、如く、敢て復た此事を言はずして話頭を他に転ぜり、然も筆鋒振はず、理路亦明瞭を欠

く、余乃ち辞し帰る、
二日の後、康門の弟子○○○来る、余偶人と会談す、彼れ左手に手巾を掲げて顔を掩ひ、右手に余を麾《さしまね》いて別室に入る、怪みて従ひ至れば、彼満面紅を呈し、両眼涙を垂る、余を見て謂て曰く、僕今志を決して○○と北方に至らんとす、此行再び返るを期せず、復た相見るを得ざるなり、風雲若し北方の天に起るあらば、是即ち僕が死せる時なるを知れ、僕今康先生と泣別す、発するに臨んで、康先生僕に勧めて足下に拝別せしむ、乃ち信頼する所の甚だ深きを思ふ、切に乞ふ足下康先生の一身を援助保護し、以て我国の前途を救へ、僕実に叩頭伏願の至に堪へずと、椅子を離れて跪き、三拝九拝して流涕す、余豈に情に堪へんや、乃ち酒肴を呼び、両人相対して泣飲すること少時、手を握つて別る、
薄暮○○○亦来る、○○○と同行の一人なり、また余を別室に麾く、曰く、想ふに既に○○○来り謁せしならん、僕敢て多言せず、切に乞ふ康先生を保護せよ、又乞ふ弊邦の為めに助勢せよ、唯此をのみ是願ふと、潸《ママ》然として涙を垂る、此時豈理窟あらんや、余は唯彼を慰めて曰く、死は易く生は難し、君等若し能く志望を果さば、乞ふ逃れて日本に来れ、玉砕必ずしも豪傑の事にあらずと、彼の答は涙なりき、田中の細君駒女気をきかして酒肴を運び来る、乃ち杯を挙げ手を握つて別る、出でゝ楼頭に立つて街道を望めば、彼れ手巾を掲げて顔を掩ひ、飄踉として埠頭に進み、小舟に棹さ

じめて輪船に向ふ、余は其状を目送して思はず泣き伏せり、偶々脊を敲くものあり、顧視すれば雪令女史なり、駒女と共に余を一室に導き、酒を勧めて慰藉せんとするもの、如し、会々《たま》亦長門武蔵君来る、余を勧めて青楼に上らしむ、君は耶蘇教家にして篤行の人なり、常に余等の為めに酒色を戒むるもの、而して此夜斯の如し、乃ち余其故を詰る、答へて曰く天も亦許さんと、自ら余が手を取りて誘ひ行けり、嗚呼彼等余の何故に悲むを知らず、また之を聞かんともせずして慰藉に努む、蓋し至情なり、終に雪令女史の傍らに眠る、

翌日、康君また二弟子を遣して余を招く、至れば則ち一大事の議すべきものありとて筆を執れり、説き起す所何事ぞ、当時黄○○に代りて駐日○○たるべき李○○は、実に其問題物なりき、

彼曰く、李○○は、栄○の腹心にして僕の敵なり、今黄○○に代つて貴国の○○たらんとす、是予め僕の日本に到るべきを計つて此挙に出るものにして、其真意は実に僕を殺害するにあり、足下願くは此意を○○伯に伝へて、李を受けしむる勿れ、否《しか》らざれば僕暫らく日本行を中止して英国に至らんのみ、現に英国の僕を遇すること如是《かくかく》なり、云々なり、且つ僕の其国に遊ばんことを慫慂して止まず、然も僕此の厚意に背いて、敢て貴国に至らんと欲する所以のものは、只是同種兄弟の国なるが故なり、壮烈高侠の志士に富むの国なるが故なり、然り而して今季○○往て貴国に○○たらんと

す、是れ実に日清両国の不幸事にして、僕の一身も亦之が為めに危からんとす、足下将に如何んか此事を図らんとすと、

彼の辞令や巧ならざるにあらず、否、寧ろ巧に過ぎたり、故に余は少しく嫌気を生ぜり、乃ち答へて曰く、足下の意を○○伯に通ずるは可なり、李を拒絶せしむるは難し、足下若し身の危きを恐れて此言を発するものならば、そは無用なり、警察の厳なること世界無比なればなり、但足下の言によりて察するに、英国の足下に対する厚意実に棄つべからざるものあるに似たり、足下若し之に背いて日本に到らんか、彼国或は嫉妬の心を生ずるやも知るべからず、余を以つて見るに、貴国と日本とは元離る可からざるの因縁あり、その貴国の為めに計るや、足下の行と否とに関せざるなり、日本国民は皆貴国の改善を冀《こひねが》はざるなし、足下に対する同情の如きも、亦その行と否とによつて厚薄をなさゞるなり、されば先づ彼の厚意に応じて英国に遊び、而して後に日本に遊ぶも遅しとせず、是れ唯大局に不利ならざるのみならず、英国の猜疑を避くる一手段たるやも知るべからず、余は寧ろ足下の英国行を勧めんと欲するなりと、彼れ甚だ窮色あり、余に謂て曰く、僕の意早く既に日本行に決す、但李○○のことあるが故に、門弟子の争ひ止めて已まざるのみ、今足下幸に此処に在り、暫らく共に小国会を開き、以て此事を議決すべきなりと、乃ち門弟子数人を招いて之を謀る、一弟子の甚だ康君の日本行を危むものあり、余為めに彼を罵つて曰く、康門の弟子何ぞ怯な

るの太甚《はなはだ》しきや、若し師の刺客の手に斃る、あらんか、諸君代つて其遺志を成すべきなり、否ざれば師と此処に籠居して終生為すなきに如かずと、康君手を拍て曰く、足下の一言吾を動かせり、諸子も亦吾行を止むる勿れと、議則ち一決す、

議既に決して康君の心甚だ急に、且つ余等の日本に同行せんことを望む、余宇佐君と共に之を諾し、また最近の便船を択び、略ぼ河内丸に搭ずることを協定して辞し去れり、帰つて旅宿に至れば一葉の来電あり、これ木翁送る所の為替通知書なり、天祐なる哉、之れ無ければ余遂に康君との約を蹈む能はざるなり、

康有為日本に入る

康君の意決して、阿堵物も亦送り来る、乃ち宇佐君と共に領事を訪ひ、告ぐるに康君の決意を以てす、領事も亦大に満足の意を表し、且宇佐君をして時の郵船支店長三原君に交渉せしめ、以て一行の便宜を図れり、三原君も亦大に俠気を奮ひ、事に托して日英以外の船客を謝絶し、船は定期の時刻に出帆せしめて港外に繋留し、一行は日の没するを待つて、小蒸気によりて本船に送るべきを宣言せり、意を用ゆる周到なりと謂ふべし、是に於て諸事悉く熟す、

然れども余や旅宿にあり、秘して荷物を運び船に乗ること甚だ難し、為めに少しく

考慮を費して一策を得たり、即ち平生信頼するところの館員田中君を招き、唯告ぐるに日本に秘行すべき要件あることを以てし、意を含めて澳門《マカオ》に往くと声言せしめて、勘定を済まし荷物を運ばしむ、彼は江戸ツ子なり、一諾鉄石よりも堅し、乃ちその妻女駒子と共に余が事を了る、仍て料理店に至りて共に別盃を挙げ、更に宇佐君と共に青楼に上り、一夜を雪令女史の傍らに明せり、

翌早天、宇佐君は楼門を出で、康君の寓に至れり、康君の荷作を助け、且つ晩上導いて埠頭に出でんが為なり、而して余は独り留まつて女史の傍にあり、徐ろに時刻の至るを待てり、此間田中君は来れり、既にしてその妻女駒子も亦来れり、此二人は余が日本行を知れども女史は知らざるなり、則ち酒肴を命じて暗に別離の意を寓す、宇佐君の相思菊香女史も亦来つて席を共にせり、云ふ宇佐さんも卿と一所に澳門に行きますかと、又雪令女史を顧みて曰く、どう御座りますか、澳門は近かけん二三日内行まツしゆだのと、余の喜色あるを見て相楽むもの丶如し、而して田中夫婦は別離の情を知るが故に、心甚だ昂らざるものあるに似たり、嗚呼彼等は実に余が良友なる哉、彼等豈に余が志望を知ものならんや、然れども皆余が喜憂を以て自ら喜憂せり、余や菲島の諸士を見ては泣かざるを得ざりき、彼等は共に泣つ丶余を慰藉せり、唯御国の為めに悪き事でも出来たらんと思へるなり、余や孫康両派の間に挟つては幾度か神を労せざるを得ざりき、彼等も其憂を共にして、酒を勧め蜜柑をむいて余を労へり、唯

御国の為に心配事ありと思へばなり、余や時に故郷の天を望んで、慈母妻子の身の上を煩労するを禁じ得ざりき、彼等は共に其苦を荷ふて、扇ぎ擦りて余を寝かしつけたり、御国の為に大事ありと思へばなり、余や彼を思ひ此を想ふて、一身の甚だ軽からざるを覚え、自ら知らず快を呼ぶことありき、彼等は共に其喜びに入つて、歌ふて且つ舞へり、御国の為めに善き事ありと思へばなり、嗚呼彼等は実に心の純なるものなる哉、余遂に其芳志に辜負《こふ》するを恐るゝのみ、謂ふこと勿れ菊雪の二女史は醜業婦なりと、世の有志家を以て任ずるの士、黄白の為めに節を売らざるもの幾人かある、謂ふこと勿れ田中夫婦は旅宿の下女下男なりと、今の志士と称する人、一身の利害を忘れて義に赴くもの幾許ぞ、余は信ず、今の世彼等ほどの憂国心あるものは指を屈するに足らざるを、誠に然り、されば余は実に好知友を有するものと謂ふべきなり、但彼等の望に副ふ能はざるを憾むのみ、

然り、余や此好知友と杯を挙げて、暗に別離の意を寓す、豈に多少の感なからんや、而して酒杯傾け尽さず、情も亦未だ尽ざるに時辰《じしん》已に四時を報ず、出で、楼頭に立つて港湾を望めば、船は黒煙を吐き、錨を抜いて既に進行を始めつゝあり、田中君見て愕然として余が袂を引く、乗船の機に後れたりと思ひしなり、然も余は笑て言はず、心自から閑なり、乃ち悠然として座に復し、更に酒杯を傾けて日の西山に没するを待ち、衣を更めて別を告げ、一同に送られて楼門を出で、酔歩踉々、石路を辿りて埠頭

に到り、更に小蒸気に送られて河内丸に転乗せり、康君の一行九人、余と宇佐君を合せて十一人、共に甲板に出で、祝杯を挙げ、万歳を三唱する間に、船は海水を排して進行を始め、陸を離る、漸く遠くして、進行益々急に、暮色漸く深くして、香港の山も見えずなりぬ、亡命の士、此夜の感慨果して如何、余は雪令女史のことを思ふて、終宵眠に入らざりき、

航行三日にして琉球の一角を認む、康君筆を執つて感懐を漏らせり、曰く、

海水排山通日本　天風引月照琉球

独運南溟指白日　黿鼉《げんだ》渡

第五日夜半、船神戸港外に投錨す、夜暗ふして入港に便ならざるが故なり、仍て一行寝に就き、余亦酒を被りて眠る、偶舟員の呼び起すものあり、云ふ人の面会を求むるものありと、出で、会見すれば、〇〇省〇〇君及警部〇〇君なり、一行を迎へん為めに来れるなり、云ふ今夜陰に乗じて上陸すべしと、仍て康君を始め、一行を起して旨を伝へ、水上警察の小蒸気に転乗して埠頭に至り、導かれて警察の楼上に入り、玆にて一夜を語り明かし、また康君をして洋服を纏はしめ、東方の白むを待つて、三々伍々停車場に到り、瀛車に搭じて東京に直行せり、瀛車新橋に着すれば、南万里の来り迎ふるあり、彼れは北京より梁啓超君を携へて、一週前に帰着したるなりと、梁君は康君の高弟なり、其国難に際して余と南万里と各随伴して日本へ帰る、蓋また天縁

奇遇なり、導かれて旅館三橋に入る、

翌日孫逸仙君来り訪ふ、余を介して康君と相見んと欲す、康君事に托して之を謝絶せり、夫れ孫君の康君を見んとするや、その主義方針は兎も角も、唯彼の現状に対して同情に堪へず、一たび相見て異郷托命の旅情を慰めんとの意にして、実に古義照人底の心掛なりき、然り而して康君の避けて会見せざりしも亦理由あり、抑も孫君は、之れを清帝の眼より見れば無道の逆賊にして、賞を懸けて其首を得んと欲する所のものなり、而して孫君の清帝を見ること亦不倶戴天の仇も啻《たゞ》ならず、機を見て一蹴して倒さんと欲する所のものなり、而して康君や、其事蹉跌して異郷に亡命せりと雖も、大局を挽回して再び皇上の世とならしめ、自ら之が黒幕となつて以て無前の大功を建てんことを夢想せり、故に行懸上の義理よりしても、世の嫌疑を恐るゝ利害の念よりするも、孫君と会見するの心を生ぜざりしは無理ならざるなり、然れども我邦人の心あるものは皆之を惜めり、而して猶且心を尽して窃に会見せしめんと計りたる者すらありたれども、遂に能はず、剰《あまつさ》へ末派の間には軋轢反目の穢態さへ演出し、果ては虚構の文字を並て孫君を中傷するに至つて、両者の間日に疎隔し行きたるぞ遺憾なり、

然り而して康君の胸裡尚一つの夢想を蔵せり、蓋しまた孫君と近づくを欲せざる理由の一なり、何ぞや、彼れの自負心是なり、彼れその意中私かに期する所あり、以為らく吾の地位を以て〇〇大臣を説かんか、彼れ必ず同情を吾に寄せて、兵を派して守

旧党を牽制し、以て勢力を輓回するを允《ゆる》さんと、斯の自負心や信頼の心よりして生ず、蓋し過信なり、而して過信の反動は失望となり、怨恨となる、亦人間自然の数理なり、〇〇伯の之を避け得て却て声望を今日に繋ぐ所以の者は、内閣瓦解の賜巨多なりと謂ふ可し、〇〇内閣既に瓦解して、〇〇内閣は組織せられぬ、而してその康君を遇する甚だ冷なり、是に於て彼等は益々心を〇〇伯に傾けたり、然かも伯や今已に要路の人にあらず、また回天の業を談ず可からず、既にして曩《さき》に康君を珍客として歓待したりし我国の人士も、亦漸く其人物に飽き来りて彼を疎外せり、是れ或は康君に完からざる所あるに因るべしと雖も、また我邦人の、惚れ易く飽き易き病癖に根さずんばあらず、此間唯僅かに木翁の在るありて終始其高義を尽し、柏原君ありて其厚情を尽されたるは、殊に以て多とするに足る、而して康君は遂に為す所なくして、欧米行の途に上るの止を得ざるに至れり、

由来人の英雄を説き、豪傑を論ずるもの尠からず、然れどもその所謂英雄と云ひ、豪傑と称するもの、皆是れ比較的判定に出づ、若し夫れ神の完全なるが如きものを求めば、世界古今の英雄豪傑、皆是れ児童のみ、禽獣のみ、然れども禽獣も昆虫に比すれば大なり、児童も禽獣に比すれば智なり、世の英雄豪傑も亦斯の如し、彼の李鴻章を見ずや、人皆称して東亜の英豪となす、彼れ夫れ世運の大局に何の寄与する所ありしか、人或は曰はんとす、髪賊戡定《かんてい》の効ありと、余曰く非なり、若し洪秀全をして泰《ママ》

平王国を建設せしめたらんには如何、支那国民は今日の地位にあらざりしやも知る可からず、人又或は曰んとす、彼馬関条約に、甘《うま》く伊藤を瞞着して遼東を還付せしめたりと、然り、伊藤の彼に致されたるは愚なり、而も伊藤を致して、却て多く列強に致されたる彼は更に大愚にあらずや、李や清廷の命脈を長からしめたるの功は或は之あり、之が為に支那の国土を今日の悲境に至らしめたる罪や逃るべからず、嗚呼彼れ将た世運の大局に何の寄与する所ありしぞ、若し之ありとすれば擾乱のみ、国難のみ、然れども彼や支那の英傑たるを失はず、何ぞや、彼れ以上の人物なければなり、則ち彼は比較的判定の上に於て支那の英傑たるなり、

康や個人としては素より甚だ大ならざるべし、度量の狭隘なる所もあらん、見識の熟せざる所もあらん、経験も足らざるべし、然れども艸莽一介の書生を以て、皇上の知遇を受けたるは事実なり、皇上を動かして、支那改革の志を起さしめたるも事実なり、また皇上を補佐して、変法自強の上諭を発せしめたるも事実なり、是が為めに四百余州を震動せしめたるも事実なり、一時李爺をして清廷に力なからしめたるも事実なり、不幸一敗して、計画総て水泡に属せりと雖も、事実は何時迄も事実なり、而してその事実の進取的改善的なりしも亦事実なり、余は唯此一事を以て、李を小なりとして康を大なりとなす、志世運の大局に寄与するにあり、その名誉心も亦之が為めに動きたればなり、而して世の康を目して小なりと云は、支那の現状を審にせざるが為

のみ、比較的判定の度合を知らざるが為のみ、支那人物の払底せる、実に今日の如きはあらず、稍事情に通ずるもの、棄て、之を顧みざらんとする、又野心家の乗じて以て大に為すあらんとする岐点は此処なり、而して人道を重じ、蒼生を懐ふ忠勇の士の起たんとする要点も亦実に此処に存す、謂ふこと勿れ張劉の徒は日本贔負なりと、彼等は空中の旗と一般のみ、共に時の勢に左右せられて其安を保つを謀るもの、み、是等と手を取つて百年の長計を劃するは、猶狸馬に乗つて千里の長程を走らんとするに均し、況んや爾余の大官に於てをや、康是に於て愈々支那豪傑たるを失はざるなり、康君の初め日本に来りて世人に持囃さる、や、余も亦康君を携へ来れりとの故を以て世人に款待せられたり、而して余はまた少しく之が為めに浮かれて、飲めよ食へよの気になれり、余が某子爵に招かれて待合松栄に入りしは此時なり、芸妓留香女史と相識るに至りしも此時なり、余は素より無一文の窮措大なりき、然も松栄の女将は善く飲ませ、また善く遊ばせたり、余や垢衣鼻を衝く底の装束をなしたりき、然も留香女史は之を厭はずして余を愛したり、余その何の故たるを知らざるなり、その何の故なるを知らずと雖も、余が心は常に花に酔へる胡蝶の如く、松栄と留香女史の傍を離る、を欲せざりき、斯る間に宿料は積りて幾百金に上れり、待合の勘定も亦嵩めり、然り待合の女将は猶ほ忍べり、然も旅宿の催促は禦ぐ可からず、此時康君已に家を構へて転寓せり、南万里も亦湖北湖南の游に上りて在らず、而して人影も亦漸く微かな

るに至れり、唯残るものは余と呑宇君あるのみ、
呑宇君は余が旧年の盟友なり、中道所信を異にして相別れたりと雖も、相思の情は常に胸底に熱せり、爾後彼れ江湖に落魄して、殆んど孤立の境に在りしも、先輩小山雄太郎君深く其為人《ひととなり》を愛惜し、財を投じて其一家を扶助し、又資を給して呑宇を遊学せしむ、呑宇深く其義に感じ、箱根の山寺に潜居して読書に耽り、心胆を練磨して独り楽み居たりしが、余の康君を携へ来るを聞いて、馳せ来りて余を三橋旅宿に訪ひ、夜を徹して将来の事を議し、互に期許《ききよ》する処あり、而して彼れ偶々余の窮境にあるを見て、独り山寺に逃れ去るに忍びず、共に計謀を廻らして重囲を脱せんと試みたれども能はず、督促益々急にして二雄愈々困憊せり、乃ち万策極つて余一議を提出す、曰く、聞く此頃木翁病を大磯に養ふと、如かず暫らく難を此処に避け、以て徐ろに善後の策を講ぜんにはと、呑宇亦之を賛す、乃ち窃かに兵児の帯を売つて三円を得、素知らぬ顔して旅宿を脱し、新橋指して急ぎ行けり、宿屋の喰逃げとは此事を云ふなんめり、
行いて数寄屋橋畔に至る頃、右方より二人挽の車を飛ばし来るものあり、手を揚げ車を駐めて余等を麾《さしまね》く、近き見れば旧友井上良雄君なり、彼先づ問を発して曰ふ、君等将に何の処に至らんとすると、余等告ぐるに実を以てす、彼曰く、大晦日には猶数日を剰すにあらずや、活手腕を揮ふは此時にあり、僕斯の如くにして已に戦場に立て

り、成効眼前に在り、両君僕の寓に至りて吉報を待つべきなりと、情意言語の表に顕る、余等その意に従ひ、踵を転じて三田の井上邸に入れり、

邸宅とは云へどもそは名のみ、実は狭小なる忍家なり、而して主人公の井上君、身華青の家に生れて曾て之を顧念せず、強ひて世に反《す》ね俗に背いて、好んで逆流に立ち、身金あれば則ち出で、他に飲み、無ければ則ち家に昼寝して以て客を待ち、晦日に逐はれて車を飛ばす呑気漢、家に余財難《ママ》ければ米櫃屢々空しく、大晦日刻々に近き来りて、債鬼門前に市を為せり、余と呑宇は、唯内に在つて此難関を甘く斬抜ける奥方の手腕に舌を巻き、偏に外に戦ふ主人公の成効をのみ祈りたり、

愈大晦日とはなれり、主人公は未明より出で、戦場に向へり、日は西山に傾けり、既にして没せり、而も帰り来らず、時辰十点を報ずる頃、一電至る、云ふ籠城の準備せよと、サテは敗れたるなり、皆顔見合せて一笑せり、奥方も苦き笑を漏せり、同時に容を正して余等に謂て曰く、済みませぬ！　どうぞ御衣類を御貸し下さい、一六銀行に行《ゆ》いて参りますからと、仍て帯を解きて垢臭き衣物を脱ぎ、浴衣一枚になりて炉胡の内に潜り込めば、奥方之を畳み、自身の晴衣（？）をも合せて風呂敷に包み、親しく食客を伴ふて質屋に至り、酒と米とを購ふて帰り来る、皆之を見て生色あり、直ちに温めて炉を囲んで牛飲す、奥方戸を鎖し且つ令を発して曰く、皆様御歌ひなさい、借銀取りが逃げる様にと、乃ち大声を出して歌ふ、偶々戸を敲くものあれば、聞かざ

る為して殊に高歌急吟す、実に債鬼逐払の妙策なり、既にして主人公も亦酔て帰り来る、終に徹宵して通飲《ママ》せり、年越の酒宴とは是れ之を謂ふなり、

余等已に裸体坊主となり了れり、身を動かすに由なきなり、但食ふに麦あり、飲むに酒あり、而して亦暖を取るに炉あり、酔ふて歌ひ、疲れて眠り、醒めて而してのろけ、以て目下の快を取りて日を送れり、人之に至れば自ら楽地あり、然も余は当時唯一つの苦痛を感ずるものありたり、留香女史と相見ることを得ざりし事是なり、然り、僅かにのろけに托して此苦痛を胡魔化したるのみ、此家の食客手帳を出し示して曰く、卿は二時間にこれ丈け留香の名を口にしましたと、之を数ふれば二百八十五、嗚呼余も善くのろけたりと謂ふべし、然も食客君之が為めに二時間の無聊を慰するを得たりとすれば、余がのろけや罪ならず、寧ろ功徳あるのろけと謂ふべきなり、然り、余は此の如く彼女にのろけたり、彼女の余に対する真情は如何、否此は是れ爾後の問題なり、

斯の如くにして無為の製糞機たること三週余日、偶一友人の訪ひ来るものあり、頼つて以て方便を設け、辛ふじて衣服を一六銀行に取り、初志に返つてトボ〳〵と、大磯指して落ち行きたり、

大磯にて木翁の附属物たること一週余日、風光心に適し、且つ酒肴の口に合ふあり、加ふるに清談の神を怡《よろこ》ばしむるに足るものあるを以て、身殆んど楽園にあるの思あり、

素より井上邸の籠城とは日を同ふして語るべきにあらず、然ども主の翁や身に病あり、且甚だ阿堵物に豊ならざるを知るが故に、余等久しく其賓となつて累を残すに忍びず、終に旅用を乞ひ得て箱根に至り、呑宇の旧巣宝泉寺に入れり、此処費廉にして且つ呑宇の信を受る厚し、以為らく暫らく命を托するに足ると、両人相対して濁酒を暖め、忽ち数瓶を倒して微酔を催し、漸く将に臥床に入らんとする時、一飛電あり云ふ、トキシンダスグコイと、トキとは待合松栄の女将なり、余以為らく是その家立つべからざるに至りて、遂に騰気して自ら死を取りたるにあらざるか、若し然らば其罪我にありと、即夜呑宇と小田原に出で、翌朝一番滊車に搭じて東京に直行し、疑惧逡巡しつゝ松栄に至れり、至れば即ち女将あり、死せざるなり、ころげ廻はりて笑つて曰く、御免なさいよ、実は卿方の御心を探ぐる為に電報を上げました、これで試験済み、もう飲み潰されてもよろしゆ御座りますと、心に弱点あれば一婦人の為にも翻弄せらる、乃ち知る、渡世の秘訣は弱点を人に貸さざるにあるを、然れども余や知て而して猶且つ改めざりき、故に益々深淵に入りて女将を困憊せしめたり、而して遂に松栄を飲み潰せり、その之に至りし所以に至りては、原より多少の事情なきにあらざれども、余が留香女史に対する愛情は重なる原因なりとす、爾後女将落魄して生計に窮し、遂に無芸の芸妓となり、雨しよぼを踊つて口を糊するの術を取りたりと聞く、嗚呼是皆余の罪なり、彼中道山窮水尽の時に当つて、ゴロツキを差向けて余を脅かせしことありと雖も、余や敢て其所為を恨まざるなり、是己れに出で己に帰るものたるを知ればなり、爾来余の事意の如くなる能はずして、未だ以て其責に任ずるを得ずと雖も、彼れ若し能く余が現況を詳知するに至らば、想ふにまた深く余を罪せざるなり、

偽造の電報によりて驚かされたる余と呑宇は、女将の持運ぶ酒肴を見て、既に一分の酔を感ぜり、既にして献酬太だ忙はしく、遂に酔倒して眠り、翌日去つて又箱根の山寺に帰る、居ること数週、殆んど仙寰《せんかん》の人たらんとす、然れども仙や余等の志にあらず、山中に高臥するも局面開展の機なし、仍て呑宇と議して東京に出で、旧縁を辿りて対陽館に入ること丶なれり、

対陽館は芝愛宕山下の一旅宿なり、今を去ること十数年、余垢面蓬髪の奇態を以て、東京に出で丶下宿を求む、皆その状貌に驚いて能く諾するものなし、唯此旅宿の主婦、余を誤り見て行者となし、懇待して延いて留まらしむ、主人亦た奇気あり、日に酒を被り、常に歓呼して歌ふ、余の心甚だ此家に居るを楽み、家人も亦情意甚だ懇摯なり、相信即ち深し、爾来余四方に漂浪して定処なしと雖も、常に東京に来る毎に見て以て情を舒ぶ、因縁の結ばる所尋常にあらざるなり、然り、因縁既に深しと雖も、人情の変転や測るべからざるものあり、余は今の我身を顧みて対陽行を逡巡せり、此の容態を以て往て憐を乞ふ、旧情或は冷却せざるなきを得るかと、遂に気を鼓して往て実情を訴へ、暫らく留めて衣食せしめんことを乞ふ、彼れ快諾して曰く、一椀の飯も分つ

て之を食ひましよう、何時までも心措なくお留りなさいと、乃ち尻を此処に据ゑたり、時に三十一《ママ》年二月なり、浮草や今日は向ふの岸に咲く、流れ次第は風次第、是豈余が実情にあらずや、さりながら〳〵、人の情に飢もせで、亦有難き世なる哉、

南洋の風雲と吾党の活動

余や対陽館主の情によりて、食ふに米あり、飲むに酒あり、前日に比して身心共に甚だ安し、然れども我身の前途を思へば、実に望洋の感なき能はず、〇〇内閣の組織せられて、先輩の羽振を喜びしも一場の夢なりき、而して余が夢想中にありし孫康両派の合同は行はれず、康君は去つて異郷の天に流浪し、孫君は内にあれども手を出すに由なく、而して清廷の事、独り西太后と栄禄と権を擅《ほしいまま》にするに至れり、嗚呼大風何の時にか起り、雲何れの日にか飛揚せん、余や日々酒を被ぶりて髀肉を撫するのみ、時に報あり云ふ、アギユナルド部下を率ゐて戦場に立てりと、既にして南万里は両湖の視察を終りて帰り来れり、云ふ畢永年君の先容によりて哥老会員と交結するを得たり、皆な手を額にして義軍の起るを待てり、而して会中の人の用ゆべきもの甚だ多し、若し孫君にして竿を掲げて起たんか、天下響応知るべきのみと、当時孫君部下の興中会員も漸く乱を思へり、故に屢々孫君に乞て動作を始めんとす、而して孫君の準

備未だ整はざるものあるを以て、令を伝へて軽挙を戒め、以て窃に計画する所ありしと雖も、諸事一も意の如くなる能ず、終に孫君の提議によりて、窃に会中の人を率ゐて菲島に至り、ア氏の軍に投じて其成効を速かならしめ、余勢を転じて支那内地に進入し、以て革命軍を中原に起さんことを協定せり、

当時孫君横浜に寓居す、一日来りて余を対陽館に訪ひ、人を退けて謂て曰く、君の手を以て○器を菲島に送るの道なきやと、余その事情を詰る、彼声を潜めて答へて曰く、現に独立軍の委員来りて横浜にあり、僕君等と共に渡菲の志あるが故に、往て其人を訪ひ、告るに秘懐を以てす、彼れ大に其事を喜び、且托するに一大事を以てす、則ち○器購入の事なり、僕唯一面の人に対して此の如きの重托を受く、義当さに力を尽して酬ゆる所なかるべからず、況んや彼等の心事実に僕等と同一なるものあるをや、君願くば菲島義人の為めに一臂の力を与へよと、余が心は熱せり、仍て孫君南万里と共に密議を凝し、遂に情を明して○翁の智を借に決す、

○翁は俠烈の士なり、余等の言を聞いて大に同情を表し、且つ謂て曰く、此事商人の手に渡れば或は自ら道あらん、然れども彼等元貪慾にして義を知らず、事を画するも亦忠ならず、宜しく冒険質のものにして忠実に、且つ商的手腕あるものを択んで之に当らしめざる可らずと、沈思少時にしてまた謂て曰く、中村背山をして事に当らしめては如何、彼近頃糖尿病に罹り、余命既に久しからざるを自覚して、太だ功名を急ぐ

の気味あり、過日以来屢々僕に対して菲島の事を言へり、想ふに彼れの意亦菲軍に投ずるにありて、而て唯其手蔓なきに窮せるもの丶如し、諸君若し行いて彼を説ば、彼将に糖尿的勇気を振つて之に応ずべし、是寧ろ彼我の利便ならずや、聞く背山の命数三年を保つ可からずと、三年の命数を以て功名を議会に競ふ、彼亦その狭小なるを知る、諸君が彼の為に功名の地を作る、豈好功徳にあらずやと、皆手を拍て之を賛す、

余等の行いて背山を其寓に訪ひ、秘懐を吐露して○器購入の事を依托するや、彼れ言下に快諾して謂て曰く、吾れに宿痾あり、余命已に長からざるを知る、而して今諸君の後に従つて此大事に任ずるを得、何の幸か之に如かん、当に奮励して諸君の重諾に負かざるべしと、意気言語の表に顕る、皆好友を得たるを喜べり、曷《なん》ぞ知らん、他日失敗の原因之に発せんとは、

既にして背山はその運動に着手せり、而して菲嶋委員ポンセ君は、全権を孫君に依托して敢て干渉せず、背山と孫君の間には、余と南万里とありて相互の伝信機となりたり、既にして警察の目は更に余等の挙動を注視するに至れり、

当時対陽館主、一日余と南万里を麾き、別室に導いて声を潜めて謂て曰く、卿等何事をなしつ丶あるやは知らねども、警官のその挙動を探ること急なり、何卒御気をつけられたしと、此夕一偵吏の門外に佇むものあるを見る、時に天雨を下すこと切りなり、即ち南万里と謀じ合せて車を命じ、疾走曲折して待合松栄に入る、以為らく彼れ

必ず路頭に迷へりと、窃かに図に当れるを喜ぶ、即ち命じて留香女史と他一妓を招かしむれども至らず、云ふ留香女史はその厳父によりて此処に来るを禁ぜられたりと、乃ち止むことを得ずして主婦の撰ぶ所に任ず、主婦周旋甚だ努む、云ふ今に参りますと、而して却々《なか》来らざるなり、既にして時辰已に十二時を報ず、主婦足響高く馳せ来りて曰く、卿方はどうなされたンです！　探偵さんが家の廻りに四人も立つてをるンですもの、芸者幾人来かけても皆な逃げて仕舞ぢやありませぬか、ほンとに如何したんですかヨと、始めて知るまいた積りで実は反撃せられたる事を、遂に南万里と相抱いて眠る、

翌朝早起、妓を招き酒を呼ぶ、偵吏雨下の佇立に堪へずして来り会見を求む、云ふ大抵に切上げて御帰り下さい、昨夜の立づめで寒気を受けましたと、仍て延いて楼上に上らしめ、四人卓を囲んで飲み且つ歌ふ、酒酣《たけなは》にして南万里車を命じて北廓に走る、受持の一偵吏之に従ふ、余は女将及びその受持の偵吏と、歌舞伎の立見をなして寓に帰れり、翌朝南万里帰り来る、而も偵吏従はざるなり、南万里曰く、昨夜偵吏を拉して青楼に上り、細腰を与へて一夜の春を貪らしめしが、事遂に他の偵吏の知る所となりて免職せられたりと、後木翁の処に到り、話頭端なく此事に及ぶ、翁心配気に謂て曰く、それは飯が食へなくなつたらう、どうかしてやつたが好いと、今猶好笑柄中の一なり、

斯る間に背山の運動は進行せり、云ふ○器購求の手続は既に了せり、あとは船舶の一段のみ、宜しく同志の士を出発せしめて之が先容をなすべしと、仍て近藤五郎君を推薦す、当時余等未だ近藤君を知らざるなり、君は信州の人、○軍大○たり、乃ち其職を辞し、部下五人を率ゐて渡菲するに決す、而して南万里も亦同志の代表として一行に加はる、

先是《これよりさき》、余内田硬石君と筑前に知る、君幼にして大志あり、曾て天祐俠に一味して朝鮮に入り、東学党を助けて風雲を呼び起さんと企てたることあり、後また西比利亜《シベリア》に入りて浦聖の間を往返したることあり、相見て期許甚だ深し、当時彼れ東京に来りて其叔父平岡浩太郎君の家に寓す、余往て彼を訪ひ、談ずるに平生の志望を以てす、彼れ亦胸襟を披いて将来を誓ふ、乃ち陰に余等の事を助く、

既にして一飛電あり孫君の処に至る、云ふ、広東内地末派の人士漸く動作を始めんとすと、孫君余をして其実情を視察せしむ、偶々硬石亦西比利亜に向はんとし、呑宇湖南に遊ばんとす、乃ち三人相携へて九州に下り、筑前に硬石と相別る、別れに臨んで硬石余を顧みて謂て曰く、準備が出来たら西比利亜に電報をやりやい、唯コイと云ふ丈けでよかと、豈知己の感に堪へんや、乃ち互に前途を祝して告別し、余は長崎に向ひ、呑宇は熊本に向へり、

長崎に至りて船を待つこと一週余日、呑宇熊本より来りて余が行を送る、既にして

宿僕来りて香港行の船あるを云ふ、直に之に搭じ、呑宇と別れて征途に上る、航行一昼夜にして右舷に半島を認む、余怪んで船員に質す、答へて云ふ済州島なりと、余益々怪んで再び其故を詰るに及んで、始めて此船の芝罘、上海、福州、厦門、汕頭を迂回して香港に至るものなるを知る、乃ち航行日程を問へば曰く、十八日間にして香港に達すべしと、余は驚いて茫然たり、然れども今は詮なし、芝罘を経て上海に至れり、

上海には知友もあり、日本人も多し、若し此行尋常一般の事ならんには、以て無聊を慰むるの好場所なりと雖も、余の任や重く心急なり、空しく船中に蟄居して抜錨を待てり、時に知友の福州に至らんとするものあり、来りて同船す、余その好伴侶を得たるを喜べり、既にして船は錨を揚げたり、時に黒雲俄かに天を掩ふて颯《ママ》風至る、乃ち呉淞を距る約二三里の沖に至つて、進行を止めて錨を投ず、

斯の如くにして海上に漂ふこと二昼夜、風神少しく和らぐを以て、怒濤を冒して福州に向ふ、同乗の客能く食卓に就くものなし、余独りビールを傾け、晩餐を了つて甲板に出づれば、夕陽雲波の間に没して、夜色殊に凄し、俯仰感慨に堪へず、覚えず鉛筆を取り出して手帳を汚す、素より調をなさずと雖も、皆是胸中の真情を吐露せるものなり、

日は暮れぬ、吹き来る風は身にしみつ、よせ来る浪のはげしさに、乗り合ふ客はそ

れ〴〵と、をり行く梯子の音も絶え、空には鴈の鳴き過ぎて、涯なき空と海原に、横りたる我一人、
りんが鳴る、今は夜半の丑みつか、吾が故郷の母上や、なやめる妻や子供等は、如何なる夢をか結ぶらん、うすき蒲団に破れ窓、風も少しは心して、安き眠りを得させてよ、
雲はいでぬ、雨か雪かは白浪の、映さん月はどふせなし、吾は闇夜に舟任せ、心はやたけに急げども、たどらんかたは雲か山、浮世のあらしつよければ、いつこぎよらんあの港、
思ふまい、思はぬ夢をゆめみつゝ、三十年のやま坂を、のぼり越したる此吾れに、一夜の夢も百年の、夢には二つなきものを、真如の夢のその娑婆は、闇夜に月が見ゆるぞへ、
余もと韻事に疎なり、曾て詩を作らず国風を歌はず、而して此時始めてこの作あり、虫が知らすか天の業か、船福州に着するに及んで、船員報じて云ふ、昨日上海沖に於て布引丸沈没せりと、又云ふ布引丸は三井の持船なりと、而して余や素より吾徒の事に関するを知らざるなり、
福州を発して厦門に至り、更に汕頭に寄航して、香港に到着したるは実に廿二日目なりき、此間の余が船中ののろけ料、ビール代二十三円三十銭、皆留香女史の為なり、

而して未だ吾徒の凶事を知らざるなり、
香港に着して東洋館に入り、安着を祝して館員と一杯を傾けつゝある時、一友人の来るものあり、三井会社員なり、余為めに布引丸沈没の弔辞を述ぶ、彼平然として答へて曰く、あの船は私の社には関係はありませぬ、丁度二十日許り前に背山様に売渡てあります、ハイ損失は皆彼の方に帰するのですと、此一語は余が胸を貫けり、是れ吾徒の事に関するを思へばなり、然れども強ひて平気を装ふて、それは御仕合でしたと言ひしもの、、実は座に居溜らぬほど苦悩せり、若し此船背山の有に帰し居たらんには、搭載の荷物は勿論、余が好友の二人も海底の藻屑となり了はれるなり、余は遂に事に托して此客を置き去りにして、輿を飛ばして陳白君の寓に至れり、
実に寒暖久濶の挨拶は閑時の贅沢物なり、余は陳君を見るや否や、直に胸中の疑惧を吐露せり、彼れ沈思少時にして愁色あり、曰ふ、君の疑義或は当れり、願くば共に菲島委員の処に至りて事情を探らんと、乃ち車を馳てワンチアヤに至り、委員長A、P君に会見を求む、君余等を導いて密談所に入る、主客鼎座して語なきこと多時、A君甚だ平生の快活に似ざるものあり、依て陳君先づ口を開きて、日本より電報は来らずやと問ふ、彼頭を掉《ふ》り舌鼓を鳴らして黙然たりしが、少時あつて答て曰く、昨一電あり、然も字句明瞭ならざるものあるが故に了解する能はず、但その大要を推断するに、吉事にあらずして凶報なるが如し、故に未だ敢て同志に示さゞるなりと、仍て始

めて余等の疑義を述べ、且つ此事あるが為めに、実否を質さんと欲して来り訪ひしことを言出でたるに、彼れ遽《あはただ》しく問を発して曰く、その船名は何と云ふや、答て曰く布引丸、彼立上りて卓子を打ち且つ叫べり、然り、さればソレに相違なしと、彼の眼にははや涙の露を宿せり、而して無言なり、皆沈黙せり、一座為めに寂々たり、既にして彼は再び口を開けり、曰く、なほ二個の分明ならざる文字あり、想ふに日本人の名ならんと、余乃ち問ふて曰く、これ高野、林の二君にあらずやと、彼れ手を拍つて曰く、然り是なり、此二人は溺死し、吾国人の水先案内者は助かれりとの意なるが如しと、終にせき来る涙を制し兼て、手巾を以て顔を掩ひ、歔欷《きよき》大息して謂て曰く、嗚呼皇天何ぞ吾党に幸せざることの甚しきや、吾れ任を受けて以来、○器購入の事に誤ること已に三回、失ふ所の資も亦甚だ尠からず、吾将た何の面目あつて大統領と国民に見えんや、唯自ら殺して以て罪を謝せんのみと、言容ともに悲痛を極む、而して爾余の委員等は未だ此事を知らざるなり、

此情形を目撃するもの誰か泣かざらん、況んや同じく其事に関せる余等に於てをや、又況んや同志二人の惨死を聞きし余に於てをや、陳君は漸く頭を擡げて彼を慰めんと試みたり、曰く、革命家の苦心の存する処、古今実に同一轍なり、何ぞ此一事を以て挫折すべけんや、君自ら一身の安を求めて死を取る、或は君に於て可なり、然も砲煙弾雨の間に立てる幾万の同志を奈何、今や君の一身は直に菲島の存敗に関す、豈に独

り速断して安に就く可けんやと、余も亦自ら励まして彼を激励せり、而して彼も少しく己れに返つて気を起し、終に諸事一日の熟考を費やして後ち決すべきことを明言せり、仍て余は此事を菲島の同志に報ずる勿れと注意し、陳君と共に別れを告て退出せり、

翌々日再び到り訪ふ、A、P君少しく生色あり、曰く、在港同志を集めて自己の進退及び将来の方針を計り、且つ併せて両君の意見をも述べて以て衆議に問ひたるに、皆急に再挙を謀るべしと云、両君及び両国の同志、乞ふ吾徒の為めに之を助けよと、余等の気も亦之が為に大に奮へり、而して其事も亦次第に進行せり、其終末遂に如何、嗚呼終末遂に如何、

布引丸は沈没せり、高野林の二君は殉難せり、抑も近藤、南万里以下の同志は如何の状をかなす、

菲島欧字新聞は伝へて云ふ、日本軍人六名、マニラに上陸して内地に進入せりと、流説に云ふ、六人の内二人は捕はれ、他は行衛不明なりと、既にして日本商人の菲島より帰り来るもの踵を接す、云ふ、商人中、日本軍人を隠匿するの嫌疑を以て米軍に捕はるもの頻々たり、已に獄中にあるもの幾人殆んど商売中止の有様なりと、皆声を潜めて秘密々々と私語し、耳より耳に伝はりて余の耳朶を貫けり、而も一の信拠すべきものなく、人をして徒らに神を労せしむ、此時雪令女史あらざるなり、駒子あらざ

るなり、只酒と政子女史のあるありて、僅かに余が心を慰め、駒子の夫田中君のあるありて、情を察して流説を取次ぎしのみ、

当時一日、田中君遽だしく余の室に来り告げて曰く、只今入港の船より南万里君の同行者一人帰りました、木内君と云ふ人です、卿の事は知つて居るが、マダお目に掛つた事はないと申します、シテ自分の事は卿に話さずに置けと申しますから、其お積りでゐて下さいと、彼は近藤君の部下にして、余も未見の人なり、余仍て名刺を出して、田中君をして之を彼に致さしめ、以て会見を求む、彼れ之を諾す、乃ち四層楼に上ぼりて其室に到り、唯問ふに馬尼剌《マニラ》の近状を以てす、彼れの返答は甚だ曖昧なりき、彼略ぼ余が初めより此事に関するを知れるが故に、言はざるもきまり悪しく、言へば信を失はんことを恐るゝなり、余また知らざる為して、南万里、近藤の消息を知らずやと問ふ、彼れ甚だ窮色あり、終に答へて曰く、知りませぬと、余辞して吾室に帰る、既にして田中君来る、問ふて曰く、如何でしたと、余敢て曰はず、夕ゞ酒肴を命じて運び来らしめ、又命じて木内君を導き至らしめ、杯を挙げて彼に属し、聊か遠遊の労を謝せんとするの微意を述ぶ、彼れ呑む能はざる旨を述べて之を辞す、余強ゆること再三、遂に受けて飲む、献酬数杯、彼れ忽ち微酔を催せり、而して余は自ら鯨飲して歌ひ、且つ大杯を挙げて彼に属す、彼興に乗じて快飲し、遂に陶然の境に入る、仍て人を退けて謂て曰く、余は君の義を守るの堅きに服す、此の如くにして始めて日本軍

人の鑑と謂ふ可きなり、想ふに君亦略ぼ余の此事に関係せるを知るならん、飛語流説を聞いて神を労すること幾日なるを知らず、願くば余が為めに同志の現状を漏らせと、彼は快然として遂に気を吐けり、其内地に進入せる時の情状より、大統領アキ《ママ》ナルド君の陣営に至るまでの歴程、実に眼前に見るが如くに説明せり、且つ曰く、近藤南万里の二君のみ大統領に面謁せり、彼此の間の事、僕等素より関知すべきにあらず、但今日僕の帰国を命ぜらるゝ所以は、〇器の急送を謀れとの一事のみ、此一事の為めに三人の帰国を命ぜらる、僕少しく其意を解する能はず、然れども隊長の命は従はざる可からず、故に発して帰国の途に就けり、発するに臨み、南万里君嘱するに〇翁、孫君に宛てたる書簡を以てす、但通路屢々捕獲の難に逢はんとせるを以て、後患を恐れて之を焼棄てたり、而して他の二人も亦遂に途中に於て別れたり、若し捕獲の禍に遭はざれば大幸なりと、余少しく心を安んずるを得たり、

然れどもなほ気に掛るは彼の語勢なり、彼は近藤、南万里に対して多少の不平を有するもの、如く、自ら疑義を挟んで謂て曰く、隊長の命は従はざる可からず、然れども〇器急送の事を言はしめんが為めに、同志三人を帰国せしむるは何の意ぞ、想ふに敬して以て遠くるの手段にあらざるかと、余百方慰撫して弁説すれども、其心甚だ氷解せざるものあるが如し、道理こそあれ、彼が途中にて焼棄てたりと云ふ書中には、貶謫《へんたく》の意を詳記しありて、彼実はその書を開封して窃見したるなりと、當時余未だ此

事あるを知らず、彼に托するに一書を以てし、背山に対して此人の不平ある旨を述べ、秘密漏洩の恐れあれば、宜しく慰撫して再用すべきを云へり、近藤、南万里の托書を窃見したる彼は、余が此書も窃見したるや疑ふべからず、滑稽と云ふべし、但その人深く自ら抑制して反激せず、遂に秘密を暴露するに至らざりしは、誠に以て徳とするに足る、

形勢急転

先是、湖南の同志畢永年君の書至る、云ふ哥老会の頭目数人を率ゐて香港に至らんとすと、陳君仍て余が内地に入るを止めて其来を待たしむ、一日陳君復た来り云ふ、今日哥老会の一行到着せり、而して畢君来らずと、仍て一書を出し示す、畢君その一行を陳君と余とに紹介せるものなり、書中略伝を附し、その人物を説明する所、簡明痛快、三国志水滸伝中の人を叙するが如し、乃ち先づ〇〇〇、〇〇の両肱《ママ》に面す、挙止風貌亦た古色あり、実に読書弁論の士と其趣を異にす、彼曰く、世運大に開て国情亦昔日と異れり、豈吾党独り旧態を固守すべけんや、吾徒の来つて諸君の教を乞はんとするは是が為なりと、略ぼ三合、興中、哥老の三会を合して一つとなし、孫君を推して統領となさんとするの意を漏らし、且つ曰く、今の世、外間の事情に通ぜずして、

漫りに竿を揚《ママ》げて立たんか、恐らくは不測の禍を百年の後に貽《のこ》さん、而して吾徒中能く外間の事情に通ずるものなし、仍て孫君に望を属する殊に深し、願くば畢君の至るを待つて共に此事を議せんと、嗚呼是れ余輩が多年の宿願なり、而して今却て彼等より来りて此議を提す、欣躍何ぞ堪へん、然れども是亦偶然にして玆に至るにあらず、南万里が前年の湖南遊その因をなし、畢君の尽力此縁を作たるなり、

然れども引導者の畢君は、嚢底欠落して独り止まつて上海にあり、乃ち陳君と議して阿堵物を送り、以て即来を催せり、

畢君来る、合同の議未だ開かず、而して師〇〇、劉〇〇二君も亦上海より来る、哥老会の股肱なり、然も人皆師君を疑ふて康派に内通せるものとなし、之を擯斥《ひんせき》して去らしめんとす、余為めに秘密の暴露せられんことを恐れ、利害を説いて、歓待して帰順せしむるに務めしむ、皆余が意を賛す、一日余陳君と彼等の寓所に至る、師君広東に往いて在らず、偶々帰り来りて顔色を変じて曰く、今日広東に飛報あり、長江一帯の吾党蜂起せりと、今諸頭目皆来りて此処にあり、而して末派の諸子此挙あるに至る、急に往て統治せずんば、恐らくは不測の禍を惹起せん、諸君止まる可くんば則ち止まれ、僕は末派の動乱を耳聞して閑居するに忍びざるなりと、燥急荷物をからげて周章の状をなす、一座為めに動く、或者は云ふ帰るべしと、或者は云ふ詳報の至るを待つ可しと、又或者は云ふ流説に過ぎざるべしと、甲論乙駁、殆んど底止する所を知らざ

る也、陳君余を顧みて措置を問ふ、余立つて一同に告げて曰く、僕を以て之を看るに、是れ或者の為にする所ありて流伝したる訛説なり、僕略ぼ其内容を窺視せり、若し真に其事あらんか、吾徒同志早く之を電達すべきなり、然らざるも領事館は必ず其報を受く、而も同志の人未だ此事を電達せず、領事館員も亦未だ此事を言はず、その真事実ならざるを察知すべし、諸君若し心安ぜざるものあらんか、僕乞ふ電を発して同志に照会せん、その返信によりて進退を決するも遅からざるにあらずや、且夫れ諸君の千里を遠しとせずして玆に来るもの、その胸中百年の大計を抱懐するものあるが為に非ずや、而して事未だ終らざるに、唯此一流説の為に心を動かさんとす、豪傑の行為となすべからざるに似たり、諸君願くは心を鎮めて再思せよ、而して若し猶安ぜざるものあれば、払塵して去れ、否らざれば止まつて余が返電の来るを待てと、師君慚色あり、黙して言はず、一同拍手して余が言を賛し、その返電の至るを待つに決す、余依て辞して寓に帰れり、

師君の此挙動は、戦国策士の筆法を演じたるなり、則ち康一派に結托して、彼等を孫派より奪ひ去らんとの下心なりき、故に余も亦策士を気取つて詭弁を弄したるなり、故に素より電を発することを為さず、翌日に至りて、殊に出鱈目の数字を紙片に記し、称して暗号電報なりとし、以て一同を欺いて心を安ぜしむ、於是皆師君を憎むこと甚し、云ふ彼を放逐せざれば議事を開く能はずと、余は師君を怒らしむるの不得策なる

を思ふが故に、意を含めて名を内地同志の管理に托し、陳君と議して資を給して帰らしむ、発するに臨んで余を訪ふて曰く、同志中僕の心事を疑ふものあるが如し、然れども僕の胸中孫康党なし、唯願くは力を合せて、一日も早く竿を掲んと欲するのみ、君願はくは僕の此意を諒せよと、余為めに離筵を設け、嚢底を叩いて小許の阿堵物を贈り、以てその心を慰めたり、彼れ是れより上海に赴き、唐才常君に一味して事を謀り、後捕はれて斬に処せらる、嗚呼人事豈に知り易からんや、

師君去つて人皆安色あり、乃ち合同の議開く、議に与るもの総て十二人、曰く哥老会〇〇山主〇〇〇君、同じく〇〇山主〇〇〇君、同じく〇〇山主〇〇〇君、同じく〇〇山主〇〇君、同じく〇〇の股肱〇〇〇君、同じく〇〇の股肱〇〇〇君、同じく〇〇の股肱〇〇〇君、三合会頭目〇〇〇君、同じく〇〇〇君、興中会領袖〇〇君、同じく〇〇〇君、同じく〇〇〇君、機既に熟す、議豈に長きを要せんや、即ち孫君を推して統領となし、会名を改めて〇〇堂〇〇会と称し、綱領三則を定め、鳩血を啜りて之を誓ひ、印章を作りて孫君に捧ぐ、実に是れ空前の快事なり、但余未だ其詳を言ふ能はざるを恨む、事他人の身上に関するを以てなり、

合同の議は成れり、仍て一夕一同を招いて宴を日本料理店に張る、来り列するもの以上十二人と外四人、合せて十六人なり、余予め料理店に命じて鯉の生作り一尾づゝを供へしむ、皆見て愕然たり、一人問ふて曰く、これ見るが為めに供せるか、抑も食

ふべきかと、余乃はち箸をもつて外皮を除け、肉を挟んで之を食ひ、以て皆吾に習ふべきを示す、皆凝視して俄かに箸を着けざるなり、余又謂て曰く、是れ我国の武士戦場に赴く時の礼法なり、今諸君三会を合して一つとなし、将に一挙して以て満虜を倒さんと欲す、豈に将に新戦場に向はんとする門出にあらずや、何ぞ僕に習ふて之を食はざると、皆箸を挙げて之を食ふ、魚躍つて皿外に逸するあり、快呼の声四隣に震ふ、既にして乾盃また急なり、一同忽ち陶然の興に入る、一客の曰く、日人の酒を飲む法如何と、余その杯を交換して親睦の意を表することを云ふ、彼れ余と其例に習はんことを求む、余之を諾す、彼れ二合入りの大盃を挙げて余に属す、余受けて之れを飲む、皆見て以て快なりとなし、争ひ飲んで余に属す、余受けて飲むこと三杯、腹中酒満ちて口を出でんとす、座を避けて別室に至り、頭を下ぐれば酒を吐くこと瀧の如し、則ち口辺を拭ひて席に復り、再び受けて之を飲む、飲むこと数盃、出でゝ別室に至りて吐き、復た返り来りて飲み、また出でて吐く、斯くの如きこと四回、終に十六人を敵手に飲み了れり、客は余が別室に至りて吐きしことを知らず、驚き恐れて李白以上の酒豪となす、此夜客中の酒豪を携へて日本館の青楼に上る、此処規約ありて支那人の客を取らず、而も女将余が為めに法を破りて歓待す、亦好知己なり、但余今に至りて遺憾あり、未だ能く酬いる能はず、窃かに以て憾となす、

既にして一行は方面を定めて帰途に就けり、乃ち道を三方に採り、一部は広東広西

に向ひ、一部は福建浙江に向ひ、一部は上海に向ふ、皆会中の同志に議決の結果を報告せんが為なり、而して余も亦遂に広東内地に入らず、陳君と共に日本に帰るに決す、孫君に面して事情を具陳し、且つ〇〇〇〇印章を捧げんが為めなり、

香港を出発する前一日、一少年の余を訪ひ来るものあり、年歯二十を超えず、風姿天女を見るが如し、一揖《いちいふ》して余が姓名さへ問はず、莞爾として名刺を出す、受けて之を見れば史賢《ママ》如と書しあり、素より未だ聞かざる人なり、謂て曰く、僕の家兄、今日或は来りて先生を訪はん、若し来らば、乞ふ僕を携へて日本に到るべきを言へ、委細の事は陳君より弁明すべしと、余その事由を知らずして之を諾す、既にして陳君来る、云ふ此少年甚だ意気あり、去て上海に到り、哥老会の同志に従つて両湖に遊ばんとす、然れどもその老母と家兄と之を許さず、但老母と家兄と、康の事によりて君の名を聞知し、其侠名を欣慕すること深し、故に史君その気に投じて甘く老母家兄を瞞着し、君に従ひ日本に遊ぶべきを名として許諾を得たり、仍て家兄来りて礼を君に述べんとす、予め君の含むところとならざれば、此謀忽ち破るゝに至らんを恐る、乞ふ君之を諒せよと、余史君の奇智に服し、問ふに主義精神を以てす、答へて曰く、僕は四海一家、人類平等の主義を奉ずるものなり、故に平生孫先生の高風を慕ひ、従ひてその抱懐を実行せんと欲す、而して未だ其の人の謦咳に接する能はず、頃者《このごろ》幸ひに陳君と相見るを得て、その所見の異らざるを験知し、身を捧げて以て斯事に従ふを誓ふ、偶々

また哥老、三合、興中諸会の合同せるを聞知し、欣躍措く所を知らず、去つて両湖に遊んで彼等の実情を調査し、その関係を親密ならしめ、以て他日の為めに素地を作らんことを擬す、但家兄僕と主義を同して意志甚だ弱く、未だ自ら進んで其所思を遂行するの勇なし、若し告ぐるに実を以てせんか、恐怖して敢て允《ゆる》さゞるを知る、故に先生の名を利用して許諾を得たるなり、事不孝不悌に当るが如くなりと雖も、亦是老母家兄の労神を避くる孝悌の一端なりと信ず、乞ふ先生之を允せと、

彼は如何にして如此理想を抱懐せるか、自ら曰ふ、吾は耶蘇教を奉ずるもの、故に原より独一主宰の真神を信ず、乃ち四海の民皆斯神の愛児なるを知る、是弱肉強食の現状を厭ふて、自由平等の大義を明にせんと欲する所以なりと、且つ彼れ自国の国弊を論じて革命の止む可からざるを説くや、実に確然たる論理の根底あり、その支那の現状を説くや、誠に能くその要緊に当れり、曰く、人を殺すものは罪まさに死に当るべし、人の心智を殺すものはその罪如何に大ならずや、現朝の所為は正に是なりと、又曰く、上の為す所既に然り、故に人の仕官を希ふもの、皆良民を愚にしてその膏血を絞るを希はざるなし、而して仕官の道は科挙にあり、支那に於て書を読むもの、治国平天下の志なく、貪慾非道を行はんが為にするもの滔々皆然り、源濁つて末清きものはあらじ、家国衰頽せざらんと欲するも得べけんやと、又曰く、人支那の改善を説くものあり、然れども是れ言ふべくして行ふ可からず、所謂真の改善を行はんと欲せ

ば、血を以て人心を洗滌するにあるのみ、然らずして改善を説く、是れ空談のみと、嗚呼彼は年二十に充たずして既に一家の成案を有し、確乎不抜の主張を有せるものなり、余はその理論の明確にして、その心がけの実行的なるに驚けり、彼や心既に決して両湖の遊をなさんとす、余更にその決意の強固なるに驚けり、乃ち共に肝胆を照らして将来を誓ふ、

此夜、余友人と野村酒楼に飲む、酒酣にして吟声起る、偶余が名を連呼して入り来るものあり、余見てその何人なるを弁ずる能はず、怪んで之を凝視す、而も尚ほ何人なるを知らざるなり、彼れ匆皇《さうくわう》靴を脱して上り来り、手を握つてどうぢや見知らぬかと云ふ、始めて南万里なるを知り得たり、彼その髪を断ち（彼曾て髪を貯へたり）髯を剃り、垢染みたる白衣を着け居る処、何処から見ても下等水夫なり、相見て茫然たること多時、傍人あるを以て敢て語らず、唯切りに杯を挙げて痛飲するのみ、夜深ふして共に青楼に上り、遂に酔倒して眠る、

翌朝早起、略ぼ菲島の事情を聞き、亦その九死一生の難関を逃れて帰り来りし状況を聞き、余も亦以後の情況を談じ、且つ事を以て日本に帰るべきを告げ、余に代つて広東内地に潜入すべきを議し、共に将来の方針を協定して旅宿に帰れり、

旅宿に到れば史君あり、陳君あり、既にして史君の家兄も亦来る、一見して温行篤実の君子なるを知る、余に対して慇懃に其弟に対する情誼を陳謝し、且つ其弟の一身

を托する旨を述べて更に疑ふ色なし、嗚呼余豈に心に病むところなからずや、然れども余や已に其弟と死生相許すもの、豈に小情を以て大義を枉《ま》ぐ可けんや、乃ち自ら励まして詐偽を助成せり、

船錨を抜いて上海に向ふや、史君は殆んど絶食の有様なりき、曾て遠航の経験なきが為なり、然れども些もその意気を落さず、筆を呵して余が羽織の裏に遺物の書画を残せり、嗚呼此時豈に能くその遺物なるを知らんや、船上海に着するに及んで、伴ふて上陸し、哥老会諸士の寓を叩いて、事情を陳して此好少年を托し、更に東亜同文会に至りて呑宇を訪ひ、又呑宇に誘れて日本酒店に到り、徹宵痛飲して船に帰れり、航行更に数日、船横浜に着して孫君の寓に入り、談は布引丸沈没の愁歎の幕より始まり、再挙の事に及べり、彼れ云ふ、再挙の準備は已に整へり、只政府の厳視あるが為めに持出すことを得ずと、乃ち少しく慰むべきものあるなり、而して余と陳君と齎《もたら》す所の報告は、また以て人意を強ふするに足るものなりき、於是余輩未だ絶望の人にあらず、寧ろ好望を有せる幸福の人たるなり、乃ち東京に回りて再び対陽館に入れり、

狼嘯は旧年の南斗星なり、暹羅事件以来嘗て相見るの機なし、当時来て余を対陽館に訪ふ、彼れ余を見て欣然微笑して曰く、なか〳〵やるなア、併し布引は残念であつた、僕もモ少の処でアノ船に乗るとこぢやツた、イヤ事情は硬石から聞いたのぢや、丁度熱病に取り附かれて居たもんだから助かつたと、洒々落々、さながら当年の南斗

星なり、余の意為めに安んず、彼また問を発して曰く、これから如何する積りじや、何か目論見をるやと、言何ぞ軽妙なる、余乃ち答て曰く、ミルの自由之理を支那に実行せんと欲するのみと、彼れ大笑して曰く、如何して実行する、大分資本が要るだらう、答へて曰く、完全を求むれば際限なし、銃千挺もあれば沢山なり、然も是亦容易の業にあらず、止むなくんば唯夫れ緑林の人たらんのみと、仍て哥老、三合会中の内容を略述す、彼れ手を拍つて曰く、貴様がそこまでの決心がありや、僕も一緒にやるぞ、但緑林に入ることは何時でも出来る、先づ方面を定めて資本作りを試みるに如かずと、余に示すに方案を以てし、また先容をなして中野徳次郎君と会見せしむ、君約するに五千金を以てす、是れ恵州事件実際運動の第一着歩となす、狼嘯是より留まつて対陽館に在り、対陽梁山泊是より振ふ、

当時孫君の意亦事を挙ぐるに決す、一日来りて髀肉を撫して曰く、菲島再挙の準備は已に整へり、而も前事によりて政府の厳視を受く、また何の日か送達し得るや知る可からず、故に当地の委員吾に允すに○器を利用することを以てす、大義に先後なし、吾輩当さに風雲を呼起して義軍を興し、以て宿昔の希望を遂行すべきなり、若し吾事にして成らんか、菲島の独立は翻掌の間に了すべきのみと、中野君の援助を誓ふに及んで、彼の意気前日に十倍せり、曰く、事は拙速にありと、是より経営奔走虚日なし、狼嘯また余を説いて曰く、福本日南は吾が同郷の先輩なり、彼年既に四十を越え、業

郵便はがき

料金受取人払

多摩局承認

491

差出有効期間
平成18年2月
11日まで

2068790

東京都多摩市唐木田
1-16-2

株式会社 新学社
近代浪漫派文庫 係

ふりがな		生年月日	明・大 昭・平 年 月 日
お名前		性別	男・女
メールアドレス			
ご職業		学校	
〒	□□□-□□□□ 電話番号（ ） -		
ご住所	都道府県		

■今後、新学社からの各種ご案内やアンケートのお願いをお送りしてもよろしいでしょうか　1．はい　2．いいえ

近代浪漫派文庫 9　愛読者カード

この度は「近代浪漫派文庫 9　宮崎滔天」をご購読いただきありがとうございます。今後の出版活動の参考にさせていただきますので、下記のアンケートにご協力下されば幸いです。なお、皆様方の個人情報は編集資料以外には使用いたしません。情報の訂正・削除については、小社宛ご連絡いただきますようお願い申し上げます。

（A）この本および近代浪漫派文庫を何でお知りになりましたか

1. 書店　　2. 新聞広告　　3. 雑誌広告（雑誌名　　　　　　　）
4. 書評、紹介記事をみて　　5. 人に教えられて
6. その他（　　　　　　　）

（B）お買い求めの動機は

1. 著者に興味、関心があるから　　2. 書評、紹介記事によって
3. 書店で実物を見て　　4. 人にすすめられて

（C）よく読まれる雑誌、新聞は何ですか

雑誌名：

新聞名：

（D）本書及び本文庫企画についての感想をお聞かせ下さい
（価格、組、装幀、著者、継続購読希望など何でもけっこうです）

（E）今後、どんな出版企画をお望みですか

●御希望の方に詳しい内容案内をお送りします。（B５判８頁）

1. 希望する　　　　2. 希望しない

（ご協力ありがとうございました）

に筆硯の事に従ふと雖も、想ふに是れその志に非ず、彼を誘ふて此事に加らしめ、以て死後の栄を担はしめては如何、彼れ亦多少の名声を有するもの、豈に此事に寸効なからずやと、余その意を賛して之を孫君に謀る、孫君亦その意を賛す、乃ち狼嘯と共に日南君を其寓に訪ひ、秘懐を吐露して賛成を求む、彼れ言下に快諾して曰く、それは好い死場所ぢや哩《わい》と、期許甚深し、また共に議して電を浦塩斯徳《ウラジホストツク》に発し、硬石を招く、前約あるを以てなり、

然れども当時皆嚢中空如たり、唯僅かに対陽館主の義気に頼りて衣食するのみ、世豈に貧乏ほど不経済なるものあらんや、懐中に銭あれば辻車にも乗るべし、以て供待とその食費を省くことを得べし、之れなきが為めに帳場車に乗じて奔走す、人は見て以て却て威勢よしとなし、聯隊組織をもつて来り攻め、牛飲馬食の客常に楼に満つ、乃ち諸費積もりて山の如し、対陽館主の心を労せし所以なり、世に借金ほど不都合なるものはあらじ、往て顔出せざれば逃意ありと疑て催促を発し、また人を遣はして迎へしむ、行けば飲み、飲めば嵩さむ、乃ち待合松栄を飲み潰したる所以なり、此間豈に多少の苦心なからむや、但左に留香女史の侍するあり、右に支那革命の経営あり、以て区々の苦を忘却して、勇気を奮つて精励せり、而して諸般の準備も亦漸く進行し来れり、

既にして硬石も帰り来り、その叔父の家に在りて書を以て余を招く、余車を馳せて

到り見え、秘懐を吐露して賛助を求めんとするや、彼れ遮り止めて曰く、聞くに及ばず、男児既に意気を以て相許す、豈に是非を問ふの要あらんや、君須らく吾が為すべきことを命ずべきのみと、実に一語万金の概あり、乃ち托するに部下の壮士を率ゐて孫君の軍を助けんことを以す、彼曰く好しと、一諾泰山よりも重し、余豈に感激せざらんや、是より共に対陽館に入り、日に頭脳をくだきて経策を講じ、硬石亦部下の壮士を招集して、暗に後日の準備に着手せり、

既にして呑宇亦漢口より帰り来る、同じく事に従はんが為なり、偶々軍費醵集の事蹉跌して意の如くなる能はず、相議して九州に下り、以て欠を補ふに決し、日南、硬石、狼嘯、呑宇と共に筑前に向ふ、居ること数十日、島田経一、硬石の二君甚だ周旋する所あり、仍て数千金を得て京に帰る、既にして南万里香港より帰り、近藤君亦菲島より帰り来る、於是対陽梁山泊の繁昌を極めたり、

対陽梁山泊の繁昌は当に然るべきなり、然れども人多ければ山さへ食ふ世の譬、況んや眇たる一旅宿をや、又況んや僅々幾千の軍資をや、辛ふじて若干金を醵集すれば、従つて之れを食ひ尽して、遂に軍用に資すべきなし、光明眼前に赫灼《かくしゃく》たれども、進んで捕獲すべからず、一同の苦心知る可きなり、依て孫君議を起して曰く、弥久曠日、大局に害ありて益あることなし、宜しく進んで背水の陣を張るべしと、衆議之に決す、

大挙南征

孫君先づ南万里をして香港に先発せしめ、以て一行の到るを待たしむ、一行総て六人なり、曰く孫君、曰く鄭君、曰く陳君、曰く呑宇、曰く硬石、及び余是れなり、而して日南近藤の二君は、事情によりて一船後るゝことゝなり、島田狼嘯の二君は留まりて筑前にあり、孫君計画する所の準備整ふに及んで、部下を率ゐて来り投ずるに決す、

行期愈々決して征途に上らんとするや、第一余が心を悩しめたるものは留香女史なり、彼れ余が寓に来り侍すること数月、与ふる所の阿堵物チリ紙の料にも充たず、而して余其境遇の実に憐むべきもののあるを察知せりと雖、軍資を割て婦女に給するは男児の能せざる所、而して胸中の秘懐も亦原より言明すべきにあらず、義理情愛のしがらみ、実に人をして心を痛めしむ、乃ち偽りて九州に行くと称し、相別れて横浜に到り、日本丸に搭じて香港に向ふ、夢寐《むび》の間と雖も敢て忘るゝ能はず、船長崎を距るに及んで、筆を採り一書を認め以て香港に向ふことを告げ、船上海に着するに及んで之を郵送し、以て少しく自ら慰るを得たり、余や十年糟糠の妻あり、而していぢらしき三児あり、亦八十に近き老母あり、而して此是を思はずして却て情を彼に注ぐ、是を何とか言はんや、

余は此行の生て還るを期せざりき、故に一たび故郷に帰りて母上に拝別し、妻子にも亦暗に別離の意を致さんと思ひしこと一再のみならず、而して遂に之をなさゞりき、人は見て以て呑気漢となせども、実は余が心の弱きなり、余は心既に死を決して、八十に近き老母の顔を見るの勇なかりき、余は一家既に零落し尽し、妻子を挙て其妻の郷に托せる境にありながら、往て其情況を睹《み》て以て永訣の意を致すの勇なかりき、臆病者の行為、往々にして大胆者に均しきものあるは則ち是なり、余や気鬱すれば酒を呼び、情窮して留香に頼る、豈に英雄の行為と謂ふ可けんや、然り酒は余が唯一の清涼剤にして、留香は余が無二の慰藉者なりき、

然り、余が船室内には、留香女史の写真を装置せり、仏人のボーイ見て何人ぞと問ふ、答て曰く情婦なりと、是より毎朝掃除の時間に甲板に出で、帰り来つて室内に入れば、彼れその写真を倒まに立て、余を揶揄せり、彼れ夫れ何の寓意かある、余之を知らず、但し余が愛情は実に倒まに動つゝありしなり、

然れども余は恋の為めに幸福なることを得ざりき、所謂恋の連続なるものに付て疑義を有すればなり、故にまた恋の奴隷たることを得ざりき、於是余は無形の道理に帰らざる可からず、則ち主義主張の上に安んぜざるべからず、現にその主義主張を逐ふて征途に上れり、須らく心気濶開せざる可からず、而も胸中一点の闇雲を留めて、時々煩悩苦吟の状を禁ずる能はざるは何ぞや、余に三児あり、病妻あり老母あり、一

種の情愛と自然的義務の情念の潜伏せるものあり、恋も酒も、以て此情念を胡魔化し去に足ざるなり、唯船中時に秘密会を催し、前途の方針を議定する一刹那や、万事を忘却して、天空海濶の気に充さるゝを覚ふ、余が心や未だ灰ならずと謂ふべし、
然り、船中は是れ好箇の秘密会議所なりき、警吏は居らず、探偵は尾行せず、たゞ警視庁員の同船せるものあれども、是れ亦一種風変りの官員にして、余と呑宇とがトランプの好敵手にして、更に気を揉むに足らざるものなり、孫君は将に執らんとする一般方略を指示せり、曰く、吾は保安条例の期限内にて香港に留まる能はず、故に先づ西貢《サイゴン》に直行して茲に日南の来るを待ち合せ、その到るに及んで新嘉坡《シンガポール》に向ふべし、而して硬石、呑宇と余の三人は、先づ香港に上陸して云々の事を行ひ、事了つて直ちに新嘉坡に向ひ、同処に落ち逢ふて一般の情況を視察し、其上にて議を開きて以後の方針を一定せん、要するに多額の軍資を醵集するの見込あれば、暫らく留つて其事に従ひ、無ければ即ち引返して広東内地に進入すべしと、是れその大要なりき、当時余も一策を献ぜり、曰く、此際康有為と握手して共に協力事に従ふべしと、当時康の新嘉坡に在るを知ればなり、孫君又此意を賛し、一行も亦大同団結の必要を説いて此議を賛す、

先是余等猶ほ対陽館にあるの時、狼嘯一日余に謂て曰く、謀叛をやる時にはその手分けを如何すると、余答へて曰く、日本勢にては日南を総領となし、硬石を監軍とし

ては如何と、彼れ曰く真に其心ありや、余曰く然り、狼嘯手を拍て曰く、君に此心あれば以て成すべきなりと、孫君も亦船中に於て此事を余に諮る、謂て曰く、君当さに日本人中の総領たるべしと、余その狼嘯に答ふる処を以て彼に答ふ、彼れ強ひて允かず、余曰く、余は少なくとも主義の上に安ずるを得るものなり、然れども主義に死せざるものも名の為めに死するを得べし、宜しく年長老熟の日南君と、少壮気鋭なる硬石君をして名誉の冠を被らしむべしと、孫君之を諾す、余が言や少しく日南硬石の二君に対して礼を失するに似たり、然れども余は当時実に斯の如く思考したるなり、彼夫れ船は香港に着せり、一艘の支那○艦は、孫君を迎へんが為めに待ち居たり、彼夫れ胡為《なんすれ》ぞ孫君を迎へんとする、孫君は之に応ぜずして、硬石、呑宇及余の三人をして代り至らしむ、彼夫れ何ぞ自ら到らざりしか、余等また彼れに代つて何事をか弁ぜんとする、

余は呑宇硬石の二君と共に支那○艦に乗り込めり、案内者としては、日清の戦役に北洋艦隊の驍将として知られたる○○○君あり、また○君の子息○○○君あり、僅かに余が破調の英語をもつて雑談を試みるのみ、而して余等三人は時々顔見合せて微笑を漏らし、また時に放言大語して将来の事を議し、行く〳〵地形を案じて広東省城に着し、某大紳の邸に忍入しは夜の十時頃なりき、

主人の○○○君は出で来りて応対せり、○○○君は通弁の労を採れり、余は一生一

代の弁舌を破調の英語もて揮ひ、意達せざる時は筆を執つて之れを補ひ、頼て以て辛ふじて主人を首肯せしめぬ、説くところ何事ぞ、余が熱肝《ママ》を絞りて三寸の舌を掉《うご》かし、一枝の筆を走らする間に、呑宇は笑を忍びて歯を噛みしばり、硬石は遂に団扇を上げてその顔を掩へり、胡為ぞ然るや、既にして夜宴は開かれたり、且つ飲み且つ食ひ、而して且つ語る間に○艦は再び準備せらる、乃ち夜陰に乗じて辞して香港に向へり、正に午前三時なり、船香港港口に入らんとする時、孫君の船は既に錨を揚げて西貢に向ひつゝあり、帽を振りて叫べども応ぜず、止なく頭を回らして埠頭に進み、上陸して東洋館に入れり、此一段の事は少く小説的なり、但事他人の天機に関聯するものあり、故に今之を言ふ能はざるを恨む、

香港には南万里あり、陳君あり、また旧友玉水常吉君暹羅行の途次留まつて東洋館にあり、余を見て謂て曰く、旅用尽きて進退谷《きは》まれる処なり、何か面白き企てはなきやと、君は曾て大井憲太郎君等に一味して、所謂朝鮮事件なるものに加担したるもの、即ち謀叛の道に於て余等の先輩なり、且つ彼れ常に自ら驕つて曰く、吾は○○弾製造に巧みなりと、余仍て彼に答へて曰く、近日或は面白事あるやも知れず、兎に角暹羅日本を棄てゝ、共に支那内地に入らうではないか、君若し心あらば、暫らく此処に留まりて余が新嘉坡より帰り来るを待てと、彼れ欣然答へて曰く、されば無理窟で待つとしやうと、是れ玉水君同盟に加はるの起因なり、余等香港に淹留すること三日、孫君

命ずる所の事を了せるを以て、硬石呑宇二君と共に新嘉坡に向へり、時に北清拳匪《けんぴ》の乱漸く喧しく、各国将に兵を進めんとする頃なりき、共に固唾を呑んで曰く、面白くなつて来たぞ、

新嘉坡に着して松尾旅館に投じ、孫日南君の一行を待つ、此地元と日人の知友なしと雖も、余が相識康有為君は玆に潜居せり、而してその一派と聯結するはまた此行の一希望なりき、故に余は先づ康君に面して先容をなさんと欲し、その股肱と聞き及びける邱君なるものを訪ひ、以て康君へ面会の手続を依頼せり、彼れ快諾して曰く、僕自らその手続を了し、面会の期日は後刻之を報ずべしと、余はその厚情を謝して辞し去り、旅館にありて其通知を待てり、偶々日人北村君なる者来つて余を訪ふ、此人曾て香港に於て面識あり、云ふ近頃来つて康派機関新聞に筆を執ると、既にして声を低うして謂て曰く、近頃道路説を伝ふるものあり、康の刺客日本を発して此地に向へりと、而して彼等一派の人士中、窃かに君等を以て之に擬するものあるが如し、支那人の猜疑心も亦甚だしからずやと、彼れ能く余と康との因縁を知るが故に、素より此風説を聞いて之を信ずるものにあらず、但その出所に疑ひ惑へるもの、如し、余笑つて曰く、此事ある可けんや、是れ或は君の誤聞ならんのみと、彼亦深く怪まず、話頭漸く他事に転じ、酒杯傾け尽して辞し去れり、

翌日、康門の人湯生なるもの来り訪ふ、一書を出し示して曰く、康先生の現状此の

如し、足下若し要件あらば之を僕に告げよ、僕当に之を康先生に伝達すべきなりと、余その示す所の書を一見するに、是れ余が面会を申込みたるに就きて、康、書を萠君に与へてその意を通ずるものなり、その文意左の如し、

滔天君は僕の恩人である、今来つて此地に在ることを聞き、実に逢ひたくてたまらない、即ち早速政庁に願ひ出で、面会の手続をするが、併し御承知の通り政庁の保護が厳に過ぎて殆ど牢獄に在るが如き境遇なれば、果して相見るを得るや否や、それが判明せぬ、若し不幸にして相見ることが出来なかつたら、君乞ふ僕に代つて百金を送り、以て之に贐《はなむけ》せよ、而して滔天君の僕に対する要件は、願くば門生湯生をして之を聴取せしめ、以て僕に伝達せしめよ、湯生は僕の殊に信任するものなれば、如何なる秘密の事も遠慮に及ばぬ、云々、

余は思へり、英国政庁如何にその保護を厳にするも、若し康にして相見んことを求めば、之を拒むべきことなかるべし、而も其手続さへ了せざるに、既に萠生に嘱して饌《ママ》別云々の言をなす、是れ敬遠の手段を採るものにあらざるか、或は北村君言ふ所の刺客問題を重視し、是を我等に疑擬するにあらざるかと、懐疑は悪感の母なり、然して悪感は離隔の始なり、余は少しく激して彼に答へたり、曰く、願くば吾が為めに康君に告げよ、君は道路の風説を聞いて余を疑ふものにあらざるか、若し然らば吾より進んで面会を断念せん、贈らんとする百金の如き、吾豈に之を受くるの理あらんや、

吾は自由の身、而して君は亡命の人、吾が来つて君を見んとするは、黄白を乞はんが為めにあらず、却て之を君に与へてその悲境を慰め、且つ大に将来の事を謀らんが為なりと、湯生余の怒れるを察して、為めに弁解の労を採らんとす、余聴かず、乃ち愁然として辞し去る、

翌日、北村君再び来り訪ふ曰く、前日言ふ所の刺客の問題、今康派中の一大問題となり居るが如し、而して君等を以て之に擬するや已に明白なる事実となれりと、仍て其次第を語りて曰く、大島君なる人あり、康一派の人士と親善なり、昨彼れ事ありて鄙君を訪ふ、偶々康派の有志卓を囲んで刺客問題を議し、また康をして君に面接せしむるの利害を討議せる所なりしと、彼等の意に以為《おもへ》らく、君と康との因縁は天下の人略ぼ之を知る、然るに康君今此人を却けて面会せざらんか、恐らくは康君を以て情義を知らざる者となし、為めに其名声を失墜せしむるの虞《おそれ》あらん、若し面会せんか、其身或は危からん、是れ実に彼等が判断に迷ふ所なり、乃ち大島君之が為めに怒つて其妄を弁じ、且つ日人の為めに万丈の気焔を吐けりと、聞き了つて余も亦大に之を怒れり、即ち一書を草して康君に送れり、

南海先生足下、仄に聞く先生頃ろ友人の電を接受す、電中日本の刺客横浜を発して新嘉坡に向ふ云々の語あり、而して先生及先生の同志某々等、電中の刺客を以て弟及硬石呑宇の両友に擬し、先生をして陰《ひそ》かに会見を避けしむと、弟之を聞て一たび

は失笑し、また一たびは疑惑す、弟自ら以為らく、先生と弟の交情尋常にあらずと、初め此風説を聞いて失笑せる所以なり、然れども曩《さき》に湯君の言ふ所に因りて之を察するに、自ら一片の疑惑を挟む者あるに似たり、乃ち大に惑て且つ疑ふ所以なり、我日本曾て一狂生あり、刀を俄国皇帝に加ふ、また一狂生あり李中堂を狙撃す、若夫国人にして国人を屠るものに至ては、勝て数ふ可からず、我国実に此等の狂漢に饒《と》む、是れ世人の遍く知る所なり、然り而して異郷亡命の志士、来りて生を此狂漢国に托するもの日に滋きは何ぞや、また此等狂漢未だ曾て刀を亡命托生の士に加へざるは何ぞや、想ふに我国の士道頽へたりと雖も、猶ほ一分の俠を存す、嗚呼俠乎々々、是我国人の崇むる所のものにして、而して亦弟等の私かに自負する所のものなり、弟先生と義を国難の際に結ぶの故事、今何ぞ之を説かんや、但今の時局に当り、一片の深憂と満胸の経綸とを懐いて、来りて知己を千里の外に訪ふ、何ぞ測らん昨の知己は今の知己にあらず、而も却て冠するに一大恥辱の名を以てせられんとは、世事の表裏、人情の反覆、夢の如く幻の如し、実に人をして驚倒せしめんとす、同友日南も亦来りて先生を見んと欲し、已に香港を発して現に航旅中にあり、到る日此の事を聞かば、果して如何の感をかなさん、嗚呼已《やん》ぬる哉、吾曹また誰と共に興亜の大事を講ぜん、謹んで一書を裁し、以て善く皇帝の知遇に泣いて、而して友人の義誼を解せざるの人に致し、以て訣別の意を表す、幸に自愛せよ、刺客問題に対して怒るもの豈に余のみならんや、呑宇も硬石も之を怒れり、而して少しく失望せり、以為らく彼れ狭量大事を謀るに足らずと、私に爾後の動作を注視せり、

先是、余等一行の新嘉坡に着せる後一日、硬石突如として独り帰国せんと言出でぬ、余怪んで其故を問へば、唯帰国したきが故に帰国するのだ、別に理由あるにあらずと答ふ、已に理由なくして帰国すと云ふ、原より千百の理窟も要なきなり、然れども余等元是生死同契の友、而して猶且つ孫日南の到着を待つて前途の方針を一定せんとす、理由なくして帰国するとは余に無理由なり、而も無理由に敵する理窟あらじ、故に余は願ふが如くに彼に懇請せり、せめて孫日南の到着するまで留らずやと、彼もその無理由の理由を枉《まげ》て之を容れたり、既にして日本行の船は復た来れり、而して孫日南の一行も、三日後に到着すべき日取りとなれり、此時硬石はまたもや突如として帰国すべきを言ひ出でたり、その断乎たる意気到底止む可くもあらず、仍て敢て強請せずして別を告げたり、彼れ発するに臨んで謂て曰く、吾昨夜奇夢を見たりと、仍てその夢を説いて曰く、吾等同志相携へて旅途に上らんとする景なり、乃ち吾れ先づ馬車に乗りたるに、馬驚いて疾走し、終に吾れ独りその当に到るべき所に至れり、而して君等皆振り残されて道途に困憊し、辛じて後れ至りし夢なりきと、即ち愛媛お鷹女史と共に馬車に乗じて埠頭に去れり、何ぞ測らん斯夢讖《しむ》をなさんとは、

新架坡《シンガポール》の入獄

余と呑宇とは、硬石の出で行くを送つて玄関に至り、部屋に帰り来りて、珍らしくも取乱したる書類荷物を取片付け、自ら箒を採りて掃き清め、これにて薩張りしたと、呑宇は早くも下女に命じてビールを冷さしめ、遠く慮つて予め晩酌の謀をなし、またボーイ吉村君を招て碁を囲めり、余や飲むことに於て敢て呑宇に譲らずと雖も、囲碁の一段に至ては犬に星なり、乃ちその傍らの椅子に腰掛け、琵琶を弾じて当座の無聊を慰め居たり、時に一支那苦力のツカツカと入り来るものあり、余が傍らに立つて問ふて曰く、クンキーとは先生の名にあらずやと、余然りと答ふ、彼即ち首肯き去る、故に既にして靴音の響聞ゆ、此処階上靴を用ゆるを禁ず、而して今始めて之を聞く、故に怪み首を延ばして廊下を眺むるに、体軀長大なる一洋人の中腰になつて来るものあるを看る、之を凝視すれば警官なり、一歩一歩進み来りて部屋の入口に至り、忽ちヌッと立ち上り、余を見掛け、右手を揚げてピストルを擬し、静かにせと大喝せり、此刹那、余は何の考慮を費やすの遑なくしてツ、立ち上り、何事ぞと怒鳴りて其前に立塞がれば、彼は早くもピストルを納めて余が手を捕へ、他の一人亦走り来りて片手を捕へ、廊下へ引き出して余が全身を撫で廻せり、蓋し兇器を蔵せるや否やを検せるなり、余や短き浴衣に三尺一筋のみ、褌さへ占めぬ身の如何でか兇器を蔵せんや、彼等はヨシヨシと私語きつゝ余を元の席に返らしめ、ドカ〳〵と上り来りし五六の警官と共に余等の室内に進入し、その内二人は余と相対して椅子に腰打掛けたり、此時には余既に事の刺客問題に係ることを覚知せり、

然れども余は先づ問を発せり、君は人を見誤るにあらざるかと、その一人拘引状を出し示して曰く、君はこれならんと、余答へて曰く然り、而して呑宇は此時猶ほ碁局に勝敗を争へり、乃ちその一人彼を指して誰ぞと問ふ、余告ぐるに呑宇の実名を以てす、彼等拘引状と対照して、然り〳〵と云ひつゝ立ち上り、呑宇を捕へて身体を撫で廻はし、ヨシ〳〵と云ふて其処に座らしめ、また椅子に返りて拘引状を余に示し、以て硬石、南万里の所在を問ふ、余硬石の今朝帰国の途に就けることを告げ、南万里の香港にあることを答へたるに、彼等少しく気抜けの気味あり、相顧みてどうもをかしいと私語《ささや》き合へり、

既にしてその一人は紙と鉛筆とを取り出し、余に向つて質問を始め、問に応じて答ふる所を筆記せり、質問の条目は、第一余等来港の目的、第二に康有為との関係因縁、第三には来港以来康に面会せんとしたる手続順序なりき、

余は流石に来港の目的を言明するの勇なかりき、否こは死するも云ふべき事にあらざるなり、故にタダ周遊の途上にして、観光訪友の為めに滞留せりと答へたり、而し

て第二第三の質問に対しては、余が康と香港に相識れる因縁を説き、且つ具《つぶ》さに来港以来の経過を告げ、進んで康が余等を以て刺客に擬し、窃かに避けて会見せざらんとするの風説を耳にしたることを語り、遂に康に与へたる訣別の書の原稿を出し示せり、一場の審問、殆んど二時間の長きに亘りしが、その間些の疑を容るべき所なければ、彼等は却て張合気なきもの丶如く、切りにをかし〳〵と私語けり、

一応の審問終りて手荷物の検視は始められぬ、而して二口《ふり》の日本刀を見出せし時、彼等の意気は頓に揚がれり、曰く、胡為《なんすれ》ぞ兇器を携ふるやと、余は此一時遽かに国粋家となれり、曰く、日本刀は日本人の生命なり、猶ほ耶蘇教家の十字架を帯ぶるが如しと、彼等亦敢て追窮せず、一々点検して終に紙幣入に及ぶ、余等当時携ふる所約三万金、見て愕然たり、乃ち私語して曰く、これが怪しきものなりと、詳かに其数を検して再び之を革包に納め、復た椅子に返りて謂て曰く、政庁の命なれば是非なし、今より両君を拘引せざる可からず、酒飯意に任せて可なりと、余等乃ち浴を取り、前に呑宇が命じて冷さしめたる麦酒を呼びて痛飲し、彼等にも数杯を与へて寛々と晩餐を喫了し、衣を更めて命を待てり、彼等先づ余等の荷物一切を持ち運び、既にして余等を警護して一室を出でしむ、乃ち隙を窺ふてボーイ吉村君に嘱して曰く、明後日入港の仏国郵船にて日南なるもの来る筈なり、願くばその上陸せざるに先つて状景を告げ、宜しく他処に去るべきを伝言せよと、階を降りて玄関に出づれば、二輌の馬車あり、

一は呑宇の為めに備へ、一つは余の為に備るものなり、一警吏先づ乗りて余を招く、余従ひ乗じて他の一警吏また之に入る、偶々女の声あり、曰ふ、卿どこに行きますか、妾も一緒に伴れて行きまツせヱと、一顧すればお村女史なり、答へて牢屋へ行きおるばいと言へば、冗談ばツかり……と言ひ掛けて俄に心づきしが如く、アラまアーどうしましたか……と驚き叫ぶその声を後に残して、馬は蹄を鳴らして駆け出したり、

お村女史とは、余が暹羅に於ける旧知己なり、余の同所にありて虎列刺《コレラ》病に罹るや、死生を誓ひし農夫さへ逃避して来り訪はざりしに、彼は女性の身を以て見舞呉れたる程の厚意ものなり、一別五六星霜の久、未だ曾て相見るの機なく、偶々此時新嘉坡に於て廻はり逢へり、而して情意未だ舒べ尽さずして此事あり、彼れそれ如何なる感をかなすらん、旅館の主人主婦は余等を何んと見つらん、娘のきいちやんは如何に思ふらんと、殆んど我身の向ふ処を忘れて、人の心をのみ案じられける間に、馬車は何時しか警察の門前に到着せり、

数人の巡査に導かれて薄闇き廊下を通り、鉄板の扉を開いて横長き一室に案内され、呑宇と板張の上に胡座して顔見合せたる時は、実に一種言ふべからざるの感ありき、既にして旅館の主人主婦は、従僕と共に来り訪ひ、蒲団、ラムネ、麵麭《パン》の類を差入れて帰れり、余と呑宇とは、厚き情けの柔かなる蒲団に横臥して、暫し談話する処ありしが、彼は何時しか眠に入りて、鼾声雷の如し、而して余は独り彼を思ひ此を想ふて

眠る能はず、終に心を留香女史の身上に運びて、スヤ〳〵と淋しき夢を結びぬ、耳朶を貫ぬく一声に、不図目を醒まし頭を擡げて起き上れば、是れより監獄へ伴れ行くとのことなり、即ち衣服を整へて門外に出で、再び馬車に載られて監獄に送られたり、

監獄は二重壁にて固らる、馬車先づ門外に至りて駐まり、余等こゝにて下車せしめらる、一警吏小門より入り、門番をして正門を開かしむ、余等従ひ入れば、四名の兵士は銃剣を捧げて門内の南側に整立し居れり、二人の警吏余が先に立ち行き、背後よりは件の兵士二人従ひ来るなり、而して呑宇はまた数間を距てゝ式の如くにして来りつゝあり、その様や正しく殺人犯扱ひなり、内門を這入つて牢獄の入口に到着すれば、こゝに看守長の控室あり、余等此処に駐めらる、看守長は先づ警察の送状に照して一切の事項を帳簿に認め、更に余等の身辺に帯ぶるものを検して、羽織のひもに至るまで之を押収せり、曰く首をくゝるの恐れあるが故なりと、而も帯を奪はざりしは奇怪なりき、

以上の手数了はるや、余等はまた他の一室に送られぬ、強盗でも仕兼まじき面体の一黒人は、ペンを採りて椅子に倚り、他の一人をして余等の身の丈を測らしめ、更に体量を度《はか》らして之を帳簿に控へ、また親しく全身を細査して、腫痕、黒子に至るまで一々書留めたり、

右終りて漸く余等の仮住すべき一室に導かれぬ、室の広さは十二畳敷もあるべく、下は悉く煉瓦敷にして、両隅に各一脚の寝台を備へ、その上に一枚の草莚と一枚の毛布を備へ、その傍らに石炭箱大の板箱あり、衣替などを入れ、又た椅子の代用となすなり、而して室内の一隅に大小便桶あり、一隅に小水桶あり、水は洗用と飲用とを兼ぬるものなり、室の戸扉は厚木を鉄板にて張り、中央に拳大の穴あり、警吏時々来りて之より窺くなり、而してその開閉の響は、胆にこたえて最と凄し、

家はもとより煉瓦作りの建物なれば、室の三面皆煉瓦壁にして、天井の高きこと約五間、その頂上の一面に方二尺計の鉄窓あり、以て空気の流通と明を取るの用となす、寝台に座して仰ぎ見れば、さながら井中より天を望むが如く、不愉快実に言ふ可からず、余は呑宇を顧みて覚へず苦笑を漏らせり、呑宇曰ふ、日本の牢屋に較ぶれば客間にあるが如しと、彼れ郷国にあるの時、酒に酔ふて活劇を演じ、為に二日の拘留を喰ひしことありと、乃ち知る呑宇は斯道の先覚なるを、

余や元国法万能主義の信者にあらず、否、寧ろ自ら鉄窓の苦、断頭の禍を予期したることさへあり、而も自ら意外の時に於て、此の不測の厄に逢ふ、殊に不快の感なくんばあらず、況んや未だ曾て斯の経験を有せざる余に於てをや、然れども心を鎮めて事の玆に至りし由縁を探窮すれば、またその素因なきにあらず、故に余深く康を咎めず、また甚だ英官の措置を憤らず、唯窃かに康君の不粋なるを惜み、我事の余りに風

流に過ぎたるを悔みしのみ、

然りと雖も、頭脳に覚悟して心裡に安ぜざるは凡夫の常なり、余や入獄のその時より、ハヤ判りもせぬ出獄の期を待ち遠く感じたり、呑宇も亦曰く、気長くもたぬと退屈するぞ、併し二人を同監せしめたるはセメテもの幸なりと、偶々囂《がう》然たる響もろとも扉は開かれぬ、同時に顕はれ出でたるは厳めしき一警吏なりき、彼は少時余等二人を凝視し居たりけるが、俄かに無情なる大音を張上げて看守長を呼び、更に酷薄なる音声を絞りて、両人を同監せしむるの不可なるを戒め、直に別居せしむべきを命ず、仍て各々引立てられて別監に投ぜられ、互の咳払さへ聞こへぬ所に移されたり、於是、せめてもの幸と思ひし事も一瞬の夢となり、愈々鉄窓の下に孤囚独嘯の客とはなりぬ、

六日間の牢獄住ゐは固より短かし、然も余に於ては実に千百日の長きを感じたり、初日は日曜なりし故に審問なく、正午十二時の号令と共に運動場へと送られたり、運動場には馬来人《マレー》、支那人、印度人の未決囚等四五十人と雑居なれども、日本人は余一人のみ、呑宇とは運動場さへも区別されたればなり、語に曰く船を同ふすれば仇敵も亦相扶くと、実に同囚間の同情はまた自から別物なり、彼等の中には殺人犯あり、放火犯あり、強盗犯あり、窃盗犯あり、殴打犯あり、賭博犯あり、世に所謂悪徒の集合所なり、然も鉄壁の中には放火強盗なく、悪徒同志の中には悪徒なるものあらざるなり、則ち彼等は社会外に於ける同一社会の人民にして、家制外に於ける一家の同胞な

り、その挙動談話、修飾なく隠抱せず、人殺したることや放火したること、強姦したることや強盗したることを、何の臆面もなく語り合ふところ、実に恐るべきが如くにして却て淡如愛すべきを見る、然り、世に大聖の見難きが如く、余未だ曾て大悪なるものを見ず、余や彼等の間に於る疑問物なりき、或者は云ふ殺人犯ならんと、殺人犯は彼等仲間の尊称なり、或者は云ふ謀叛人ならんと、孰《いづれ》も敬語ならざるはなし、是に於て余は同囚中に雄視せり、況や恩を売るに物あるをや、

此日二時頃差入物来る、命によりて監房に入りて之を開けば、握飯と魚類肉類の煮付あり、之を食ふ、軈《やが》て看守長また煙草、菓子、ラムネの類を携へ来る、云ふ他の囚人には此の如き差入物を允さゞれども、君等が日本の大紳なるを聞いて、殊に之を黙許するのみと、更に滑稽なる顔容をなし、手を挙げて指頭にて○を作りて曰く、君は大金を携へ居るさうだと、言ひ了つて匇々出で行けり、鬼の如かりし彼は、今や一転瞬の間に変じて地蔵の如き愛嬌ものとなれり、胡為ぞ然るや、扉外には、旅館の女将が看守長と喃々の声ぞ聞えり、さては読めたり、皆女将の方寸より出でし効験なるを、既にして看守長は復た来れり、云ふ食ひ了りたらば第二号に送らんと、呑宇を意味するなり、余乃ちその厚意を謝し、且曰く、君の厚意斯の如し、出獄の上は以て大に酬ゆる所あるべしと、彼喜色を湛へて曰く、注文の品は悉く吾れに告げよ、吾れ君の為に旅館の女将に伝達すべしと、仍て書籍、鉛筆、紙等を注文す、乃ち余は獄中の紳と

なれり、
シガーを燻らして運動場に至れば、数多の同囚人掌を合せて煙草を懇請す、乃ち先づ見張りの押丁《あふてい》に与ふるにシガーを以てし、而して後同囚の友に与ふるにシガレット一本宛を以てす、是に於て余は獄中の覇王たり、否寧ろ徳望ある大統領なりき、
午後四時の号令と共に復た監中に入れらる、五時頃となれば、昼暗ふして書を読むべからず、差入物の晩餐を喫し了りて煙草を吹き、寝台に胡座して無念の工夫を行ふ、遂に無念の念に駆られ、神労れて而して眠る、翌朝六時、看守に呼び起されて運動場に出で、十時に至りて監中に拘禁され、十二時再び運動場に出で、四時には復た監中に拘禁せらる、則ち一昼夜に八時間を運動時間となし、爾余の十六時間を拘禁時間となす、但拘禁時間中には、横臥、睡眠、読書その意に任すと雖も、五時以後は灯明なくして読書すべからず、而して朝六時までは如何なる寝坊も眠る能はざるが故に、強ひて坐禅工夫の法に習へども、却て妄念妄想に駆られて神労の苦を感ずれば、果ては留香女史の事に気をまぎらし、頼て以て心の迫まるを避け得たり、彼女の徳も亦大なる哉、
此日終に審問なし、夜に入りて囚人放歌の声蟬の噪ぐに似たり、押丁一喝すれば一時に歇《や》み、又数分を出でずして旧の蟬噪に復る、呑気なる哉、彼等の中には自ら死刑ならんと言ひ居るものあり、終身懲役を自信し居るものあり、而して敢て意に介せざ

ること斯くの如し、大胆か将た無神経か、余は唯だその呑気を羨やむの念切なりき、抑も此日来着すべき孫日南の一行は如何にせしぞ、

第三日、此朝六時前、看守長扉を開きて檻中に入り来り、語を低ふして云ふ、君今吾に従ひ来りて水浴を取れ、其処にて君の友人に面晤せしむべしと、到れば裸体の呑宇は井端に水を被りつゝあり、相見てどうぢや〳〵と一笑し、余も亦其傍らに至りて水浴を取りつゝ、談合せり、即ち法廷の質問に答ふべき要点を諜じ合せたるなり、然り、余等若し事実を吐露すべくんば何ぞ謀合するの要あらん、然れども事実は天機なり、豈に刺客の嫌疑を晴さんが為めに漏らすべけんや、故に自ら詐りの証言を為さゞる可からざる場合あるを予測して之に備へたるのみ、即ち魔力ある銅臭は余等に此の好機会を与へたるなり、地獄の沙汰も金次第とは是を謂ふか、既にして情ある（?）看守長は余を迎へんが為めに来れり、曰ふ余り長ければ人目を惹くの恐れありと、又曰ふ今日は大方君等の審問を開かるべしと、嗚呼審問なる哉、唯是囚中の一希望なり、乃ち呑宇と共に衣を着け、互に黙笑して別れて運動場に入れり、運動場にては、同囚の友皆シガレットを得んが為めに待ち居れり、各一本を与ふ、皆云ふ今日は先生の審問ありと、相祝して出獄の期の近にあるを喜び羨むもの、如し、然り、げに猛虎も馴るれば親むべく、悪徒も親めば小児の如し、彼等豈仏性なからんや、若夫表に綿羊の冠を頂いて、裡に豺狼《さいらう》の慾を蔵する現時の所謂紳士なるものに比すれば、寧ろ天庁に上

位を占むるの人なるやも知る可からず、

十時、入檻の号鈴は鳴れども召喚なし、寝台に横り、書冊に眼を着くれども益無し、心已に法廷に飛で、審問の妄想に逐はるればなり、余や実に胆大なりと云ふべからざるなり、十二時の号鈴と共に再び運動場に出で、聴てまた差入物の昼飯を喫し、復た出で、体操運動を行ひつゝある処に、看守長は余を招けり、云ふ審問あり法廷に至るべしと、同囚の友皆余に勧めて美服を着けしむ、情意豈に掬す可からざらんや、余乃ち白七子の単衣に黒絽の紋付を纏ひ、白足袋を穿つて看守長控所に至る、

審問所は獄門の傍らにあり、看守長余を嚮導し、二兵士銃剣にて警固し従ふ、行て階上に到れば、吾が副領事と三人の日本紳士あり、一人は本願寺派出の僧侶にして、二人は通訳官なり、余控所に停立すること少時、稍あつて導かれて隣室に至る、法廷は即ち此処なり、

法廷の中央には、方二間余の卓子あり、其正面に控へたるは審問官にして、その傍らにあるは殖民地太守なり、余は卓子を隔てゝ相対して佇立せしめらる、而して右と左には、二人の警官余を挟んで正立し、背後にはまた二人の兵士銃剣を捧げて直立し、卓子の左側には、一人の陪席判事椅子に掛け、その傍らに吾が副領事あり、通訳官その下に座を占めて、余と斜めに相対し、右側には警視総監と警部長控へ居たり、此両人は旅館に踏込んで余等を拘引したるものなり、唯彼等前日の如く横柄ならず、甚だ

努めて礼を取るに似たり、以為らく是吉兆なりと、余は遂に人の鼻息を窺ふて喜憂するの小人となれり、

既にして審問は始まれり、彼れ問ひ余の答ふる所、略ぼ前日旅館に於けると大差なし、而して嫌疑も亦甚だ深からざるが如し、但所持金の多かりしは聊か彼等の疑を惹きしに似たり、然り、余等が詐欺の言を弄せざるを得ざりしも亦此一点なりき、彼れ乃ち問を発して曰く、何の要ありて此の如き大金を携ふるやと、余は答へて曰へり、異郷を漫遊するものにして此位の金円を携ふるは通常なり、未だ知らず貴国人は之を以て過多なりと為すかと、彼また問ふ、汝の家は富裕なるやと、余曰く赤貧洗ふが如し、彼また問ふ、貧にして如何んか此の如き金円を得るやと、答へて曰く、余赤貧なりと雖も、知己朋友の富裕なるもの少からずと、彼れ問ふ汝はその知己朋友より資を得るや如何んと、余曰く然り、彼甚だ解せざるもの丶如く、頭を傾けて復た問を発して曰く、汝如何なる利益を彼等に与ふれば斯く多くの金円を汝に与ふるやと、問や御尤なり、余乃ち答へて曰く、利益の交換は商人の事なり、我国志士の間には此事なし、所謂志士なるものは、資財を共通して緩急相扶く、是れ我国古来の国風にして、而して亦志士の常道なり、未だ知らず貴国には此事なきやと、彼れ益々疑ひ惑ふの色あり、遂に吾が副領事を顧み問ふて曰く、貴国実に此の如き国風ありやと、副領事答ふるに此事あるを以てす、然も猶氷解せざるもの丶如くなりき、次に疑を惹きしは余等携ふ

る所の刀剣なりき、彼れ問ふて曰く、刀剣は何の為めに之を携へたるやと、余また大和魂論を以て之に応ず、彼れ甚だ腑に落ちざるもの丶如く、復た我が副領事を顧みて此事あるやを問ふ、副領事亦首肯して然りと答へ、且つ敷衍陳弁して己れも亦之を携ふることを述ぶ、乃ち彼れまた通弁を顧みて之を問ふ、答へて曰く携へ居るなりと、彼れ始めて解色あるもの丶如くなりき、

審問は三時間の長きに亘れり、而して以上二条の外疑点なきもの丶如く、其他は却て余に有利なる反証のみ多かりしを以て、余も為めに少しく安堵せり、則ち式の如くにして送られて看守長の控所に至れば、呑宇も亦黒絽の羽織を着流して椅子に腰掛け居たり、余と交代して審問に付せられんが為なり、然も余の審問余りに長く、既に薄暮に近き頃なりしを以て、遂に法廷に至らずして元巣に引返せり、看守長鼻を蠢かして曰く、明日は無罪放免の沙汰あるべしと、余も固より無罪放免たるべきを信ぜり、然れども看守長の此言を聞くに及んで、また今更の如く喜び祝せり、此夕看守長特別の厚意を以て窃かに旅館の主婦従僕に面会せしむ、但その所謂厚意なるものは、女将の面前に於て賄賂の額を定め置かんとの厚意なりしなり、謂ふこと勿れ西洋の警官は野卑なりと、彼れ僅に二十五金の故を以て獄中の不自由を感ぜしめず、且つ真情ある吾が主婦と、忠実なるその従僕に面晤せしむ、余に於ては千金も貴しとせざるなり、

然り而して主婦と従僕とは、猶一つの重大なる報告を齎せり、曰ふ、孫、日南遂に

上陸せり、而して二君はホテルにあり、随員三人は弊館にありと、是に知る彼等の安全なることを、以為らく彼等にして安全にして外間にあらんか、余等に於ては百万の援兵あるが如しと、意気頓に昂る、乃ち別れて檻中に入り、妄想に耽つて眠る、

夜は明けぬ、厚意ある看守長はまた余を水浴場に導けり、余先づ井辺の厠に至れば、呑宇尻をまくつて大便を遣る所なりけり、余も亦その傍らに小便を流しつゝ、昨法廷に於ける審問の大要を摘み話す、ムウ〳〵の声、その孰れなるを弁ずべからず、繰返して判つたかと問へば、声を大にして判つたと笑ひ答ふ、臭気堪ゆべからず、余匆惶出で、井端に至り、衣を脱して水浴を取る、清爽の気人を襲ふ、既にして檻に返り、朝飯を了りて運動場に出づれば、囚友集り来りて出獄近きにあるを祝し合へり、仍て復た巻煙草一本宛を取らしむ、

既にして看守長は余を招けり、以為らく放免の沙汰ならんと、喜び進んで近けば、何ぞ料らん審問の召喚ならんとは、乃ち装を整へて式の如くにして法廷に出づ、今度は太守自ら正面に座を占め、以て審問の労を採れり、その質問の題目は、孫逸仙君のことより始められぬ、

彼先づ問ふて曰く、汝孫逸仙を知るやと、余答へて曰く之を知ると、彼また問ふて曰く、如何にして之を知るやと、余乃ち四五年前横浜にて相識るに至りしことを述ぶ、彼更に問ふて曰く、汝モルゴルンと云ふ英国人を知るやと、こは同盟中の一人なり、

相識るに至りしことを述ぶ、彼また問ふ、汝福本なるものを知るやと、答へて曰く之を知ると、既にしてまた尾崎なるものを知るやと問ふ、余その名を尋ぬれば行昌なりと答ふ、余は聊か意外の感をなせり、その孫逸仙君等と舟を同じふして来りたるを知らざればなり、然れども尾崎君は余が知友なり、乃ち答ふるに友人なることを以てす、彼また中西重太郎君を問ふ、余は益々意外の感をなせり、然れども是亦余が旧友なり、答ふるに知人なるを以てす、此時検事立ち上りて一短刀を示して曰く、此刀に見覚はなきやと、余心に以為らく孫、日南の一行も拘禁せられたるにはあらざるかと、乃ち見覚なしと答ふ、是に於て太守は更に問を発して曰く、汝は支那守旧党の依嘱により て、改革党の首領を暗殺するの心を抱蔵し居らざるやと、余声を励まして答て曰く、余は世運の開明を以て自ら任となすもの、寧ろ孫、康に同情を寄せて守旧党を殺すことあるも、豈に守旧党の依嘱によりて彼等を暗殺するものならんや、余が発狂せざる以上は断じて此事なしと、彼は猶何故に余が好んで支那人と交結するやを問へり、余答へて支那の孤弱を憐みその改善を希ふが故なりと云ふや、彼笑つて何故に他国の事にしかく心念を労するやと問ふ、余答へて曰く、問や余が一身の主義主張に属す、今日の事に関渉せず、故に今此処に之を言はず、但君若し之を聞くを願はゞ、出獄の後一友人として対談すべきなりと、彼亦笑つて強ひず、質問の鋒先を他に転ぜり、彼は殆んど通常閑話的態度を以て東亜同文会の事を問へり、また東邦協会、亜細亜協会等の趣意を尋ねたり、其意日本国民の対清意向を知らんと欲するもの丶如し、仍て好加減に答弁して其責を塞げり、此日の審問も亦三時間余の長きに亘れり、既にして呑宇は余と更代して法廷に出でたり、二時間余にして帰り来る、看守長喜色を湛へて謂て曰く、是にて終結せり、明日は放免の沙汰あるべしと、彼の喜色あるや殊に偽造して然るにあらず、衷心真に然るなり、但余等と其因を異にして果を同ふするの差あるのみ、因とは何ぞや、利害是なり、余等出獄の時、彼れ則ち二十五金を懐にするの時たるなり、嗚呼利害なる哉、俗物を操縦するの秘訣、唯夫利害の連鎖を密ならしむるにあるか、豈に是今代政治家の心得べき第一義にあらずとせんや、然り、旅館の女将も亦政治家の手腕ありと謂ふべし、此夜押丁敷蒲団を持ち運ぶ、蓋し太守の注意に出づるなり、乃ち腰骨の痛みを感ぜずして快眠せり、

第五日、此朝八時頃、余は呑宇と共に政庁に出頭すべき命を受けぬ、乃ち装を整へて看守長控所に至れば、警固の吏二三先づ在り、余等に加ふるに手錠を以てして門外に伴ふ、此処には二輛の馬車ありて待てり、余と呑宇と各一輛を領し、警吏各二人附随す、馬走ること十余町、政庁に達し、その楼上に導かれ、控所に待たせらる丶こと一時間余、即ち警視総監来り伴ふて一室に至る、先づ看る十数の紳士卓を囲んで居並を、則ち正面に控るは太守にして、其他は議政官なり、而して太守の傍らには書記と

見るべきもの控へ居たり、
余等は卓子に居並ぶ議政官を隔て、太守の正面に直立し、日本の通弁は左側の中間に立てり、乃ち太守微笑を含みて問ふて曰く、今議政官と共に汝等の罪を定め、議するに支那改革党の一人を暗殺せんとする者となさんとす、異議なきや如何んと、先づ余の意見を徴す、乃ち答へて曰く、寃も亦極まれり、余は之に服する能はずと、彼また笑て呑宇の意見を徴す、呑宇声を励ましてその非を鳴らし、奮然としてその理由を弁ぜんとするや、彼俄かに之を遮つて曰く、否、こは既決の問題にあらず、今将にその罪条を定めんとするところなり、二子暫く此席を避けよと、警吏乃ち余等を別室に導き去る、

余等命を待つこと三十分余、また導かれて議席に至る、太守乃ち判決文を朗読す、曰く、今茲に二子の罪を裁決す、新嘉坡の執政官は、汝等を以て保安に防《ママ》害ありと認む、故に此管轄区内より五年間の放逐を命ずと、仍て異議あるや否やを問ふ、余答て曰く、認むると云ふは独断の語なり、想ふにその間一物を挟むの余地なし、然り、人は天によりて作られ、而して猶且つ天を疑ふの自由あり、余豈に君が独断的自由を阻害せんや、謹んで命に服せんのみ、但余や世界を以て人類の公園なりと思惟せり、而して君は今其公園の一部を奪へり、此一事は永く記臆《ママ》に存し置かんと欲するなりと、彼苦笑して曰く、五年の後には自由なるを得んと、仍て呑宇を顧みて其意見を徴す、

呑宇怫然として答へて曰く、此の如き不法の判決に対しては、余は何処迄も不服なり、然れども君は政権を執るの人、余また此炎熱の地に在りて無用の争ひをなすを欲せざるが故に、遺憾ながら命に従はんのみと、皆目を張りて呑宇の顔を凝視す、太守苦笑して可なりと称し、是より余等を揶揄ひ始めたり、

彼れ先づ余等出発の時期と其場所を問ふ、答へて曰く最近の日本行の船に搭ぜんと、彼れ曰く、下等の船券なれば政庁より之を支給すべく、中等以上は自弁たるべしと、仍て上等の船客たらんと答ふ、則ち翌日出帆の日本郵船に搭ずることとなれり、既にして彼また微笑を含んで曰く、君は中西君に伝言はなきやと、余反問して曰く、中西君来つて此地に在りやと、彼れ頭を掉《ふ》つて曰く、兎に角伝言あらば届けんと、始めてその来つて此地に在るを確め得たり、答て曰く、想ふに中西君康と共に欧米漫遊の途に上らんとするなり、願くは余が為めに好意を伝へよ、且つ願くは中西君に嘱して康の為めに旅途の平安を祈るの意を伝へしめよ、彼また問ふて曰く、君孫逸仙に伝言なきやと、余已に孫君の此地に在るを知る、故に答へて曰く、願くは余が為めに明日帰国の途に上ることを告げよと、彼首肯して承知せりと云ひ、また真面目らしく問を発して曰く、孫逸仙は君携ふる所の金円を自己の依托物なりと云へり、果して然るや否やと、余は少しくきまり悪しからざるを得ざりき、何処までも我物顔に言ひ張りたればなり、然れども今に於て白状するは尚更きまり悪し、故に笑を忍んで答へて曰く、

否、こは余が所有なり、然れども彼れと余とは殆んどその財を通して《ママ》相助くるもの、若し孫君にして必要あらんか、全部を挙げて之を与ふも可なり、足下厚情願くは此の意を孫君に伝へよと、彼れ遂に局々として笑て曰く、孫逸仙も、中西も、尾崎も、福本も、モルガ《ママ》ルンも、大方君等と同船にて帰るべしと、余も亦覚へず失笑せり、事了つて後、余等此日旅館に帰らんことを乞ふ、許されず、明朝獄屋より船に送り着けんと云ふ、止を得ず再び馬車に送られて牢獄に帰る、三時間前手錠を嵌められし余等、帰途には指顧自在の身となり、獄中にては呑宇と同居することを許さる、此夕旅館の主婦来り訪ふ、面会も自在なり、則ち亦孫日南一行の船を同ふして帰ることを確知するを得たり、而して看守長との約も履行せり、女将帰りて余呑宇と寝台に横はる、五日間の談積《つん》で山の如し、為めに時間の経過するを覚えざりき、深更神《しん》疲れて一睡すれば、已に出獄すべき吉日とはなりぬ、

　起き上つて水浴を了る時、看守長来りて獄内の写真所に至るべきを命ず、一警吏の誘ふに任せて写真所に至れば、白人の技師来りて各二枚宛を撮取す、一枚は両手を胸に拡げしめて正面より写し、他の一枚は側面より半身を撮取せり、此技師白面の美少年、而して挙動また野鄙ならず、然も身に罪衣を纏ふ、余怪んでその罪条を問へば、彼れ辱かしさうに答へて曰く、独逸にて紙幣五十万弗を偽造し、此処に来りて捕らへられ、八年の重懲役に処せられたりと、余等之を聞いて吃驚せり、その事と容貌と余

りに隔絶せるを以てなり、

右終りて監内《ママ》に帰れば、時正に朝飯の刻なり、乃ち差入物を同囚に与へて、始て獄舎の飯を試む、飯に二種あり、馬来食と支那食なり、支那食は余経験に乏しからず、故に殊に馬来食を試むるに、さながら西洋のライスカレイなり、但和するに多量の唐がらしを以てするが故に、味ひの甚だ辛きを覚ゆるのみ、以為らく我国中流人士の食と雖も、未だ容易に之に及ぶべくもあらずと、

既にして出獄の時刻至る、不用の品物は悉く之を同囚の友に分与し、且訣別の握手を行ふ、彼等甚だ別離を悲むの色あり、余等も亦為めに心中哀を催せり、人情なる哉、我に悪意なければ人皆我に善し、唯其無辜に禍を加ふるものあるは、罪社会にありて其人にあらず、則境遇に随て心を動かすの結果なり、若夫れ境遇に依て心を動かさゞるものに至つては、恐らくは千百人中一人のみ、余故に以為らく、人は教ゆべくして懲す可からず、而して教化の基は平等権に存し、平等権の恢復は社会組織の革命より始むべしと、

然れ共看守長は猶得隴望蜀の慾を懐けり、余等の訣別の握手を行ふや、袂を引て耳語して曰く、君等は日本の大紳なり、その郷国に至るの日、願くば吾が妻子の為めに日本服を贈り玉へと、悪相の印度人の書記も亦同一の要求をなせり、余等之を諾して約を蹈まず、君子と言ふ可からざるなり、

警吏に導かれて門前に到れば、警視総監と警部長とは余等の押収品を携へて既に馬車にあり、余等之に同乗して埠頭に向ふ、天気朗爽、快や謂ふ可からず、馬車を下り船に上れば、甲板上先づ日南、孫の二君を見る、相抱いて無事を祝す、既にして階を下れば、一行皆在り、在留日本人の送り来るもの食堂に充満す、実に久しく逢はざりし情人を見るの感あり、中西君も亦あり、余以為らく、彼れ康と欧洲漫遊の途に上らんが為めに新嘉坡に来れり、故にその船に在るは唯余等一行を送るの意ならんと、乃ちその心を以て彼に対す、彼れ傍に在る総監を指して曰く、僕は此奴の為めに二日の間拘禁せられたり、馬鹿らしくて堪らんから此船にて帰国するところなりと、仍て総監を睨《げい》一睨して曰く、短刀を返せ！と、其状実に猛虎の大象に喰掛らんとするの景の如し、総監乃ち出して之を返す、則是前日法廷にて示されたる短刀なりき、

旅館の主人主婦は、余等の顔を見て泣けり、菊ちやんも涙を泛べり、彼等一揖《いちいふ》して言葉なし、余等豈に情に堪へんや、而してお村女史は香木の珠数を贈り、お鷹女史は椰子の缶詰一箱を贈れり、後にて聞けば、余等捕はれて警察に至るや、彼れ電を香港に発して硬石の上陸を止めたりと、侠義嘉すべからざらんや、乃ち共に食堂に入り、三鞭酒《シャンパン》を挙げて以て別意を述ぶ、船中の賑ひ名状すべからず、出帆の号鈴と共に握手して相別る、既にして船進行を始むれども、彼等埠頭を去らず、帽を上げハンケチを振りて別離を惜む、然も船は無頓着なり、進行半時間余にして人影も亦漸く見えずな

りぬ、仍て又一行と杯を挙ぐること少時、終に酔倒して眠り、目醒めて甲板に出づれば、夕陽漸く没して夜色涼しく、僅かに馬来の半島を雲煙の間に認むるのみ、此時感慨殊に深し、乃ち手を挙げ叫んで曰く、さよなら！　五年間！

大本営（佐渡丸船中）

翌朝起上れば、話は過ぎし一週間の繰事より始まれり、日南先づ上陸当時の情況を語りて曰く、船が着くと君、誰か僕を尋ねて来たらう、何か用事でもあるかと問ふと、左右を顧みて人を憚る様な風がある、変だと思つてをると、口を耳につけて云々といふ話しだらう、兎に角驚いたサ、而も上陸するなと云ふ伝言ぢやないか、その男を捉へて理由を問ふても分らず、仕方がないから孫君にその事を話して見ると、是も驚ひたよ、ヂヤ皆やられても困るから上陸せずに逃やうと云ふ、原より咄嗟の事で何とも判断の付け様がないのだよ、そこで最近の出帆船を探して見た処が、一時間するとコロンボ行があるといふ事が判つた、コロンボ行ぢや仕様がないぢやないか、併し其外には二三日待たぬと船がない、行くとすれば一時間以内とゆふ所ぢやテ、実際孫も僕も面喰つて仕舞たよ、所が恰もよし領事館員がやつて来た、併し是も上陸せぬが宜からうとの忠告に来たとのこと、仍て何事か原因は判らぬかと問ふた処が、康有為刺客の嫌疑だと云ふ、そこで稍安心が出来た、乃ち孫の部屋に行つて見ると、サッサと荷物を片付けてをる、語るに右の事を以てし且僕自ら領事館に至つて委曲の事を問ひ来るから、暫らく船中に留りて僕の消息を待て、若しも帰りが遅くば、僕も拘留されたものとして上陸を見合せよと、斯く言ひ置いて領事館に駆けつけ大体の事情を聞いて船に帰つて見た処が、孫公はハヤ影も形も見えぬ、聞けば彼もサッサと上陸して仕舞つたとの事であつた、流石革命党の首領だけあつて、誠に決断の宜いもんだよ、そこで僕も孫公の行つたといふホテルにやつて往くと、是から君等を救ひ出す方略を定めよふと云ふ、僕が領事館にて聞き得たる処では、外の事は何んにも疑ふべき処がないが、金の出所に余程疑を措て居て、君の答弁も之れ丈けがマダ彼を服し得ぬ様だと云ふことであつたから、此事を孫公に告げて、孫公をして我有なることを証明せしめたらば善からうと謂つた処が、孫公も之に同意し、直に太守に面接して此事を陳弁したのぢや、公判後に太守が君を揶揄したのは之が為ぢや、僕等も罷り間違へば拘禁せられるかも知れぬと思つたが、皆一ト通りの調べを受けたのみで、それまでに至らざりしは、不幸中の幸であつた、但気の毒なのは中西君サ、彼は康に招待されて来をつたのぢやが、偶僕等と船を同ふした計りで飛んだ災難に出逢たよ、康の家に居てゐ《ママ》て殆んど二日間の拘禁サ、康に一点の疑惧心がなかつたなら、その弁解に依てこんな馬鹿気た事にもならなかつたのだらう、どうも少し気が細そ過る様だねゑ、僕も康に逢に行つたが、何んでも大した弁解であつたよ、半日の筆談皆弁疏計りとは驚いた、僕はモー其事は言ぬで好いぢやないかと云つて話を転ぜんとすれども、却々《なか》聞入ない、自分の恩人を牢屋にぶち込んだと思はれては一身の大事ぢやと、ツヒ外の話はしつこなしで仕舞つた、先づ此は過去の出来事ぢや、以後如何なる方針でやるのかなア、

然り、新嘉坡に於ける希望計画は、此の如くにして総て一場の夢と消へ了りぬ、されば以後の方針を如何にすべきぞ、是れ船中にて幾度となく持ち上りたる問題なりき、而も兎角万事は香港の形勢によりて定めざる可からず、乃ち着港を待つて議定することゝなせり、若万策尽れば此儘内地に進入せん、唯是最後の決心なりき、

今や余等は五里霧中の人なり、然れども舟行は平穏にして且順風なりき、乃ち日の正午に到着すべかりし佐渡丸は、予定に先つこと四時間にして入港し、香港の対岸九龍に繋がる、余は呑宇と共に直に上陸せり、形勢を窺はんが為めなり、乃ち先づ南万里近藤の居所を訪ふ、相見て欣然、直に一室に入りて酒を呼び情を舒ぶ、且つ飲み且談ずること少時、偶一書あり領事館より来る、披き見れば領事の書なり、云ふ要談あり直に来車を乞ふと、仍て輿を命じて至り訪ふ、領事曰く香港政庁の君等に注目すること甚だし、また幽囚の患なきにあらざるが如し、事茲に至れば、吾れ能く事情を証明して其非を争ふべしと雖、斯の如きの炎暑の候に当りて、屢々幽囚の苦を嘗めんか、恐らくは健康を害する尠からず、且つ悪疫日に瀰蔓の兆あり、君若し止むを得ざるの

要件あれば止む、然らざれば一旦帰国しては如何と、情意殊に深し、余心已に帰国するに決し、且つ日本までの船券を購ひをることを告げて彼の心を安じ、その厚意に報ゆるに詐欺の言を以てして辞し去れり、嗚呼余も亦人を欺くの英雄を学びしなり、再び同友の寓所に至れば、依然酒杯の間に高談す、余を見て謂て曰く、今英国警部長来りて君と呑宇を訪ふ、故に出街して在らざる旨を答へたるに、されば船に到りて帰来を待たんと、其意を嘱して辞し去れり、想ふに此間多少の意味あり、仍て呑宇も態と出街に托して逢はず、私かに君の帰来を俟ち居たる所なりと、則ち知る形勢の甚だ可ならざるものあるを、余も亦同友に告ぐるに領事の忠告せし所を以てしたるに、皆曰く危し〳〵と、更に大杯を挙げて数瓶を倒し、危し〳〵の合語を留めて、呑宇と共に埠頭に出で、小瀛船に搭じ、九龍に至りて船に回り、辺を見回して孫君の部屋に入れり、

孫君余等を見るや、読み居し書冊を閉ぢて謂て曰く、警吏来つて君等を見んとす、形勢甚だ不可なるものあるが如し、直に一面しては如何と、乃ち孫君に伴はれて警吏の居る所に至り、自ら名乗りて要件を問ふ、彼れ徐ろに一紙片を取り出して曰く、政庁命あり、保安条例に照して五年間の逐放を命ずと、余等原より抗争の益なきを知る、唯戯れに彼に謂て曰く、香港に康有為なし、余等殺意ありとするも如何ともす可からざるなり、また何を苦んで逐放の令を下すやと、彼は温和なる警官なりき、曰く、吾

は唯政庁の命によりて此事を伝ふるのみ、豈に其理由を説明するを得ん、但吾が一己の推測を以てするに、事康有為問題に関するにあらず、却て他に大なる理由の存するものあるが如し、吾は君等の秘密を素破抜くに忍びざるなりと、言ひ了つて局々として笑ひ、余等を見上げて如何んと問ふ、慥かにまいられたり、余等亦笑つて厚意を謝すと返したるのみ、則ちまた船内の囚人となれり、

謂ふこと勿れ香港は一小島なりと、余が為めには小ならざるなり、此地初めは余が暹羅往返の唯一休憩所にして、爾後七年間の根拠地は即ち此処なりき、余が興中会員と交結したるは此処なり、孫君と交結するの機を与へたるも此処なり、三合会頭目と交結したるも此処なり、哥老会頭目と交結するを得たるも此処なり、以上三会合同の式を挙げしも此処なり、菲島独立党の諸士と交結したるも此処なり、康君及其一派の人士と交結したるも此処なり、而して清蔵とお駒、而して雪令女史や政子女史、則ち余が半生の紀念は多く其因を此処に発せり、是余が香港を愛して小ならずとなす所以なり、而るに今一朝忽然として此処を奪はる、豈に情の悲むべきものなからずや、況んや当に一大事の此処より発すべきを予期したるに於てをや、然り、香港の逐放令は唯余と呑宇との不幸事たるのみならず、実に吾党全体に対する大打撃なりき、仍て急に議を開ひて前途の方針を一定せざるべからず、然も警吏猶ほ船に止まつて去らざるなり、乃ち互に袖を引ひて一室に閉籠れり、

仮令《たとへ》如何なる暴風の進路を遮るあるも、其当に到るべき地点に達せんとは総ての決意なりき、但如何にして其地点に達すべきか、その進路を如何に採るべきか、是れ実に刻下の問題たるなり、余と呑宇とは已に足を香港に駐むべからず、而して已に香港○○の黙諾を得て、広東内地に潜入すべかりし首領孫逸仙も、新嘉坡事件の余波を受けて其事行ふべからざるに至り、茲に額を集めて協議を凝すも、却々以て好方案出で来らず、船中の密議は幾度となく行悩みて、晩景に至つて猶決する所なかりき、

晩餐終りて夜風涼しく、人影漸く鎮まる頃、秘密会議は復た開かれたり、首領孫逸仙は則ち議を提して曰く、日南君に托するに香港に於ける準備の全権を以てし、○、○、南万里、近藤の諸君をして之が補佐たらしめ、以て一段落を了し、而して後鄭君に嘱して代つて義旗を挙げしめ、近藤君を以て之が参謀となし、日本の諸同志之を補佐して某の地点を占領し、猶兵の一半を進めて厦門《アモイ》附近に至るべし、その時孫君自ら台湾より密行して聯絡を取るべく、而して余等は孫君に従つて同一の方向を取るべしと、敢て可否を言ふものなし、日南則ち議を出して曰く、事既に之に至る、日本政府の注意する所となるや明かなり、孫君にして日本に帰らんか、その運動の自在ならざるや知るべきのみ、而して呑宇滔天の二人に至つては、或は復た縲絏《るいせつ》の辱を受るも知るべからず、且つ諸公にして去つて日本に帰らんか、恐らくは在留同士《ママ》の意気大に沮喪せん、要は一気呵成にあるのみ、願くは此夜陰に乗じて九龍に上陸し、疾走して内

地に進入し、広東省城に出で、神風連的挙動に及ばんと、皆之を賛す、而して余と呑宇とは殊に此意を賛せり、日本に帰ることの甚だ不得策にして、或は意外の禍を蒙らんことを恐るればなり、則ち之を孫君に諮る、孫君頭を掉つて曰く、是れ実に無謀の極なり、直に是れ餓虎の前に肉を投ずると一般のみと、余の日本行の不利なるを説て此危険を踏むべしと云や、彼れ頑として応《き》かず、頭を掉つて声を励まして曰く、吾が生命は自棄て死を取る程に廉ならず、若し今回の企図水泡に帰するに至るも、断じて斯の自棄の方法を採らずと、余曰く、今余等三人相携へて日本に帰らんか、士気振はずして到底大事を見るべからず、若し斯策採るべからずとすれば、寧ろ万事を中止して再来の機を待つに如かずと、遂に気昂り語激して一場の激論となれり、

余は遂に情激して嘲罵の言葉さへ弄せり、曰く、革命は算盤的のものに非ず、成算を待つて之を行はんと云ふ、直に是れ終生為す無きを意味するなり、秀才叛を謀りて三年すれども成らずとは君の謂ひか、余は是より断じて君と共にせざるべしと、孫君も激せり、曰く君狂せるにあらざるか、何ぞ是より身を海に投じて死せざる、是寧ろ夜陰に乗じて九龍より内地に潜入するに勝らずやと、日南は先づ去つて部屋に入れり、孫君は猶余が膝を叩いて曰く、君は何時の間に斯く馬鹿になりしぞと、余は謂へり、君は何時の間にしかく臆病になりしぞと、さながら小供喧嘩なり、孫君余の此一語を聞くや、手を挙げて強く余が膝を叩き、声を励まして謂て曰く、君は吾が臆病漢にあ

らざるを知るにあらずや、また吾が徒らに生を惜むものにあらざることも能く之を知るにあらずや、而して今吾を追窮すること此の如し、是れ果して何の心ぞやと、言ひ了つて続けさまに余が膝を叩き、潜々《さん》として涙を垂る、則ち互に語なきこと少時、呑宇も去つて部屋に入り、既にして孫君も亦去つてその部屋に入れり、後に残るは余一人なり、目を拭き頭を挙ぐれば、万籟寂として声なく、唯街燈の星光と相応じて瞬くを看るのみ、余も遂に沈思熟考するに堪へずして部屋に入れり、

部屋に入りて寝台に横れども、千々の思ひに絆され、鉄をも鎔かさん熱気に襲はれて眠る能はず、起き上りてホイスキーを取出し、一杯を傾け了りて再び寝台に横る時、足音あり余が室前に駐まる、扉を叩いて「もう寝たのか」と云ふによりて日南なるを知れり、「どふしても眠られぬ」と云ひつ、扉を開いて甲板に出づれば、「怪しなものあり、眠らんとすれば室内を窺く、泥棒かも知れぬから用心し玉へ」と云ふ、仍て共に甲板上を散歩す、偶々見る二人の英国警吏の立番せるものあるを、また見る他の二隅に支那巡査の佇立せるものあるを、日南の曰く、ハハー是であつた哩、此支那巡査奴が窺きやがツたのぢやと、相見て苦笑を漏らせり、曰く、是では却々逃げられぬぞと、再び手をとりて甲板を一周す、日南俄かに立ち止まり、余が手を引いて指し示して曰く、これでは駄目だ、従ひて看下せば水上警察の小蒸気なり、則ち知る吾策の行ふ可からざるを、日南の曰く宜しく孫君に詫るべしと、余乃ち往て孫君の室を叩く、

彼も亦眠りきれざりしものと見ゆ、応と答へて直に出で来り、何事ぞと問ふ、余則ち目睹せる所の事を告げて前非を謝す、彼れ可と称して共に甲板上を散歩し、状況を実験して且つ吃驚、苦笑を漏してその先見の明を誇れり、余等叩頭陳謝して曰く、負けたり、以後万事命を先生に待たんなりと、各々別かれて再たび部屋に入れり、
実にやさしきは人心なり、思ひ衷《うち》にあれば如何なる寝坊も眠る能はず、時辰既に二時を過ぎるも夢に入らず、幾度か酒力を藉りて漸く将に恍惚の境に遊ばんとする頃、また人の扉を敲くものあり、目を刮《こす》り起き上りて之を開けば、是れ余が愛する所の政子女史なり、一見して既に鬱悶の苦を忘る、乃ち手を取りて誘ひ入れ、どうして来たかと問ふ、彼れ曰く、今夜人の戸外に来つて妾の名を呼ぶものあり、出でゝ之を見れば未知の洋人なり、郎の此船にあることを告げて行くべしと勧む、妾之を信ぜず、則ち以て悪戯となす、然も彼れ強ひて止まず、遂に自ら店内に進入して妾の手を取り、腕力を以て導いて埠頭に至り、ジヤンクを雇ふて載せて去らしむ、仍て半信半疑の間に来りしなりと、余そのモルゴルン君の所為なるを知れり、此朝彼れ切りに余が愛する人の名を尋ね、終に団扇にその名を記せしめたるを想起したるに因るなり、彼も亦粋なるラフアエットなる哉、乃ち快夢を結ぶを得たり、
船は吾党大統領の駐在所にして、また実に参謀本部及び交際倶楽部をも兼帯せり、故に同志の来往織るが如く、人をして目眩せしむるの概あり、而して本部の方針未だ

定まらず、党員の迫促甚だ急なり、本部員の頭脳を痛める所以なり、酒と政子女史の力を要する所以なり、乃ちモルゴルン君のありがたき所以なり、小人にして英雄の為す所を成さんとするも亦た手数なる哉、

翌朝眠未だ醒めざる時、孫君来りて余を呼び起し、別室に伴ふて謂て曰く、玆に一問題あり、試みに君に告白して其意見を徴せん、更に声を潜めて謂て曰く、曩《さきの》日吾友香港〇〇と密会して一議をなせり、〇〇の意に以為らく、李鴻章をして両広を提げて独立を宣言せしめ、（李当時両広総督たり）吾を用ゐて新政を敷かしめ、彼（香港〇〇）暗にその保護者となつて事無きを謀らんと、則ち李に説くに此事を以てせるに、李も老後の思出に一旗樹つべしと之を賛せるも、爾来拳匪《けんぴ》の乱漸く旺んに、京廷、李の北上を促すこと急且切なり、故に李遂に情に堪へずして、今日を将て北上の途に就かんとす、仍て〇〇は之を此処に扼《やく》してその行を止めんと欲し、今日十一時を期して李と密会を約せり、故に李若しその行を止めんか、吾も亦保安条令を解いて上陸せしめ、共に密議を凝したきことありとて昨夜半人を遣はして其意を漏らし、以て吾が上陸して密議に列するを諾するや否やを問へり、君の此事に関する意見果して如何と、

彼なほ言を続《つ》ひで曰く、李や理義の信念なく、また甚だ大局を洞察するの眼識なし、而して年老いて功名も其深願にあらず、故に太守の諫止は到底李の容るゝ所とならざるべし、然れども是亦旱天の片雲なり、唯万一を予想して君の意見を徴するのみと、

余は答へて言へり、事若し密会の段にまで進み来らんか、兎に角之に列すべし、将来の事は君が寸方《ママ》と手腕によつて定まる可きなりと、彼れ首肯して善と称し、待つが如く待たざるが如くにして報の至るを待てり、夕刻に至つて報あり、曰ふ、李は一先上京するに決せりと、また一場の夢となれり、

夫れ諸外国の支那に莅《のぞ》むや、常に眼を表裏二面に着けて、而して腕を陰陽両様に揮ふ、則ち北京に於ては各国皆満朝の保護者にして、他方に於ては努めて秘密会に歓を通じ居れり、仮令ば某国拳匪に結んで事を謀らんとするや、他の某国は地方の大官に結んで万一の変に処せんと欲し、若し某国清廷に結んで事を謀らんとすれば、他の某国は秘密会と結んでその向を張らんとす、則ち彼等は北京を以て外交術の角逐所となし、秘密会を以て真逆の時の隠れ場となさんとす、その形迹《けいせき》や実に歴々掩ふべからざるものあり、然り而して香港○○が拳匪事件の当初に於て、李を起して両広を独立せしめ、孫を推して政権を執らしめんと企てたるが如き、実に新機軸の考案と言ふべきなり、蓋し○○の意以為らく、両広にして吾が薬籠中のものたらんか、南清の事患ふるに足らず、仏国の機先以て制すべし、而して之を為すの法は李を抱込に如くはなし、若し李にして之に応ぜんか、反抗運動を試みるものは秘密結社なり、是に於て亦孫逸仙を抱込むの必要あり、李と孫とを握手せしむるの必要あり、若夫れ李と孫にして握手するを得んか、一兵に血《ちぬ》らずして両広を独立せしめ、自ら其上に立て駕御するを得

んと、是その理想なりしなり、而して此理想は実際と距る間一髪の処まで進み来れり、然もその所謂間一髪の処に消亡せり、消亡せりと云ふと雖もその気勢なるものは常に存す、誰か能くその気勢に乗ずるを得る者ぞ、夫れ清廷の力の支那を把持するに足らざることは天下既に之を知る、支那全土を分割して我有となす能はざることも亦既に瞭然たり、然らば国家を基礎として手を支那に着けんと欲する者は如何にすべきぞ、是豈に君子国と談ずべき問題ならんや、嗚呼君子国！ 爾は今猶支那保全分割の夢に迷ひつゝありや、何ぞ目を刮つて列強裏面の所為を注視せざる、

此日来訪者踵を接して寸隙なく、夜に入つて方針を議す、議に与るもの日南、呑宇、近藤、南万里及余なり、皆孫君の提議に従へり、曰く、日南君は香港に留つて準備に従ふべし、若し準備意の如くならざれば、須らく現在の力を以て事を挙ぐべしと、而して挙兵の事に至つては、鄭君を以て大将となし、近藤、楊飛鴻二君をして之が参謀たらしめ、日南君をして民政総裁となし、南万里君をして副となさんと、此間多少の議論あり意見ありたり、然も遂に孫君の意に従へり、仍て孫君更に大将鄭君に命ずるに軍事上の方略を以てせり、而して爾余の日本同志亦皆鄭大将を助けて内地に進入するに決す、曰く玉水君、曰く野田君、曰く伊東君、皆香港にありて雲起るの時を待ちたるなり、議茲に一決して佐渡丸は錨を抜けり、

経綸画策悉く破る

何時見てもゆかしきものは故国の山水なり、一旦別れを告げし琵琶の湖や芙蓉の山も、今はまた笑つて我帰るを迎ふるに似たり、但衷に想ふところあればこそ、峰の白雲ぞ心に掛るなれ、

瀛車横浜に着いて、孫君と別れて入京し、呑宇君と共に芝浦海水浴に潜み、硬石末永鉄巌二君によりて以後の情況を知り、亦狼嘯島田二君の上海にありて同志を糾合しつゝあることを知り得たり、既にして諸人漸く余等の居所を探出し、茲にまた一団の梁山泊を現出するに至る、乃ち週日ならずして財嚢為めに軽し、偶々留香女史来る、彼は余が出発後居を不忍池畔に移し、再び浮川竹の流に身を委ねたるなり、云ふ母と妾と二人暮なれば来りて潜み玉ふに便ならんと、余其意に従ひ、始めて芸者の居候となる、而して呑宇君も亦その姉君の寓に入れり、

身は閑地にあるが如くなれども実は然らず、此処当に百尺竿頭一歩を進転すべき一機なり、在京の同志は日に〇〇会に密集して方針を議し、硬石君は部下の同志四十余人を督し、行て鄭君の軍に投ずべく決定し、その内既に東京を発して九州に下りたるものさへあり、既にして近藤君は突如として香港より帰り来れり、数日を隔てゝ日南君も亦帰り来れり、孫君は之が為めに甚だ気を落せり、以為らく日本の首領株此の如

くにして帰り来る、必ず同盟の意気沮喪するに至らん、而して支那同志の士も亦大に気を落すべきなりと、彼の心早く望を南方の事に絶つもの丶如く、自ら進んで波瀾を中央の地に起さんと欲し、硬石及び其部下の南行を止め、また狼嘯等に通じて同志の南下を止め、意を決して硬石外二三士と上海に向ふ、既にして南万里の電あり、その帰りて長崎にあるを告ぐ、則ち電を以て孫君の向ふ所を報ず、仍て孫君を長崎に待ち受け、共に倶に上海に同行せり、

当時偶々唐才常一味の事あり、孫君の一行上海に到着せるの時、官人の維新党を探索する太厳、孫君之が為めに其志望を伸ぶる能はず、手を空ふして返り来る、既にして一条の光明は天の一角に輝けり、孫君乃ち硬石を伴ふて台湾に至らんとす、硬石此時心を朝鮮に傾けて之を肯《がへん》ぜず、仍て呑宇を伴ふて渡台の途に上れり、

既にして一電台湾より来る、曰く六日恵州に義軍起ると、余は近藤君と共に横浜に到りて支那服を注文し、略ぼ準備を整へて次電の至るを待てり、既にして電又到る、曰ふ送〇の準備を頼むと、〇や元菲島志士の為めに購ふもの、当時政府の厳戒あるが為めに送る能はず、猶ほ保管して小倉商店に蔵せりと称せらる、而して菲島の事彼の如く、機を失し之を用ゆるの余地なきに到れり、仍て孫君之を菲島の志士に借り得て、以て己の用となすことを許諾せらる、乃ち近藤君先づ之が交渉の任に当り、後余も亦共に其衝に当れり、是より背山の非行漸く分明し、進んで私書偽造の発見となり、一

転して党の問題となり、再転して党除名問題となり、事岐路に走つて日を空ふする間に、恵州の事止んで孫君も亦帰り来る、即ち続いて裁判問題となり、麻翁の仲裁となり、紛々擾々の間に遂に其局を結べり、而して孫君の意気は猶ほ未だ落ちざるなり、即ち余は命を含んで上海に使すること、なれり、これ実に最後の一策たりしなり、然り上海に使するまでは余もなほ多少の望を繋ぎたり、淹留二日、遂にその成すべからざるを看て帰り、孫君に面して此事を報告す、孫君も亦予めその事の成し難きを思へるが故に、深く余が無能を咎めず、何事も暫く中止なりと歎ちたるのみ、於是百望全く去る、

既にして孫君は徐ろに余に告げて曰く、君の上海に去るや、同志中に君の悪声を聞くこと切りなりと、仍て一書を出し示し且曰く、君それ心を大にして彼等を怒る勿れ、事成れば功名を争ひ、敗るれば則ち罪を人に嫁す、是れ古今人情の常なり、但その情を知らずして怒らざるは常人のこと、而して却て其不明に陥るを恐る、故に保存して之を君に示すなり、その情を知つて而して怒らざるは英雄のこと、君それ向上の心を失ふ勿れと、余の読み了るを待つて之を丙丁に付し、呵々大笑して曰く、君の胸中若し怒心の動くあらば此の如くに焚き棄てよと、言意共に切なり、余が心為めに軽きを覚ゆ、然も一片不快の念は胸底を去る能はざりき、

孫家を辞して東京に帰り、一夜を留香女史の家に明かし、翌日木翁の邸を叩く、翁

余を見て笑て曰く、君はお化ではないか、モー帰つてこぬなぞと謂つて大変騒いで居たよ、同志間に悪口の仕合ひなぞは感心せぬぢやないか、何か意志の疏通せぬ処があるのだらう、一度皆出逢つて酒でも飲んだらどうぢや、僕が座敷を貸して酒と肴をもつから明日にでもやり玉へと、余その高情を拝謝し、自ら諸同人の寓を打ち廻はりて其意を伝ふ、行いて対陽館に至るや、主人主婦口を揃へて謂て曰く、マア善く帰つて御出になりました、お留主中の悪口雑言聞くに絶へず、ほんに〳〵耳が熱くなりましたよ、馬鹿にしやがつて、一万円持逃げしたの、首を取つてやるのと、卿アノ可児さんに行逢ましたか、さう案内に行ましたテ、ぢや卿お化けですね―、首は無い筈ですがと、以後の情況を縷述して底止する所なし、嗚呼余や凡夫、表は笑顔を作りて之を聞けども心は煮え返れり、志向上に存すれども怒気胸を衝けり、然れども一面には孫君の忠言あり、他方には亦木翁の高義あり、知己猶存の観念によりて辛ふじて自ら慰めたり、翌武田四秋君来る、共に木翁の邸に至る、諸同人已に先づ在り、既にして席定まる、主の翁口を開いて曰く、逢はず語らざれば意志阻隔し易し、此会の意同志の旧交を温むるにあり、且つ飲且つ談ぜば、庶幾《こひねがは》くは氷解和熟するを得んと、酒一行、硬石先づ余に問を発して曰く、背山事件は如何にして結了せるや、其順序次第を聞かんと、余答へて曰く、余は秘密の徳義を守らざる可からず、麻翁の允許《いんきよ》なくば吐露するを得ずと、此日麻翁当に来るべくして未だ来たらざるなり、而も彼れ強ひて止まず、余断じて応ぜず、是より彼の質問は一変して嘲罵となれり、曰ふ貴様は背山の為めに致されたらん、貴様は何故に背山を殺さゞるや等の語、口を衝いてその出づるに任す、余や喧嘩に怯なり、然れども人の嘲罵を甘受し得る程の宏量を有せず、然れども敢て自ら進んで鉄拳を加へざりし所以のものは、唯少しく礼を知るが故なり、怒気や既に頂上に達せり、余が答ふる語勢の尋常ならざりしや知るべきなり、その背山に致されたらんとの言に対して、疑は貴様の自由なりと云ひ、背山を殺せとの言に対して、殺すべき必要を認めたるもの之を殺すべしと答へたるが如き、今にして之を思へば実に小供喧嘩の如し、人感情の極度に至れば皆小児に返ると、蓋し是事なり、彼は終に打つぞと怒鳴れり、余は打つて見よと応ぜり、何等の痴態ぞ、彼は手練の早業を以て膳上の鉢を余が額に加へたり、余は忽ち礼を忘れ向上の志を忘れたり、即ち其守るべき所を忘れたり、豈に如何にして立ち上り、また如何にして攫み合ひしを知らんや、衝いて廊下に至つて諸同人の制抑するに逢ひ、漸く自ら省知したるのみ、而して亦流れ出づる鮮血の温きを覚たるのみ、余は導かれて別室に通ほされたり、而して懇篤なる介抱を受けたり、既にして医師は迎へられぬ、治療は施されぬ、十数日にして全癒せり、然れどもその創痕は、今猶ほ三ケ月形をなして前額に残されたり、誠に失脚の好紀念章なり、

与孫○○書

余は自ら宏量ならんことを努めたり、昼間は人に紛れて左程のこともなかりしが、深夜人定つて創口《きずぐち》の痛みを覚ゆる時、独り胸中に悲憤の涙を灑《そそ》ぎしこと幾度ぞや、余は人情の頼む可からざることを思へり、人の心の恐るべきことを感じたり、而して終に亦人を疑ふの心を生ぜり、以為らく日本の同志中我を疑ひ憎むもの此の如し、孫君の衷心果して如何、彼れ能く一片の疑義を我に挟むなきか、人情の薄弱なる或は然らずとすべからず、如かず自ら進んで背山事件の経過を詳述し、以て万一の疑義を釈《と》かんにはと、終に筆を病床に馳せて一文を艸し、以て之を孫君に致せり、また婦女の情に似たる哉、文に曰く、

孫○○先生足下、交を辱《かたじけの》ふしてより匇々四閲年、短かしと曰へば則ち短かく、長しと曰へば則ち長し、此間道交《だうかう》熟して私情なく、謀議建策、大事幾度か緒に就かんとして復た蹉跌す、然れども万世道尽きず、活用もと人に存す、斯交情や道と変易あるべからざるなり、斯謀策や世と窮極あるべからざるなり、想ふに先生と僕との情誼天縁当に此の如くなるべく、而して先生の高意亦実に玆に存す、大事一敗せりと雖も望を現世に絶たざる所以なり、活用の道を誤ると雖も責を負ふて隠遁せざる所以なり、即ち曩《さき》に先生の命を奉じて一たび同志の団結を解散し、また機を計つて

先生と再挙を謀らんと欲す、一身為めに衆怨の府となるが如きは、原より自ら期する所、また悪声四出、中傷離間の策の今日に行はるゝを怪まざるなり、先生高明能く僕の心事を知る、元と区々の陳弁を要せざるが如し、然れども先生と僕と、共に未だ至聖霊通の境に達せず、不立文字拈華微笑《ねんげみせう》の高処、両人を距る近からず、また風雲の両者を阻隔するなきを保すべからざるなり、即ち俗人の所為に習ひ、一枝の筆を執りて背山事件の経過を詳述し、以て僕の心事を表明せんと欲す、先生の胸裡若し疑団あらんか、願くば之を将《もつ》て之を解き、無ければ則ち笑て之を棄てよ、僕義理を思ひ情誼を念ふ、故に此の愚をなす、咎る勿れ、咎る勿れ、

先生曩《さき》に台湾に在つて送〇を電命するや、僕木翁近藤両君と其方法を議す、皆予め其難を想ふ、而して未だ遽に之を背山に謀らず、前事によりて少く彼の心事を疑ふを以てなり、然れども其事や、始より背山独り自ら交渉の衝に当り、敢て別人の其中間に入を允さず、故に其機微を洞察する能はず、窃かに以て憾となす、恰も好し背山将に地方を巡遊せんとするの説あり、予等以為らく是好機なりと、乃ち近藤君先づ往て背山に謂て曰く、孫君電を発して送〇の準備を命ず、又何の時か急送を命ずるやも知るべからず、如し命一たび至らんか、逡巡日を曠《むな》うすべからず、乞ふ君暫らく其行を止めて自ら此事に当れ、然らざれば代人を立てゝ其をして事に当らしめよと、背山曰く、吾れ已に大東と約あり、行期を延ばす能はず、願くば吾が京

に回るを待てと、近藤君事情を論じて之を允さず、背山亦終に防拒するに由なく、近藤君に嘱するに委任状を以てす、近藤君乃ち小倉と相見るの機を得たり、

始め近藤君の小倉を訪ふて○丸受授の事を要求するや、彼曰く時不利なるものあり、故に今之を引渡すこと能はずと、近藤君その横暴を詰る、此品既に代価を仕払ひ、所有の権此方に属するものなればなり、彼れ答へて曰く、品物は貴方に属すと雖も、運送の時機を定むるは我権内の事なり、是れ予め背山と契約する所の箇条中にありと、近藤君之を聞いて且つ驚き且つ怪み強ひて其実品を検査せんことを求む、彼曰く、此品今猶○○○倉庫中にあり、吾と雖も容易に之を見る能はずと、且つ曰ふ、二百五十万品を如何にして一々検査し得るやと、近藤君乃ち答へて曰く、吾曾て職を○○に奉ず、故に聊か此道の事に熟せり、一々細検する能はずと雖も、云々《しかじか》の方法に頼て概定するを得べきなりと、彼乃ち近藤君に謂て曰く、此品や原より廃物なり、其実用に堪るもの百中の幾分なるや知るべからず、如かず時機を計つて国外に輸出し以て巨利を占めんには、是豈に背山君始め君等組合の利便にあらずやと、蓋し小倉の意中、近藤君を以て背山同臭の人と誤想し、告ぐるに其実情を以てしたるなり、乃ち近藤君馳せて木翁の処に到り、また電話を以て僕を招く、僕亦馳至つて近藤君の報告を聞き、仍て始めて以上の事情を知り得たり、

既に代価を払ふて品物を購ふ、所有権原より我にあり、而して其品物を動かす能

はず、また見る能はず、遂に廃物なるを説いて勧めて利潤を計るべしと云ふ、天下豈に此の如き奇事あらんや、僕等実に茫然自失して策の施す所を知らず、徒らに背山の非行を罵り、空しく自箇の不明を悔るのみ、乃ち先生に電告するに送○難を以てす、先生復た命じて曰く金に代へて急送せよと、仍て木翁親しく小倉を訪ふて○丸売戻の事を請求す、小倉の曰く、一万二千五百金を以て買戻すべしと、翁曰く、六万五千金に対して僅かに一万二千五百金を償ふは酷ならずやと、彼れ之れを遮つて曰く、否、吾が受領する所は五万金のみ、敢て其他を知らず、而も五万金中の利潤、寧ろ多く背山に与へて自ら収むる所甚少し、背山の方面、関係人の甚多きを聞けばなりと、則ち知る此間また背山私する所のもの甚だ少からざるを、而して未だその私書偽造の奸策に出でたるを知らざるなり、翁乃ち本君及び先生の実情を述べて小倉の同情を求め、強ひて三万金を出さんことを請ふ、彼れ峻拒するに由なく、暫く回答の期を寛《ゆる》ふせんことを乞ひ、二日の後其腹心を遣はし木翁に謂て曰く、敢て別に二千五百金を献ぜん、其他の請求に応ずる能はずと、則ち合計一万五千金を以て○丸を買戻すの意なり、僕等是に至つてまた前後《ママ》の策に窮す、

既にして木翁一策を提出して曰く、背山の非行已に明なり、想ふに着服の金額また尠からず、其罪責固《もと》より允すべからざるものありと雖も、然も今日徒らに彼の非行を責むるは大局に益なし、而して若し此事一たび世人の知る所とならんか、彼の

地位忽ち地に墜て恢復すべからざるに至らん、寧ろ憐むべからざらんや、如かず法を設けて彼をして着服の金額を出さしめ、之を小倉の一万五千金に合して孫君の急に応ぜんにはと、然れども背山や日常清貧を装ふて其非行を晦すもの、如し事情を直言して出金を迫らんか、彼れ必ず応ぜざるなり、此間の呼吸尤も難処となす、故に先づ対小倉の件を結了し、予め内意を小倉に含めて表面は未だ結了せずとなし、背山の京に帰るを待つて、彼をして表面の交渉をなさしめ、而して小倉をして彼に勧告する所あらしめんか、背山或は小倉の名を藉りて出金するを得ん、是背山をして汚名を受しめずして而して其罪科を償はしむる所以の方法なり、其出す所の金額、或は孫君の意を充す能はざるべしと雖も、速断応急の法、唯此一途ある而已と、僕近藤君と共に之を賛して妙案となせり、

先是、先生の恵州に義軍起るを電告するや、僕近藤君と共に横浜に至り、早く旅装を整へて以て急に事の結了を計れり、而して事情前陳の如くして議遂に背山の帰京を待つに決す、時に義軍の勝報切なり、僕等実に魂飛び肉躍らんと欲す、既にして背山帰り来る、僕先づ往て彼を見て曰く、小倉時機の不可なるを称して送丸を肯ぜず、蓋しまた止を得ざることに属す、故に孫君に電告するに此事を以てせるに、孫君復た電を発して金に代へて急に送れと命ず、仍て近藤木翁の両君小倉に談判を試みたれども、小倉僅に一万五千金を出すを諾して其以上を出さず、また如何とも

すべきなし、而して今恵州の事情是々、孫君の事情云々、願くば君義心を奮つて小倉を説き、三万金を出さしめて以て此急に応ぜよと、彼少しく逡巡の色あり、僕即ち言を励まして、事東方の大事に関す、逡巡す可からざるなり、且つ想ふに○丸の事一たび終焉を告げざれば、僕窃かに恐る或は長く君の煩累たらんことをと、彼れ濶然覚悟する所あるもの丶如く、善と称して立ち上り、直に電話を以て会見を小倉に求む、会見の約成る、僕乃ち辞し帰れり、以為らく図に当れりと、

次日僕復た往て背山を訪ふ、彼曰く、昨小倉と会見の約を成したれども故障に逢ふて其意を遂げず、今将に至らんとする所なりと、乃ち共に玄関に出で丶分袖し、彼は小倉に向ひ、僕は寓に帰る、此日の午後木翁電話を以て僕を招く、馳到れば近藤君先づ在り、翁と其書斎に対談す、而して近藤君の言動甚だ平生の沈着に似ざるものあり、僕怪訝に堪へずして坐に着く、一伍一什《いちぶしじゅう》を聞いて始めて事由を得たり、近藤君乃ち重て僕に報告して曰く、吾今往て背山を見たり、彼れ云ふ小倉に面して帰り来りし瞬間なりと、吾其顔容を一見して既に心の平かならざるを知る、果せる哉、彼れ吾を見て憤然として謂て曰く、木翁は不義無情の人なり、交友多年、未だ曾て之を知らず、今日始めて其性情を知り得たり、抑も小倉に至つて吾を罵詈するとは何事ぞ、小倉何者ぞ、一商人にあらずや、而して吾と木翁との交際は如何、共に是れ天下の大事を任ずる政友にあらずや、然るに敢て一商人に向つて吾事を罵

詈す、是れ将た何の心ぞや、実に極鄙極劣の人物なりと、其状態殆んど狂人の如し、而して其強弁非を飾り、敢て翁を傷けて以て自ら逃れんとするの心事、実に恕すべからざるものあり、吾心已に激して制すべからず、殆んど将に一矢相酬んと欲せり、而もその制すべからざるものを制し、敢て一言を発せずして退きたる所以のものは、唯偏に善後の事を慮かりたるに因る、然れども鬱積の気や遂に制すべからず、則ち此処に来りて之を漏らせるなりと、

顧ふに背山の小倉に至りて出金を勧説せるや、小倉却て逆に背山に勧説する処あり、言路遂に背山の非行に及び、勢の趨く所また遂に木翁の言(即ち五万金と六万五千金の差違)を以て之を証するに至れり、是を以て彼始めて其友人中既に自己の非行を知るものあるを覚り、周章狼狽、強弁して其の非を飾らんと欲し、殊に近藤君に対して此狂劇を演ぜるなり、況んや彼は僕等の其悪事を知るよりも猶能く重大なる悪事を自知するをや、何ぞや、私書私印偽造の件是れなり、

翌日僕往て背山を訪ふ、近藤君先づ在り、僕昨近藤君の言ふ所を知らざる為して、背山に問ふに小倉の返答如何を以てす、彼れ言を強うし色を励まして曰く、吾れ以後○丸の事に与るを欲せず、乞ふ是より諸君と袂を分たんと、僕何故ぞと問ふ、彼乃ち木翁のことを罵詈す、其言略昨近藤君の言ふ所に同じ、僕黙聴すること数刻、言の尽るを待つて謂て曰く、事や木翁の業にあらずして孫君に属す、否、孫君の事

にあらずして天下の大義なり、今君の言を察するに、木翁の為めに此大義を棄つるに似たり、是豈理ならんや、君と木翁の争論の如きは之を他日に譲りて可なり、願くは速かに此事を了して以て孫君の急に応ぜよ、且つ乞ふ君私憤を以て天下の公事を棄つる勿れと、彼れ耳を閉ぢ心を晦《くら》まして応ぜず、徒らに無条理の言を掲げて木翁を罵詈す、然も僕尚自ら制して之を説くこと数次、絶て感応なし、遂に憤懣に堪へず、一二熱罵を加へて近藤君と共に去る、但未だ彼れの非行を面曝せず、蓋し善後の事に顧慮する所ろあればなり、

此の如くにして第一の平和手段は破れたり、然れども小倉諾する所の資も亦捨つべきにあらず、但前に小倉と独商の間に取換はしたる品物交換書一葉を失ふが故に、再び独商名儀の書を得ざるべからず、而して此事背山を煩はさずんば能はず、是に於てまた如何ともなすべきなし、終に日南君に嘱して背山に交渉せしめ、背山の手によりて独商の書類を得、以て漸く小倉の方面を結了せり、日南君の労も亦多とすべきなり、

背山既に自棄の勇を奮て背水の陣を張る、僕等従つて手の出すべきなきなり、然れども彼やその大悪事を犯せるを自知せるもの、焉んぞ胸裡安閑たるを得んや、遂に鄙策を出して進歩党の一角を遊説し、曲弁して彼等を煽動して曰く、木翁の吾を傷くるは旧革進党の勢力を摧《くだ》かんとするの心に出と、而して此時木翁未だ彼の非行

を秘して公言せざるなり、彼たゞ小倉の言によりて自ら速断し、心中安からざるものあるが故に、予め曲弁して以て之が伏線をなせるなり、是を以て世人漸く彼の木翁と善からざるを思ひ、或は木翁の処に来りて其事実を知らんと欲するものあり、或は書を以て真情を問ひ合するものあり、漸く党中の一問題たらんとす、然れども木翁未だ俄かに之を発表せず、唯党内の領袖二三に密告するの止むを得ざるに至りしのみ、先生の台湾より帰り来りしは此間の事なり、而して先生の出し示すによりて私印私書偽造書を発見したるも此時なり、

当時古島君突然来りて僕を訪ふ、彼は略ぼ這般《しやはん》の事情を知るものなり、僕に謂て曰く、昨背山吾に会見を求め来る、吾れ彼を見ざること久し、而して今遽かに此事あり、想ふに君等の事件に関するもの丶如し、往見の可否如何んと、此日木翁仙台に行いて在らず、僕其往て見ることを勧む、彼れ即ちその如くす、帰り来りて謂て曰く、果せる哉、彼表に強硬を装ふと雖も内心甚だ悩めり、其意機宜に応じて吾を以して調停に当らしめんと欲するもの丶如しと、木翁の帰るに及んで告るに此事を以てす、翁聞て喜色あり、平和の落着を希望するが故なり、

既にして背山古島君に頼つて会見を木翁に求む、素より彼の心中安ぜざるものあるに因ると雖も、古島君の暗に利害を諷示するあるにあらずんば曷《な》んぞ茲に至らんや、木翁仍て答へて曰く会見は太だ可なり、然れども吾が為めに背山に告げよ、待

合、料理店にて会見するは不可なり、而して会見の時又一二友人の臨席を要す、麻翁、奠南、岡造の中に就て之を選べ、会見の場所も亦三友中の家を以てせんと、古島君乃ち此意を背山に伝へ、再び来りて木翁に通じて曰く、某日を以て奠南の所に会せん、而して麻翁奠南二人の臨席を乞はんと、期日至る、翁僕をして偽造書の写本を作らしめ、之を懐にして会場に臨めり、帰り来て状況を報じて曰く、背山の演説殆んど二時間の長きに亘り、其巧妙なること実に非を飾るに足る、吾れ議論の要なきを見て多く言はず、遂に携ふる処の偽造書二通を出し示して曰く、君の説く所理あるに似たり、然れども終に此二書を如何と、彼れ言なく叩頭して其罪に服せり云々、

此会見や秘密会見なり、素より世人に発表すべきに非ず、会合の人亦背山の為めに秘密の徳義を守らんとするものなり、而して彼も亦其罪に服して之を償はんと欲す、則ち一縷の希望又た之より生ぜり、偶々朝報背山の非行を掲げて攻撃を加ふ、もとより未だ偽造書の事に及ばずと雖も、彼や将に名誉の世界を駆逐せられて政治的生命を絶たれんとす、其狼狽せるや論なきなり、また偶々硬石の会見を彼に求むるあり、君や胆腕の力を以て称せらるゝもの、罪悪ある彼の恐怖せるや論なきなり、而して僕等元と此事を知らず、古島君の注意によりて始めて之を知れり、古島君且つ云ふ、背山此事を邪推して以て木翁の教唆に出づるとなし、甚だ翁を恨むもの、

如し、此の如きは惟《ひと》り事の進行に害あるのみならず、恐らくは世人も亦木翁の心事を解せずして却て酷薄の人となさんとす、請ふ君等善く之を図れと、僕等朝報の事亦硬石の意に出づるを聞き、往て記事の中止と背山面会の期を寛ふせんことを乞ふ、彼れ事情を斟酌して之を諾す、而も朝報其鋭鋒を収めず、遂に偽造書を暴露して以て背山の非行を証明するに至る、是豈背山に対する死刑の宣告にあらずや、是に於て彼は毒皿的決心を採れり、同時に平和的手段は再び破れたり、

背山の方面此の如し、而して木翁の方面には更に新なる問題を生ぜり、何ぞや、党内に於ける背山処分問題是なり、則ち偽造書一たび紙上に顕はるゝや、翁に向つて之が処分を促すもの太急《はなはだ》、翁亦此に至つて曲庇するに由なく、窃かに背山に勧告するに退党の事を以てす、彼応ぜず、乃ち総務委員の権を以て除名するの止を得ざるに至る、

平和手段は既に破れたり、剰す所は最後の一策のみ、何ぞや、起訴是なり、然れども背山嚢に木翁に対して其償ふべきを言へり、故に猶確答を得るの必要あり、乃ち先生の書を携へて往て背山を訪ふ、素より儀式的なり、而して背山の先生に答ふる所彼の如し、先生之を怒つて起訴を欲し、僕等亦之を賛す、而して中間に立ちし古島君も亦策の施すなきを知るが故に、敢て僕等の決意を拒まず、以て止を得ざるの事となせり、乃ち法律の事を三好退蔵君に托するの議も亦決す、此間偶々後藤君

の事ありしと雖も終に頭尾なく、先生却て之が為めに激し、僕等亦之を怒り、為めに愈起訴の決心を固ふせり、蓋しまた騎虎の勢なり、

当時僕偶々硬石と木翁の処に会す、彼問ふに事の経過を以てす、僕為めに其大略を述べ且告ぐるに起訴の決心を以てす、彼甚だ之を賛し且曰く、君等既に此決心を採る、須らく正々堂々の陣を張つて背山を迎ふべしと、又曰く、吾友桜井なるものあり、略ぼ此事を聞知して憤慨に堪へず、敢て無報酬を以て孫君の為に尽さんと欲す、君一たび会見して詳談する所あれと、僕之を可となし、木翁も亦其意を賛す、即ち三好君を主任となし、桜井君を副となすの議を決す、

次日、僕の親戚一木君書を送つて余を迎ふ、往て之を見る、座に福井君なるものあり、云ふ背山の友人なりと、一木君先づ僕に問ふて曰く、君の意背山を死地に陥れて甘心せんと欲するかと、答へて曰く否、復問ふ木翁の意如何と、答ふるに僕と同心なるを以てす、彼れ頭を掉つて曰く、否木翁の背山を追窮する実に酷に過ぐ、曰く新聞、曰く除名、此二事を以て天下既に木翁を目して無涙無血の人となさんとす、而して今又背山を起訴せんとするを聞く、是豈背山を斬らんと欲して却て自ら傷《そこな》ふものにあらざるか、木翁の明を以てして此覩《みや》易《す》きの利害を察せざるは何ぞやと、僕事の経過を陳弁して其寃を解き、且つ曰く、木翁豈に一身の利害を知らざるものならんや、但孫君に対する義理を思ひ、自己の責任を想ふが故に、敢て一身の利害

を顧みるに遑《いとま》あらざるのみと、彼れ甚だ解色あり、忽ち語調を一変して曰く、然らんなり、若し果して然らば、是実に君の発憤して手腕を揮ふべき処にあらずや、君従来木翁の恩顧を受くること誠に浅少ならず、之に酬いるは唯此一時にありと、僕其意義を問ふ、彼容を正して曰く、吾が世人に比して多く木翁の心事を悉《つまびらか》にすることは君の知る所の如し、然れども外間に居て這般の事を看る、吾且つ木翁の無情を思はんとせり、幸に君の説明するによりて氷解せりと雖も、世人の此事に就て木翁の心事に惑ふもの吾より甚しく、而して之が氷解の道あるなし、是豈に木翁の為めに悲むべからざらんや、且夫れ背山の非行掩ふ可からざるものあらんと雖も、君も曾て一たび信頼して大事を依托したる人物にあらずや、若し彼に悪事ありとすれば、君等不明の責も自ら其内にあり、曷ぞ君の心胸を大にして背山を迎へ、以て木翁をして世人の疑惑より脱せしめざると、情理明晰、僕の心甚だ動く、然れども背山や奸智絶倫、能く敵情に従つて緩急の策を弄するもの、僕終に其済度すべからざるを知るが故に、其忠言を斥けて辞し去れり、彼れ云ふ背山此朝来りて仲裁を乞へるなりと、

此日木翁電を以て僕を招く、翁曰く、今日麻翁来りて吾を訪ひ、切りに背山を追窮するの非を言ふ、吾れ一々其言ふ所を反駁せるに、麻翁甚だ意に満たざるもの、如くにして去る、去るに臨んで吾に嘱して君を見んと欲するの意を伝へしむ、彼れ

今晩刻紅葉館に在るべし、往て会談する可なりと、此日先生と古島君の寓に一会して弁護士三好君を訪ふの約あり、故に直に車を馳せて古島君の寓に至り、玆に先生と相会して共に三好君の事務所に至る、偶三好君在らず、乃ち先生と別れて紅葉館に至り麻翁を見る、翁僕を別室に伴ふて謂て曰く、吾の君を見んと欲せるは背山事件に関してなり、君等少しく責手を寛《ゆる》うしては如何と、僕其経過を略述して起訴の止を得ざることを弁ず、翁曰く、事情は吾も亦略之を諒す、但し我は木翁の良友なり、想ふに君も亦然り、而して君はまた孫君の至友なり、君と木翁と力を異郷亡命の士に致すの高義、吾れ実に感激に堪へず、然れども背山の木翁と多年の政友たることは君も亦之を知らん、而して今孫君を活さんが為めに背山を殺さんとす、是豈仁者の所為と謂ふ可けんや、木翁は云ふ、吾は奸智を弄して亡命志士の膏血を啜りしものに灑ぐべき涙を有せずと、是れ理なり、理は則理なりと雖も、人間の涙は理に灑がれずして情に流る、優者に傾けられずして劣者に動く、若し君等強ひて其決意を遂行せんか、天下の同情は寧ろ背山に傾き、却て木翁を目して無血無涙の人となさんとす、今背山を九死の中に救ふは、木翁の寃を雪《すす》いで其盛名を保全する所以なり、君何ぞ背山を救ふて而して孫君の事を遂げ、同時に木翁の盛名を保全するの道を講ぜざると、僕其道既に尽きて此決意を採れるを告ぐるや、彼れ頭を揮つて曰く、否未だ尽さゞるものあらん、君にして其心あらば吾乞ふ自ら背山の方面を受持

たん、君願くは額の多寡を言はず、吾が取り得る所の金員を以て孫君を慰めよと、至情人を感ぜしむ、僕乃ち之を諾す、

麻翁仍てまた僕に謂て曰く、君若し吾が乞を容れば起訴の手続きを中止せよと、僕曰く非なり、余等三好君と明後日の会見を約す、猶ほ二日を余す、想ふに先生と背山との談、一席にして決すべきのみ、曠日弥久を容るすべからずと、翁亦善と称す、既にして翁また謂て曰く、吾れ甚だ金銭上の事に疎なり願くは好顧問を得んと、僕仍て古島君を推す、翁また善と称す、

二日の後、僕等また先生と古島君の所に会し、共に往て三好君を見る、而して三好君の言ふ所彼の如し、(言に曰く背山の罪に対しては已に定法あり、然れども事陰謀に関聯するが故に、関係の人もまた一応再応の調べを受けざる可からず、且事の関する所四箇国人に亘り、未曾有の疑獄を惹起すべければ、終局までには数年を費やさゞるを得ざらん云々)故に先生の決意も亦動けり、然り而して三好君の言ふ所にして若し背山の知るところとならんか、恐らくは彼また反覆して頑硬の策を執らん、故に秘して同友と雖も知しめず、また深く麻翁に秘して起訴を進行しつゝあるが如きの態を示し、以て暗に背山方面の事を促迫せり、嗚呼僕は終に策を構へて麻翁を欺くの人となれり、仍て麻翁は起訴の期の至らんことを恐れて背山との交渉を急げり、而して終に背山の家屋を提供し来れり、(見積り価額一万三千金)僕等少しく其少額なるに驚けり、木翁も亦然り、然れど

も僕既に麻翁に誓ふに多寡を言はざるを以てす、止むなくんば僕独り退引して其責を逃れ、別人をして之が交渉に当らしむるの一法あるのみ、仍て先生等に質すにその可否を以てす、皆曰ふ若多寡を争ふて談判破裂せんか、問題は再び起訴に回るべし、而して起訴の事三好君の言ふ所の如し、宜しく姑息手段を採るべきなりと、仍て古島君麻翁に至りて先生の現状を説き、以て懇請する所あり、翁歎じて曰く、背山は死に至るまで策を弄する男なりと、蓋しその財を隠匿せることを察知せるなり、乃ち発憤して自ら一千金を出して先生に償はんことを請ふ、先生義を守つて之れを受けず、故に翁終に背山を説いて別に二千金の手形を作らしめ、また先生家屋を取ることを喜ばざるが故に、其見積り価額一万三千金を収領して局を結ぶに決し、終に八百勘の会合となりて段落を告げたり、皆実に先生の知る所の如し、

事実は実に前陳の如し、今裏面の心情を描出して約言せんか、背山を殺さずして、義を先生に立てんとは木翁最初の希望なり、寧ろ背山を殺し、自ら無血無涙の嘲を受くるも、義を先生に立てんとは木翁最後の決心なり、背山を九死の中に救ふて、木翁をして無血無涙の嘲なからしめんとは麻翁の至情なり、僕不幸にして此中間に立ち、また不幸にして両翁の心事を洞察するの明あり、而してまた能く先生の情況を知悉す、殊に施為の苦を感ぜずんばあらざりき、唯自ら先生の知を辱なふするの厚きを信ずるが故に、敢て狐疑する所なくして其衝に当りしのみ、

僕の言ふところ将に尽きんとす、自ら顧みて能く此の如き冗長の文を作りたるに驚き、且つ自ら此の如きの愚を為せるを愧づ、然れども僕をして此極に至らしめたるものは誰ぞ、愚を知つて猶且つ之を為す所以のものは何ぞ、偏に人情の阻隔し易きを恐るればなり、之を恐るゝは、先生との交情を万世に完ふせんことを希へばなり、先生笑ふなくんば幸甚、

恵州事件

嗚呼夢何ぞ煩なる、煩夢人を悩ます間に、菲島独立の夢は過ぎ、恵州義軍の夢も亦去れり、而して菲島の事や既に天下人の知る所、恵州義軍の事に至つては未だし、余夫れ更に痴人説夢の夢を学ばん哉、

明治三十三年六月、孫君余等と横浜を発して香港に向ふや、予め令を広東の部将に伝へて、壮士六百人を三州田の山寨に招集すべきを命じ、(三州田は広東大鵬湾の附近に在り、香港より舟行一日程の処) 船香港に着するに及んで、略ぼ布置施設の号令を発し、孫君は是より西貢を経て新嘉坡に向ひ、余等は香港の事を了りて新嘉坡に直行し、茲に落合ひて諸般の方針を一定し、再び踵を返して香港に回航し、間道より密行して三州田の山寨に入らんことを擬せり、是実に大体の方針なりき、然り而して偶々新嘉坡の

疑獄事件あり、余と呑宇は五年間の逐放を命ぜられ、孫君及び其他の同志亦身を隠すに由なくして、舟を同うして香港に至れり、

此時三州田山寨既に整備し、六百の壮士斉《ひと》しく集まると雖も、洋銃三百、弾丸各々三十発を帯ぶるのみ、但党中窃かに広東省城某営の隊長と通ずるものあり、重資を用ゐて兵器を密買するの約をなせり、孫君仍て資を給して此事を行はしめ、また一面には小瀛船を買収することを命ぜり、頼て以て三州田山寨に直入せんと欲せしなり、時に忽ち香港総督の令あり、余呑宇とまた此処より逐はる、乃ち険を冒して大陸に潜入するの議出でたりと雖も、警察の厳防ありて此事も亦終に行ふ能はず、孫君仍て三州田の山寨を固守して以て後命を待つべきを令し、余等と船を同うして、一旦日本に回航するの止を得ざるに至れり、

孫君日本に回りて数月、西馳東駆、計画するところ尠からずと雖も、十失ありて一得なし、乃ち三州田の壮士糧食日に少く、漸く附近の各地に分散して同志の家に寄食し、僅に八十人を留めて以て山寨を守るに至れり、而して数月以来、隣近の村民誤て寨中に入る者あれば、皆内に拘留して外に出づるを許さず、以て天機の露泄を拒ぐが故に、四面の村民、山寨に進むもの、入ありて出づるなきを見て、漸く疑念を挟み、風説亦従つて起るに至る、云ふ三州田の山寨中に人の反を謀るものありと、一以て十に伝へ、十以て百千に及び、針小棒大、遂に人馬数万の衆ありと伝説するに至る、是

に於て両広総督命を水師提督何長清に伝へ、虎門の防軍四千人を率ゐて深州《ママ》に進み、また陸路提督鄧万林に命じ、恵州府城の防軍を淡水、鎮隆に進め、以て三州田の出路を塞がしむ、而も清兵吾軍の大衆を聞いて敢て冒し進まず、疑惧逡巡して為す所を知らざるものゝ如し、然り而して吾軍声威甚だ大なりと雖も、内実は極めて寡弱、若し敵人八千の兵を以て直進せんか、一朝にして擒《とりこ》となるや必せり、是を以て寨外の同志深く之を憂慮し、電を孫君に致してその進上を乞ふ、孫君仍て令を伝へて曰く、天機既に泄《も》るゝが如くんば、宜しく暫らく解散を行ふて以て敵鋒を避くべしと、而も三州田の壮士深く敵情を知るが故に、敢て遽かに直進せず、又天険の恃むべきものあるが故に、敢て遽かに山寨を離るゝを欲せず、再び語を孫君に寄せて曰く、若し能く弾丸を広東の某地点に送り、以て其地点を明示せば、一気突出して之を帯び、頼て以て敵軍に当らんと、時に孫君台湾に在り、再び令を伝へて曰く、若し能く突出するを得んか、直に趨《はし》つて厦門に至るべし、此処に至らば接済の道あらんと、孫君の余等に命じて送○の準備に着手せしめるは此時なり、而して背山の悪事露顕の端緒は則ち是なり、孫君の令尚ほ未だ山寨に達せず、而して水師提督何長清は已に其前隊二百人を移して沙湾に駐め、将に横岡に進んで以て三州田を探らんと欲す、吾軍早く此事を探知し、座して以て敵を待つの不利なるを思ひ、機先を制して軍気を振ひ、以て敵胆を破るに如かずとなし、領袖黄○遂に寨内八十の壮士を率ゐ、夜に乗じて沙湾を襲撃し、敵兵四十余人を虐殺す、是に於て余衆悉く潰走せり、乃ち洋銃四十余、弾丸数箱を奪ふことを得たり、是より吾軍大に振ひ、天明勝に乗じて追撃し、以て直に新安城に迫らんと欲す、偶々大将鄭君香港より孫君の電を帯び至るに会ふ、仍て軍令を改め、路を東北に取りて以て厦門に向ふこと、なれり、時に吾軍已に至つて半途に在り、令を聞いて折回して横岡に集まり、以て前日三州田に集まりたる壮士六百人を得たり、而して大股の同志五六千、多く新安虎門の間に集まる、此等の同志、初め三州田の壮士と力を合せて以て新安城を陥れんことを擬せり、而して半途令を改め、本隊をして東北路に向はしめたるを以て、遂に新安を陥れず、また彼此の勢力を合するの機を失せり、蓋し遠隔の伝令を固守せるの失なり、

是より鄭君黄君に代つて司令長となる、則ち沙湾一戦の後、敵軍敗走せりと雖も、而も其中軍猶未だ挫けず、三千衆を控へて巌として淡水に在り、而して鎮隆猶ほ一千の兵を剰す、然も吾軍六百、軍機《ママ》を有するもの僅に三百余人に過ぎず、仍て平山、龍岡の二処に号招して千余人を得たり、乃ち軍機を有せざるものは戈矛《くわほう》を取らしめて以て声勢を助け、直ちに鎮隆に向て進発せり、時に敵兵已に兵を仏子劫に出し、険を扼して以て吾軍を迎ふ、吾軍中戈矛を持するもの前にありて気勢を示し、洋銃を持するもの左右両隊に分れ、葡匐して山に上り、敵兵の両翼に至りて斉しく襲撃を加ふ、敵大に驚潰《きやうかい》す、吾軍勝に乗じて之を追ふ、殺傷甚だ多し、此役敵兵を擒《とりこ》にすること数十

人、敵将杜鳳梧も亦擒となる、洋銃を奪ふこと七百余、馬十二頭、旗幟、号長《ママ》、翎頂の数勝げて数ふべからず、而して弾丸五万余又吾が手中に入る、此夜吾軍鎮隆に駐劄《ちゅうさつ》す、

時に同志の恵州より来るものあり、情況を報じて曰く、博羅城の同志起つ能はず、（此一団の同志恵州城を陥るゝを期せり）清兵陸続として来りて已に五六千の多きに至る、而して提督劉邦盛、馬維祺、莫善積の徒已に至り、鄭潤林、劉永福の徒も亦日ならずして至らん、若し敵兵斉しく到るあれば、当に二万の衆に至るべしと、鄭君乃ち衆寡敵せざるを知つて敢て迫らず、早天隊を率ゐて永湖に向つて進軍せり、是日途中二三小戦あり、夜永湖に着して駐宿す、是を沙湾戦後の第五日となす、

先是、鄭君全軍に命じて秋毫も犯すなからしむ、故に沿道の郷民箪食壺《たんしこ》醤《ママ》して歓迎し、欣声道途に喧し、即ち銃声一絶して爆竹の声之に従ふ、財帛の献、牛羊の饋、勝て計ふべからざるなり、父老嘆じて曰く、従来革命の兵、未だ嘗て此の如く厳粛なるものあらず、実に是れ仁義の師哉と、同志来り投ずるもの数千人の多きに至る、

第六日早天永湖より隊を進め、行くこと数時、忽ち敵軍の大衆を見る、蓋し淡水の軍退回して恵州の派兵を此に会集したるなり、其数約五六千、吾軍の数略ぼ之と相等し、唯洋銃は則ち千余桿ある耳《のみ》、然も吾軍の志気甚だ壮大、実に敵軍を呑滅するの概あり、乃ち洋銃を持するもの争ふて先登をなし、敵に向つて猛撃を加ふ、戦闘数時の

久に亘りて敵軍大に敗れ、四向逃奔、恵州城に向ふものあり、淡水に向ふものあり、白芒花に向ふものあり、敵軍の提督劉万亦重傷を受く、即ち吾軍四向追撃、洋銃五六百桿、弾丸数万顆《か》、馬三十余頭を獲得せり、而して敵兵を生擒すること百余人、皆辮髪を剪去りて軍役の用となす、

此夜隊を整へて白芒花に前進す、天明其地に到る、此地敵人の踪跡を見ず、村民歓迎して勇躍を為す、而して同志の来りて軍に投ずるもの五六千、乃ち合計一万余人を得るに至れり、是日此処にありて粮餉《りやうしやう》を整へ、以て遠征の準備をなす、則ち第七日なり、翌日黎明起程、厦門に向つて進軍を始む、途上敵軍を見ず、惟人衆繁雑、紀律未だ備らず、為めに行程甚だ緩なり、而して沿道の村落、屋宇甚だ少にして吾軍を容るゝに足らず、仍て連夜天幕を張つて宿次となし、以て第十日に至る、此夜往て崩岡墟に到つて始めて人家に宿泊す、此処復敵人なし、第十一日黎明敵人を沿河に見る、吾軍崩岡墟に拠りて営塁となし、布陣接戦、敵軍の応戦するもの七千余人、相持して下らず、吾軍終に営塁を固守して夜を徹するに至る、第十二日情形昨の如く、彼此相持して下らず、夜に入りて吾軍小隊を出して敵塁を襲撃し、夜より旦に達す、敵軍稍退却す、吾軍斉しく出で、之に迫る、苦戦数時、敵軍遂に敗走す、日落るの後、吾軍隊を収めて復た横岡に入り、行李を拾収して発程の準備をなす、蓋し此日の戦、吾軍弾丸将に尽んとす、而してまた長途行軍の要あるを以て、敵軍を追撃する能はざるな

り、而して弾丸欠乏の事、実に司令長の憂慮措く能はざる所、唯急行して厦門に至り、以て外来の接済を望む耳《のみ》、然も是亦空望なり、背山の罪豈に軽からんや、

第十四日、隊を抜いて起程、晩に三多祝に至りて投宿す、翌十五日、四郷の同志来りて軍に投ずるもの甚だ多し、前後総計二万余人、是日隊伍を遍置して大に粮餉の備をなす、蓋し三多祝より梅林に至るの間、四五日の路程皆大郷村なく、粮食給せざるを慮るが故なり、

第十六日、三多祝を発して晩に白沙に到る、

第十七日、将に起程せんとする時、人の香港より海豊を経て至るものあり、孫君の令を伝へて曰く、政情忽ち変じて外援期し難し、則ち厦門に至るも亦恐らくは能く為なし、軍中の事乞ふ司令自ら進止を決すべしと、則ち背山の事によりて○丸を送る能はず、台湾の事情亦孫君の内地に進入するを許さざるものあればなり、軍中此報に接して意気頓《とみ》に喪失す、即ち各領袖を集めて会議を起す、皆云ふ厦門の接済期すべからずとせば、寧ろ沿岸に退出して海を渡り、再び三州田の山寨に返りて是に拠り、法を設けて香港より弾丸を購入し、復た西北に向つて新安、虎門の同志に進会し、一気広州城を陥れて以て号令を敷かんと、議決す、是に於て隣近の附従者を解散して各々家に帰らしめ、惟洋銃を持するもの千余人を剰して、海陸に分れて大鵬に回る、時に三州田の山寨猶未だ敵手に落ちず、而して水師提督何長清、僅かに其深川の軍を移して横岡に駐劄す、仍て同志謀つて横岡を襲ひ、以て何長清を擒にせんと欲す、然も軍に

資なく、粮食給せず、而して弾丸も亦購入すること能はず、終に奇計を抱ひて空しく解体するの止を得ざるに至れり、嗚呼是誰の罪ぞ、

此軍中吾兵の戦死するもの四人のみ、皆実に革命軍の犠牲児なり、然り而して余をして殊に回顧の情に堪へざらしむるものは、史堅如君、楊飛鴻君の惨死と、吾が日本人の同志山田良政君の身の上なり、余硬石の為めに傷られて、不忍池畔の隠家に療養せる時、孫君来り訪ふて一書を出し示す、受けて読下すれば、史堅如君の兇報なり、云ふ彼れ広東省城に於て官兵の為めに捕獲せられ、後幾何《いくばく》ならずして斬頭機上の露と消ゑたりと、嗚呼胡為《なんすれ》ぞ是に至るや、十八歳の少年、美貌玉の如く、温柔鳩の如き彼れ、天下の憂に先ちて恵州革命軍に暗通し、単身広東省城に潜入して放火を行ひ、また爆裂弾を大官の邸内に投じて廿余人を斃し、以て大に官人の心胆を寒からしめ、窃に恵州軍の為に箝制運動を努めたりしが、事顕はれて捕縛せられ、終に断頭の極刑に処せられたるなり、

余等の曩に香港を逐はれて日本に回航せんとするや、日支両国の同志来り送るもの甚だ多し、史君亦来る、別れに臨みて呑宇、史君に贈るに日本刀を以てす、彼れ喜び受けて持去らんとすれども警官の厳視あり、乃ち種々に考慮を労し、柄元を深く長袖の内に握り込み、鞘先を洋傘の内に受け、妙々と連呼して右手を打振り、顧眄《こべん》微笑しつゝ分れ行きし容体、今猶眼底にあり、而して今や其人亡し、噫、

恵州の事了りて後数月、革命敗軍の将鄭弼臣君逃れ来る、胡服を脱して洋服を着け、辮髪を絶ちて散髪となる処、恰も別人を見るが如し、実に人をして感慨に堪へざらしむ、彼れまた一悲報を伝へて曰く、革命軍の恵州城に迫るや、日本の同志山田君来り投じて之を助けり、而して軍を三州田に返さんとするに及んで、其踪跡を失す、実に関心に堪へざるものありと、爾来二星霜、杳として消息の聞くべきものなし、実に人をして憂慮に堪へざらしむ、彼れ支那に遊ぶこと多年、能くその事情形勢を悉にす、性、温良にして寡言、志高遠にして熱切、恵州の事あるに及んで独り上海より馳せて之に投ぜり、以て其の志と気とを見るべきなり、彼れ夫れ如何なる天地に逍遥しつゝあるか、願くは健在なれ、

後数月また一悲報到る、曰く我党の領袖楊飛鴻君、刺客の毒手に香港の寓に斃されたりと、続いて詳報到る、曰く是れ官四万両を懸けて其首を求め、無頼の賤民之に応《し》じたるなりと、又云ふ、香港の政庁其下手人を捜索すること太急、仍て両広総督其使嗾《そう》に出でたることの露顕せんを恐れ、自ら下手人を捕へしめて以て斬に処せりと、楊君夫れ聊か地下に慰むるを得んか、否、越山楚水長《とこし》へに唐虞の徳に回らざれば、彼等豈瞑目するを得んや、何の日か夫れ斯くの如くなるを得ん、嗚呼何の日か夫れ斯の如くなるを得ん、

回顧すれば半生一夢、総て是れ失敗の夢迹なり、夢迹追懐し来りて痛恨の情に堪へ

ざるもの、実に菲島事件と恵州事件の二となす、而して菲島の事彼の如くにして破れ、恵州の事亦此の如くにして破る、想ふて茲に至れば、余は実に背山の肉を喰ひ、血を啜も猶ほ且つ慊《あきた》らざらんとす、嗚呼豈に余のみならんや、志を同うし道を共にしたるものは皆然らん、況んや孫君本君に於てをや、然れども飜つて考ふれば、皆是自己不明不徳の致す所、罪を背山一人に帰して之を責むるは道にあらざるなり、然り、彼を責るは自ら責るに如かず、人に求むるは自ら求むるに如ず、嗚呼吾れ夫れ終生山門の人とならんか、

　山門に入るは可なり、然れども余が児子は如何なる状をかなせる、居るに家なく、食ふに穀なく、着るに衣なく、その母の郷に至りて運命を托せり、余が妻の之が為めに心を痛めること幾何ぞや、余は彼等を捨てゝ独り山月を楽むの人となるを得ざるなり、余は従来幾多人の情を受けて吾道を歩み来れり、殊に二三小家を倒し、或は倒さんとして今日に至れり、則ち待合松栄の如き、旅宿対陽館の如き、香港七番の如き、近くは留香女史の如き、皆余が為めに困憊せり、余は自ら世を捨てんが為めに此等の責務情誼をも併せ捨つるに忍びざるなり、

　然り、今は留香女史の家も半ば倒れり、彼は幾度か糊口の唯一資料たる晴衣を典して一時を弥縫せり、為めに彼と其母との間には亦幾度か激しき衝突を惹起せり、「此年甲斐もなき女郎が、男にのろいから、一体腕前がない、」是れ母の其子を罵る常語な

り、「親甲斐もない、誰が芸者なぞにして呉れと云つた、元の通りにして戻しやがれ、」是娘の其母に答ふる套語なり、余は幾度か其家を飛び出さんとしては躊躇せり、彼女を愛することの深く、義理のしがらみ固ければなり、斯る間に家運愈々傾きて、留香の晴衣は倉の中に封ぜられ、また三絃を把つて野呂馬の腕をひねるの術なきに至れり、茲に至つて余は益々義理と情の深淵に陥れり、

余の始め留香に寄食するや、少時にして再び大陸に潜入し、以て風雲を呼び起すの期あらんことを予想せり、而して事情遂に吾を允さず、焉矣の間に月色早く白まるに至れり、然も猶ほ一縷の希望を懐ひて○○、○○の諸君と密計する所ありしと雖も、此希望も終に全く去りて、余の運命窮まれり、然り、窮まれば変ぜざる可からず、余夫れ当に如何か変ずべき、余は先づ留香に向つて新なる夢を漏らせり、

唱はん哉落花の歌

実に人は自己に対する外間の重望に副ふ能はざるより苦なるはなし、仮令《たとへ》ば贔負力士の土俵に倒るゝが如し、その初め土俵に上りて四股を踏むや、輙《すなは》ち所謂贔負客の喚声拍手、雷の如く霰の如し、此時力士の心情果して如何、嗚呼彼れ豈に一身の栄辱を顧るの遑あらんや、唯夫の贔負客の望みに副ふを得ば則ち足らんなり、余や曾て所謂

大志大望なるものを抱けり、留香もとより這般の消息を解せず、然れども余を以て一個の出世力士として贔負したるや疑なし、乃ち前後四年の貧苦心労を忍んで敢て棄てざりし所以のものは、彼が半面の情愛と半面の属望と、相待ち相依しに是れ因るのみ、然り、彼の余に於ける実に一個の贔負角力たり、余の彼に於ける豈に尋常贔負客の類にして止まんや、然れども余の意志は逆行して、彼をして失望せしむべき方向に進みたり、則ち名誉の世界を脱して、世の卑下する所の境に斯身を置かんと決せり、而して終に此事を以て留香に明言せり、彼の驚愕して失望の色をなせしも理《ことわり》哉、彼は涙ながらに余を慰めり、曰く、苦しからんが時よ時節と諦めて、暫らく現境に安じ、又来る時節を待つて思ひ事を謀らせ玉ふては如何んと、余の決意の動かすべからざるを見て又謂て曰く、夫れには何か深い仔細のあることならんと思へば、妾には夫れにてさうと安心しますが、御実行の其時までは深く母に秘しおいてと、嗚呼「今に見やがれ」と力味し留香も、茲に愈々口を噤んで頭を其母の面前に垂れざる可らずなりぬ、豈に啻《たゞ》其母のみに止らんや、彼は幾多の友達お客に笑はれ、幾多の親戚縁者に嘲られざるを得ざる時節とはなれり、嗚呼是誰の罪ぞ、

明治三十五年三月二十三日、余は芝愛宕下町寄席八方亭に至りて桃中軒雲右衛門を訪へり、彼は目下第一流の浪花節語りにして、愛進舎頭取なり、彼れ偶々横浜に行いて在らず、故に一葉の名刺を其門弟に托して去れり、此夜再び往て面会を求む、彼れ

余を允して楽屋に入らしむ、乃ち叩頭して其門弟子たらんことを乞ふ、彼れ笑つて答へず、心中甚だ余の乞ふ所を信ぜざるもの、如し、信ぜざるも理なり、余曾て彼と一面の識なく、また彼れに頼るの手蔓を有せざるを以て、一封の紹介さへ持せずして突如として此儀に及びたればなり、是に於て余もその疎忽なりしを悔悟せり、偶々坐辺に「二六新報」の飜へるを見たり、則ち把《かへ》つて「三十三年の夢」を示して曰く、是余が自己の経歴を書して以て半生の懺悔に易ゆる所、其意実に世を棄て、浪花節の群に入るを希ふものなり、願くは此意を諒して乞ふ所を許せと、彼少しく解色あるもの、如く、余を顧みて曰く諾、而して問ふに余が寓所を以てす、仍て片紙に認めて之を示す、彼曰ふ明日事ありて貴寓の附近に至る、帰途訪問して以て寛談すべきなりと、既にして酒肴備はる、共に数瓶を尽し、再会を約して辞し去れり、

翌日雲右衛門師其夫人と共に来る、例の階上の四畳半に対坐す、余は既に師の礼を以て彼を待てり、彼先づ頭を傾け、而して後膝を叩いて独語して曰く、これでは偽物ぢやないぞと、其夫人は首肯いて吹き出せり、云ふ、実は御冗談とばかり思つて居ましたが、この御模様を見ては疑が晴れましたと、師の雲右衛門は語を続《つ》いで言へり、実は実否を確めんが為めに探験と出懸けたる次第なりと、既にして酒肴は留香の手によりて運ばれたり、余は然らば更めて師弟の義を結ぶを得んと、杯を洗つて之を師に捧ぐ、師の曰く、願くは兄弟の義を結ばん、君は吾に依つて芸道を学べ、吾は君によ

りて知見を拡むるを得んと、師の心始めて釈《と》け、余の志願始めて緒に就くを得たり、

乃ち共に数瓶を尽し、微酔を催して分れ去れり、

然れども留香の母と其弟とは、此時を以て余が転化の状を察知せり、喃《なん》々の声は聞えき、既にして喋々の弁は響けり、留香は階上に来りて泣て余に懇望せり、願くは思ひを飜して斯業を思ひ止まれと、余は情を制して剛腹《ママ》漢となれり、

翌日に至りて留香の母は東西に奔走せり、而して留香は悄然として憂色あり、屢々太息《たいそく》し独語して曰く、また辛ひ稼業をせにやならぬかと、余は爾後十日の間此の如きの闇黒界に苦悩せり、義理と情けに絆されたるなり、

四月三日、余は遂に留香の寓を辞して居を師の寓に移し、愈々桃中軒門下の一弟子となれり、而して留香も亦再び左棲《ひだりづま》を採つて花柳の間に顕はれたり、通人の語に曰く、恋は連続せず、但色によりて連続するを得と、蓋し半面の真理を穿てる言なり、然りと雖も余《ママ》が彼《ママ》に対する一片の義と情とに至つては、共に無限の印象を刻みて今猶余が胸底に残されたり、

嗚呼世事人事、悟り来れば総て夢なり、悟らざるも亦夢なり、夢の世に夢を逐ふて、また更に新なる夢に入る、唱はん哉落花の歌、奏せん哉落花の曲、武蔵野の花も折たし、それかとて、嗚呼それかとて……、

附録

告白

三十三年の夏、余事を以て南方より帰りて東京に来る、一物早く尽きて身を措くに処なし、偶々漂母の情によりて不忍池畔の裏家に隠れ、私かに風流を気取つて斯心を慰む、蟄居累月、一事無成、漸く又髀肉の歎あり、終に筆を噛んで独酌放言を艸し、白寅《はくいん》の名を附して之を二六新報に投じ、以て紙面を瀆《けが》せり、則ち読者に見るの始也、稿完つて後数日、新報社の福田先生来つて余の隠家を訪ふ、余甚だ之を怪む、曾て友人として其居処を知らしめざるを以て也、先生余を見て一笑して曰く、独酌放言を難有う、閑の時には復やつて呉れと、言ひ終つて一紙片を投じて去る、余既に其の探察の敏に驚き、又怪んで紙片を取上て之を披ば、何ぞ計らん恵比寿印の一物ならんとは、余且驚き且心に慚づるありと雖も、又是旱天の膏雨也、依て以て大に得意の舌鼓を鳴らすことを得たり、然れども漂母の余を養ふや恰も鼠の象を負ふが如きのみ、其久きに耐ゆ可からざるや論勿《な》し、更に数月を累ぬるに迨《およ》んで、力全く尽きて糊口術無く、余亦百考すれども一策を得ず、終に前事を想ひ起して、再び筆を採りて狂人譚を草し、之を懐にして二六新報社に至り、福田先生に謁して告ぐるに実を以てし、頼て以て露命を繋ぐことを得たり、而して昨冬年迫るに及んで、我命亦逼《せま》る、万策窮つて復乾坤鎔爐《ママ》日抄となり、頼て以て命を続いで年と共に新なるを得たり。余が二六新報と読者に負ふ所少からずと謂ふべし、而して前稿未だ半ならずして、身に兇事あり、終に之を中絶するの止む可からざるに至る、余の罪責も亦た軽からずと謂ふべし、今歳こゝに改つて人皆新春を迎ふ、余豈に独り蠢《しゅん》々として旧態〔?〕を守らんや、乃ち自ら思ふ所ありて「三十三年之夢」一篇を草す、稿出づるに当つて、殊に前事を書して之を告白す、蓋し又過去の夢に葬らんとの意也、白寅や不忍庵主や雲介や、皆滔天が夢中前生の面影而已、読者諒焉、　滔天識す

江東客寓の玄海坊君に告ぐ返書差上度候得共居所不明故其術なし御一報煩度候

滔天白

莞爾君に答ふ　過去の夢は是也、現在の夢は書く事也、未来の夢や期すべからず、夢の期すべからざる猶君に花時の馳走を約すべからざるが如し、事未来に属すれば也、但揣摩《しま》憶測は人の自由也、権利也、独り擅にして可矣、忠言は僕別に蔵に収む、乞ふ安ぜよ、頓首、　滔天白

三十三年の夢、曾て承り候老兄の直話を追懐して、日々面白く拝読仕候、往時の拙詩殆ど忘却仕候、只原田南風の贈りし詩二、及び小生の之に和したるもの一を記憶仕候のみに候、恨らくは南風の詩三の内一を忘れたり、

有友南蛮鉄　練磨一剣知
断来金鰲足　好為補天基
有朋南万里　鵰鶚亦何知
本是垂天翼　一枝非爾基

有朋南斗星は忘れたり、

小生の之に和したるもの、

危邦千里入　行蔵亦何知
寄謝孔夫子　心存大道基

今此詩を写し、端なく長崎に在りて日々哲理を談じ、座禅を試みたる時の景況胸中に浮び来り、無限の感慨相生じ申候、

三月四日　古研

滔天老兄

狼嘯月君は当時の南斗星也、頃ろ一書を寄せ来る、乃ち左に掲げて一粲《いっさん》に供す、記者

をして一読回顧の情に禁へざらしむるものあれば也、但書中の賞言の如きは余固より之に当らざるのみ、況んや昨の我は今の我にあらざるをや、　滔天白

滔天兄足下、足下頃来文章の熟達実に敬服の至りに堪へず、曩に狂人譚及乾坤鎔廬日抄の記を読み、今又三十三年の夢を誦し、足下が平生の主張をば吐露するを敢てするの勇気を感賞す、其三十三年の夢に至つては、事々皆な実歴談を公開して忌憚なく、殊に其強勇《ストロング》の気魄を看るに足るものあるに嘆服す、即ち其の自由伉儷《かうれい》を説くの一段に至つては到底尋常人の為す能はざる所、況《ま》して当今の偽悪を以て豪傑となし、偽善を以て君子となすの社会に在つて、卓然として中自ら把住する所あるの意気は匪夷之所思也、余は今日（廿七日）の項に至つて、梅田雲浜観音堂云々の一句に就きて不図想起する所あり、当時足下が的野半介兄に向つて情事を訴ふるの書是也、恰も余も亦的野兄に寓せるの時なりき、依て親しく之れを観ることを得たりき、翰中左の一段の如きは、実に余をして足下が心胸面目如何の人なるを想望せしむるものありき、

愚妻元来豪傑の妻にあらず、屢々窮状を訴へて止ず、依て弟は梅田雲浜観音堂の記を写して之に贈り申候、若年の小生にして妻子を持ち候儀今更ら気恥かしき事に御座候

と、余は当時未だ足下の風丰《ふうぼう》に接するを得ず、たゞ〳〵的野兄等の話によりて之れを想像するに過ぎざりき、時に余も亦た渡暹の企図を抱き、的野兄に就き謀る処ありき、

依て足下と同行を勧められ、余はコ、に強固の後援を得たるの想ひありし也、而して足下と初めて相見るに及んで、余は実に足下が□々たる長髪垂れて尻辺に至り鬚髯蓬々胸間を掩ひ、眉黒く、眼白にして而かも怒らず、鼻高くして而かも尖らず、唇厚く、丈け六尺有余、酒を飲むこと牛の如く、耳熱して放声一嘯するや虎の吼ゆるが如く、弁論爽かに、論議雄大明晰、余は一見して八郎君の遺弟たるに耻ぢざるを想ひ、敬服畏敬して而して私かに謂へらく、関河可使成南北、豪傑誰堪共死生、と、今や真に斯人に会す、噫天未だ我徒を舍てず、共に以て天の南北地の東西を縦横するに足ると、而して彼の書翰に顧みて其の襟度風懐の洒々落々而かも情理併呑して綽《しやく》々乎たり油々乎たるに敬服せり、有体に自白すれば余は一見実に足下に心酔せしなり、「天下朦朧皆夢魂、危言報酬貫乾坤、誰知風雨破窓下、泣読蘆騒《ルーソー》民約論」を歌ひし八郎其人の面目を見るが如きを覚えき、而して此人その齢を問へば廿三、余より若き事一年なるに驚けり、「西郷さんは勤王主義ぢやろ、八郎さんあんたは自由民権主義ぢやないかな、異主義の人に与してソレを助けるチユウ事はイカンヂヤないか」などの詰問に、「ナアに西郷さんに天下取らせて又た謀犯《ママ》するたい」と、洒々落々とヤツテのけたる天縦の革命児八郎君の面影があり〳〵と見ゆるが如き心地して、余は真に斯人にあらずんばと、ほれてほれてほれぬきたりき、而かも「若年の小生にして妻子を持ち候儀今更ら気耻かしき次第に御座候」とは斯人にして斯心あり、斯言あるホンニしほらしのキハミにあらずや。これにほれずしてナントシヨウ、有情も非常《ママ》も、況して血性の横逸せる青年男児をや、余の心酔せしと云ふ豈に偶然ならむや、又其の酒闌に興に乗じて唸り出す祭文の一曲の如き、聴者をして血湧き肉躍らしむるの快あり、

親分頼む、親分頼むの声サへ懸くれや、人の難義《ママ》を他所に見ぬとの男伊達、人に誉められ、女にやすかれ、江戸で名を売る幡随院の長兵衛サン云々

の一齣実に君が得意の調覚へず人をして節を拍つて起舞せしむ、而して自ら撥《ばち》を捻つて筑紫琵琶に和してスコビリ〳〵とヤルの時、感極つて扼腕慷慨袗を湿さしむるものあり、イカに石頭鉄腸の丈夫もイッシカ動き出して嗚咽呑声の人と化し了はんぬるぞをかしけれ、余の心酔せしと云ふも豈に偶然ならむや、

周游天下志　欲養気恢弘　扶植任斯道　提携択真朋
□懐臨海渡　極目遇山登　落々時維値　乾坤一古矜

今や落々たる一古矜コ、に大道扶植の真朋を得たり、余が意気更に軒昂の□地天を衝くこと三万丈、

狼嘯月廿七日稿

古研生は当年の南万里也、頃ろ一書を寄せ来る、乃ち掲げて一粲に供す、本文の欠を補ふに足るものあれば也、

老兄去つて後南斗星南天子及び農夫四五輩と共に日出でて而して田を耕やし、日入つて而して道を講じ、農商務大臣より借受けたる二頭の水牛は暹羅の二大河に縁みて一を湄南と名づけ一を湄公と名づけたり、井を鑿《ほ》つて而して飲み田を耕して而して食ふ、無為にして化する聖帝の徳を思ひ余等の草庵に題するに帝力庵の名を以てせり、

当時余等の胸中理想の天国を建設するに在るを以て火耕水耨《すいどう》の労苦も中々に楽しかりき、去れど慣れざる業とて可笑しき節のみ多し、其耕すや南斗星水牛の鼻を把つて牽き、南天子耜《すき》を秉《と》つて後より従ふ、水牛或は右し或は左し南天子踉々として耜を支持すること能はず、南天子曰ふ、牽き方悪しと、南斗星曰ふ、鋤き方悪しと、日々此の如くにして喧嘩の間終に四五反許の田を耕やし秧《なへ》を挿み了れり、挿秧既に了れば亦耨《くさ》きらず漑《みづひ》かず、只時雨に依頼して其成長を待つのみ、

此間頗ぶる閑暇、即ち書を繙きて道を講ず、一日農夫は尽く黒甜の郷に在り、余等は読書に余念なきの時、湄南湄公の二先生窃かに逸出して千辛万苦に成れる四五反の秧田を食ひ荒せり、此年恰かも大旱に際して其食ひ余しの秧も亦尽く枯死す、斯くして此農業は一場の滑稽を以て失敗し了れり、

既にして食尽き老兄亦去つて以来杳として消息なし、因つて余は第二の使者として老兄の跡を追ふて帰国せり、余が去つて後四五の農夫は風土熱再たび発して或は死し或は病軀に堪へずして自殺を謀るあり、末永君亦之を奈何ともすること能はず、帝力

庵は既に悲惨の中に解散するの已むを得ざるに至れりと云ふ、

事既に六星霜の前に在り、今や余の思想には多少の変化を来たし老兄と其説を異にするものなくんばあらず、而も三十三年の夢を読み当年の事を追懐して豈に無量の感慨に堪へんや、

十日　　古研

滔天老兄

南万里の書簡又以て本文の欠を補ふに足る、乃ち掲げて一粲に供す

滔天老兄足下

僕等が孫君と相結ぶに至りたるの奇遇は殆んど小説に類するものあり、僕長鋏君と共に足下に先つて出発し、薩摩丸に搭じて上海に向ふ、船中偶ジヤパン、タイムスを読む、中に支那革命党の事を記したる雑報あり、其記事中 Sun yet sen なる姓名あり、僕曾て孫君の名を聞く、然れども其の広東語の発音の Sun なるを知らず、Sun yet sen なる者は果して何人なるか、願くば此の如きの英雄と相会して共に支那の将来を談ぜんと之を備忘録に記せり、上海に到るの後日本の諸友を訪へども曾つて僕等の希望を満足せしむるものなく、亦足下により米人ガルスト氏より紹介を得たる単税論者某氏も支那革命党の真相に就て知る処なく、僕等は左せんか右せんか殆ど其方向に迷へり、

僕一日書肆 Kelly に至りて孫逸仙が自から倫敦に於て幽囚せられたるの顚末を記したる一書を発見せり、僕等は玆に一道の光明を認め将さに広東に向つて出発せんとし足下に向つて一書を発し略孫君の来歴をいふ、此時は正さに足下が陳少白君と相遇ふたるの時にして相互の干係孫君に集まること東西符を合するが如し、豈に奇と曰はざるべけんや、

僕等香港に到るの後旬日にして長鋏君は帰途に就けり、即ち僕独り留まり或は広東に游び或は澳門に游び、偏へに孫君の友人を訪へども何れも其係累を恐れて事実を吐くものなし、僕為さん処を知らず、香港の旅宿に帰りて茫然たるの折柄、会々《たま》上海旅店日新楼の息子より寄せたるの一書あり、披いて之を見るに上海北清日報の切抜にして某月某日孫君がリバープールを発して東洋に向ふの電報なり、僕之を見るや否や直ちに一計を案じて在香港なる孫君の親友某氏を訪ひ、欺いて曰く、本日在英の一友人より電音あり、曰く、孫君リバープールを発して東洋に向ふ、之れに会して大事を談ぜよと、足下之を知らざるの理なし、願くば其真を告げよと、某氏驚いて曰く、足下孫君の消息を知ること此の如く詳かに、且つ之を知らんと欲すること此の如く切なるかと、即ち実を告げて曰く、僕孫君と親友たり、彼れ時に書あり詳かに其動静を知る、然れども清国政府の忌諱に触れたるの孫君と交ある、僕の位置に害なき能はず、故に之を秘したりしのみ、足下既に孫君の動静を知り亦僕が孫君との交情を知り、且つ共

に大事を談ぜんと欲す、今に於て僕何ぞ秘せん、思ふに孫君の意直ちに香港に帰り来らんとするもの、如し、危ひかな、孫君未だ遽かに香港に帰るべからず、公願くば直ちに日本に帰り孫君を抑留して之を保護せよと、僕此消息を探り得て帰心矢の如し、然れども足下の未だ来らざるを如何せん、留まらんか、旅貲の尽きたるを如何せん、終に必迫《ママ》は僕をして帰装を整へて船に上らしめたり、会々足下同日同時香港に着し僕を引留めて再たび香港に上陸せしめたり、

以後の事足下が知る所、亦僕の蛇足を付するを要せず、只僕は天下の奇遇に感ずること深し、乃ち足下の未だ知らざる所に就て之を云ふのみ、

二十五日　　古　研

幕天席地楼主人なる人あり、書を寄せて注意を賜ふ、未だ其何人なるを知らずと雖も、全文を掲げて以て正誤に代へ、併せて其高意を謝すと云爾、

滔天老兄足下、事小なるに似たれども足下が折角英文を引きて孫逸仙を Sun Yet Sen と称せられたるため古研老兄までも Sun Yet Sen と明記せらる、皆 Sun Yat Sen の誤なり、英文に疎なる読者は見てくだらぬこと、なさんも、其誤や日本文にて孫逸仙を孫悦仙若しくは孫偽仙とせると同じく甚だ変なり、殊に着目すべき篇中の主人公なる上、其れに邂逅のテヅルとなりたる名辞なれば殊に変なり、況んや其後日夕鳩首謀

議の相手の名なるに於ては注意を与ふるも可也と存じて、

二十七日

南万里書を寄せて非島事件の詳を云ふ、余が筆意の足らざるを責むるは可也、事実と相反すると云ふは酷ならずや、参照を乞ふ、

滔天老兄足下

今二日の紙に記する非律賓《フィリピン》の事情は聊か事実と相反するものあり、アギナルド氏が西班牙との平和条約の後窃かに米軍と約する所ありて再たび義軍を起さんと欲し、□国の軍艦に送られてカビテに上陸したるは千八百九十八年五月十九日にして、同月廿三日独裁政府を建設し、六月廿三日独裁政府を変じて革命政府となし、八月一日カビテに於て非律賓島の独立式を挙行せり、続いてマニラ市の包囲攻撃となり、八月十三日午後五時終に西班牙軍の降伏となれり、西班牙軍降服の後米軍と非軍との衝突は始まれり、是に於てか非軍は米軍の真意を疑ひ、九月十日其革命政府をマロロスに移し、共和国議会を召集して憲法を制定し大統領を選挙せり、

足下が僕と手を分つて香港に向ひたるは八月上旬にして、期せずして東京に相会したるは九月下旬なり、即ち足下が香港に在りたるは八月より九月の間なり、此時は正に是れ非軍が米軍の真意を疑がひ始めたるの時にして、未だ兵を解かず、其米軍の不

信不義を憤慨したるは之あり、其米軍に対して暗に相備へたるは之あり、豈に義軍の再興を陰謀しつつありしと云ふべけんや、

又曰ふアギナルド氏は意既に日本行に決し、暫らく其部下を慰撫せんが為に内地に入り、却つて部下の為に擁せられ剣を提げて立てりと、アギナルド氏は五月十九日カビテに上陸したる以来、未だ曾て外に出でず、而して非律賓共和国の大統領として一切を統治せり、且つ米軍が非律賓島に於ける主権の宣言をなしたるは千八百九十九年一月四日にして、アギナルド氏は一月五日其抗議書を発表し、一月八日堂々として米軍に対する宣戦の布告をなせり、即ちアギナルド氏は米軍に対して新たに義軍を起したるにあらず、既に建設したる非律賓共和国を提げて米軍に抗したるものにして、此戦争は翌年の事に属す、

足下が記憶の誤謬により時の前後を混同したるものあり、因つて之を弁ずと云ふ、

四月二日　古　研

○○○○兄は夢中の旧盟也、書を寄せて意を陳ぶ、亦余が為めに頂門の一針たらずんばあらず、其人の本意に違ふものあれども掲げて以て一粲に供す、○○○○兄乞ふ之を允せ、

拝啓、昨者参堂欠礼仕候、今朝卅三年の夢筆録擯斥□意を含み諸事公明を期する老

兄に似合はしからず、殊に僕の談片も亦責任あるに至りたるものとせば、閑筆一揮所感を披きて老兄の公明なる判断を促し、偏見と冤枉《えんおう》とを正して各々其所を得せしむるは人情の本真と奉存候、

天晴れ故山を後にして死生も共にと漸く乗り込んだる菲島に力を致す由もなく、何の事やらむざ〳〵と信書固封唯命是従ふて帰路につく諸人、貴下が香港にありてさへ飛語紛々アレ程心神を労せる当時の状況なれば、信書を裂〔焚？〕きて使命を腹中に収め以て危難連累を防ぎ以て使命を千里外に全ふするは古の名士勇将の為す所、其心掛けの健気なるは後世に嘆美せらるべきも、決して「開封して窃見したる也と《ママ》」「余のも窃見したるや疑ふべからず」なぞと冷語を当時の親分株より新紙上に公表さるべきものにはあらず、老兄をして地を換へて彼等たらしむるも、此れ以上の心掛けあるべしとも覚えず、

豈に図らんや信書は何をか記せる、哀矣哉《かな》、彼等の地位は俄然として頗る窮せるものとなれり、是れ絶好の喜劇と悲劇の混交、名家の奇文も写し出すこと能はじ、貴下と会見せる時のマゴツキかげんにても当時裂封して披見せる時の彼等の昏倒、意外（？）、憤激、想ひ見るに堪へたり、斯の如くにして忠臣義士の素質あるものも如何にして忠臣義士たるべきか、（形式丈でも忠実たるべきもの如何にして素志を追ふて進まるゝ乎）其時の心情を想ひやれば、僕は時隔りたる今日貴下の冷語を一見してさへ面白からず、

又其道徳的見解に付きては、僕更に一段の慷慨を禁ずる能はざるものある也、近頃紹介状なぞの不封は道徳的意識の微〔?〕光の発形せるものにて、其の正当に拡充せられ発揮せられんことは僕の望ましく思ふ所なれど、是れさへ教育ある人士と云はるゝ間にも充分行届かず、亦何ぞ危難の境死生共にすべき同盟を失望せしめてはるぐ故〔?〕国に帰へすに当り、其人をあしざまにしるせる封書を托して要用の使命と見せしむるは、豪傑人を操縦するの妙法なるべければ咎むべからずとせんも、其浅慮無識丈で人を愕かすに足る者あり、併し道徳的意識の蒙昧は即ち浅慮無識なる故を知らば済世救民の志も大にたすかるべきにと、僕は只廿二世紀にでもならばどふにかならんかと天に祈るの外なし、併しながら老兄は如何に感ずる乎、其人の身上に悪結果を来すことを筆して厳封して其人に附して伝達せしむるは愉快を感ずる乎（所謂豪傑は皆愉快を感ずるらし）、不快を感ずる乎、若くは其天真の不快をごまかす為にいろんな屁理窟を要することなき乎、酒を要するなき乎、女を要するなき乎、一切是等の事なくば、僕の道徳的意識は黄河百年老兄の領会する所とはならじ、若し一点でも首肯する所あらば、僕は安んじて老兄の公明なる判断を他日に期するを得ん、道徳的意識の余りに相去る甚しき時は到底共に図り難し、「道同じからざれば相共に図らず」との真理此時体認せらるべきなり、嗚呼僕戒行未だ足らず、動もすれば鋒刃鞘を脱して走る、当世に於て此等の事を気にせば車載斗量、八方皆敵、飼犬尚ほ且つ我に向て吠へん、只夫れ道義的見解の不当は影響する所優に人を殺活するに足るものあるを以て、少くとも老兄は公明なるべく心掛くるを思ふが為めに課外玆に至る、深く介意せざれ、僕に動物園あり、植物園あり、玉乗〔?〕ある以上は、僕左まで当世に知己を強ひず、敬具、

廿二日　〇〇〇〇

滔天老兄

尾崎行昌兄に白《まう》す、僕再度の貴書に接して慚愧益々深し、乃ち尊意を犯して再び貴書を公にす、また自己懺悔の意を寓するのみ、僕戒行未だ足らず、往々情によりて意を枉げんとするの病あり、指摘を賜はらば改悔に吝ならざる也、棄つる勿くんば幸甚、しなしたり老兄、モ少し老兄のアラでも攻撃しおきたらば斯く利用はせられまじかりしならんにと、僕は事後に彼是れ云ふ程動物園の象や植物園の海棠に笑はるべきものならねど、お互ひ相識の毀誉に関する事□□匿名もて新紙上に公表して窃に得たりとなすものなる程怯懦なる能はざるにより、まあ非難せられたる側より何人の書状なるかを自然老兄に求尋するあらば明白に僕を指挙し、不平ならば充分弁駁の道を与へられ、且つ僕の存念を明になし置被下度と願上おくより外なけん、僕が横鎗を入れたるは老兄が責むべからざる一方の人々へ侮蔑の筆鋒を向け、大に非難すべきものと思るゝ一方の所業をば却て之れに附和する文勢に陥りをるため、知らぬ人々（多分其中の

一人を知る）のため又道徳的意識の暗昧を慨せるあまりに出でたる也、然れども強ひて該書状を発表したるを見れば、老兄の衷情知るべきを覚ゆ、一方に対する僕の考は、吾々の志業交情は心契融会せずんばだめ也、然るには道徳的意識の投合一致するあるによるのみ、故に平居其異同を正して是非を明にするは心鏡相照して紛難の境相違はざるを致す道なりと覚悟するが故に、僕は肯《あへ》て俗流に随ふて忌憚するを知らざる也、但し其間の心掛は甚だ面倒にて動もすれば只禍害に了る、されば該書の公表も敢て避くる所にはあらねど、却て悪感反激を招くのみにては僕の本旨に違ふ故に望む所にはあらざりし也、人情飜雨覆風其間に立ちて白刃脱露して来往す、往々自ら傷るに了ること少なからず、故に乱筆一灑、老兄の参照を乞ふ、

廿四日　　　　尾崎行昌

滔天盟兄侍史

無論全く私信一読再裂被下度候

尾崎兄に白す、あまり驚くには当るまい、僕が性や柔弱なること婦女の如し、前日非島の事に付て一本頂戴して、実は心中甚だ愧づる所あつた、故に礼を破つて貴書を公表して懺悔に代へたぢ《ママ》や、懺悔とは何ぞや、言、意と合はざれば允せ、実に兄の指摘せし所を言はんとして言はず、却て弱卒を見掛けて冷笑を与へたるその心術の卑しさ、

胆の小さゝ弱さ哉、乃ち兄の前に叩頭して貴書を公表したる所以也、兄幸に懺悔とお世辞とを混同するなくば幸甚、また出すぞ失敬、

やあ復た驚いたねー兼てより驚くは人智の浅薄なる好証と省覚せる僕も近年頻りに驚かされてばかりゐて、益々自分の知見の浅薄なるを悟るばかりで甚だ面白からぬに、老兄が私書を公表するに擬議せざる超自然的心術の端睨すべからざるに遭ふては、驚きの堺を佚〔?〕して些か逸興を感ぜざるを得ない、成程是れなら別段犯せる罪業ありとも覚えぬに懺悔とは不思議のことを聞くものかなと僕の怪みたるは平凡の見解、老兄に適用すべくもあらず、殊に棄つる勿くんば幸甚なんて流石は風流才人たるを以て一期の面目末代のほまれと心得らるゝ老兄の文言、燈影嬌声裡あたまに浸み込まされたらしき殺人句の屍骸を其儘臆面もなく差し向けられては、僕の如き山僧は啞然として云ふ所を知らず、前世の罪障深くして物云へば云ふ程ぶまなことばかり、顧みて海内の賢豪に愧ぢざらめやと、発憤入定し了はんぬ、草々不尽、

廿八日　　　　　　　　　　　　　　暁蕭〔?〕山人

滔天老兄虎皮下

滔天君足下、僕毎日新聞紙上に於て足下の三十三年の夢なる記事を読み、其夢の甚だ面倒なるに驚く、借問す今や足下は夢已に醒めたる乎、将た未だ夢中に在るものな

る乎、想ふに未だ何れにも片附かざるの境に在るなるべし、夫れ夢は世なり世は夢なり、人生必竟《ママ》夢に外ならず、夢に就ての人言世評ドーでも宜きに非ずや、足下何ぞ夢の分疎弁解に苦悶さるゝことの甚しきや、足下の半生を夢也と覚悟さるゝは僕又同感、単に半生のみを以て夢とせず、一世《ママ》を挙げて夢なりとせば更に同感、足下若し如斯き理窟附きの悪夢を一排し大に爽快なる夢の真境に入らば、恐くは大に楽しきものあらむ、敢て言ふ無礼願くは恕せよ、

五月初一日　　空水道人

滔天兄虎皮下

空水道人に答ふ、夢を説くは痴人の所為と相場が確《ママ》つてをる、僕豈に賢者の聴聞を強ひんや、

斬魔剣なる人あり、一刀を空水道人に加ふ、道人それ何を将て之を迎へんとする、

滔天老兄足下、僕真神擁護仏敵退治の為に斬魔の剣を抜きて空水道人なる者を攘はん、渠《か》れは悲喜憂歓は醒覚の際より夢中に甚しきものなるを知らざる也、夢を知る真ならざるは能く醒覚せざるが為なり、酔生夢死の徒動もすれば空言囈語《げいご》を列ねて得たりとなす、是れを冥窟に堕在せるものといふ、老兄彼の鳩翁の栄螺《さざえ》の話を知る乎、此輩〔?〕只だ壺〔?〕焼にして喰はるべき宿命を有す、之れを救済せんが為に諸天仏

神の心労一方ならざるを思へば僕□拳熱喝なき能はず、独り覚ゆ良工苦心多きを、喝、

斬魔剣

三日

滔天老兄玉榻下

落花の歌

一将功成りて万骨枯る、
国は富強に誇れども、
下万民は膏《あぶら》の汗に血の涙、
飽くに飽かれぬ餓飢道を、
辿り〳〵て地獄坂、
世は文明じや開花じやと、
汽車や汽船や電車馬車、
廻はる轍《わだち》に上下は無いが、
乗るに乗られぬ因縁の、
からみ〳〵て火の車、
推して弱肉強食の、

剣の山の修羅場裡、
血汐を浴びて戦ふは、
文明開化の恩沢に、
漏れし浮世の迷ひ児の、
死して余栄もあらばこそ、
下士卒以下と一と束《たばね》、
生きて帰れば飢に泣く、
妻子や地頭に責め立てられて、
浮む瀬も無き窮境を、
憐れみ助けていざさらば、
非人乞食に絹を衣せ、
車夫や馬丁を馬車に乗せ、
水呑百姓を玉の輿、
四民平等無我自由、
万国共和の極楽を、
斯世《このよ》に作り建てなんと、
心を砕きし甲斐もなく、

計画破れて一場の、
夢の名残の浪花武士、
刀は棄て、張り扇、
たゝけば響く入相の、
鐘に且つ散るさくら花。

響きなば花や散るらん吉野山
心して撞け入相の鐘。

沢国江山入二戦図一。生民何計楽二樵蘇一。
憑レ君莫レ話封侯事。一将功成万骨枯。

侠客と江戸ッ児と浪花節

「江戸ッ児」と云へば、瀟洒《さつぱり》した、垢抜けのした、さうして男らしい、一種愛すべき侠的人物が髣髴として胸中に浮んで来る。請ひ問ふ、此くの如き気質は、那辺《なへん》より出で来つたのであらう。

想ふに是れ江戸の花と唄はれた「侠客」の賚《たまもの》である。換言すれば、江戸ッ児は侠客を以て江戸の花として崇拝し其感化を蒙りて、自ら一種の気質を成したのである。而も斯道を鼓吹し伝道したる我が浪花節の手に持つ一本の張扇は、江戸市民に侠客気質を叩き込むに於て、多大の力があつたことは、蓋し疑ふ可からざる事実である。

今は昔、徳川の権威四海を圧して、泰平唱来幾百年、士気漸く餒萎《だいい》して、旗下の士日に逸楽を事とし、財尽くれば事を構て下民を虐げ、以て一夕遊興の料を貪ると云ふ始末で、無辜寃に泣き、良民故なくして斬棄てらるゝもの日に幾人なるを知らず。町人は殆んど人にして人にあらざるやの奇観を呈したのである。

啻《ただ》に旗下の侍のみでない。斯る世の習として、官職あるものはその官職を笠に、黄金あるものはその黄金を楯に、無闇矢鱈に威張り散らして下民を苦め、以て自ら得たりとするの悪風、日を逐ふてます〳〵盛んとなり、老幼道路目を以てするに至つた。

此の時代の要求に応じて起つたのが即ち侠客である。その起るや、驕者に対する鬱憤、抑えんと欲して抑ゆる能はず、弱者に対する同情、制せんと欲して制するに由なく、「何を巫山戯《ふざけ》やがる!!」題目名号に代ゆる啖呵一喝、生を忘れ死を忘れ、一切万事を忘れて敵手《あいて》構はず喰つて掛り、敢て其意地を貫かざれば休まざるの強情を発揮したのである。

試みに江戸侠客の筆頭として、今に香花の墓前に絶えぬと云ふなる幡随院長兵衛に看よ、渠《か》れ幼時、己が幼主人の過誤を我身に引受け、罪を隣家の旗下彦坂善八郎の膝下に謝し、誤つて蹴入れし鞠を請ひ受けんとして却つて恥しめらるるや遂に彦坂を殺害して無念を晴し、其身は恩ある主人の計ひにより幡随院の住職良碩上人に預けられて、事なきを得たのであつた。

由来、心に武士の横暴跋扈を憤りて、眼色にも顕すを恐れたりし江戸の町人、一旦此事を耳にするや、殆んど救世主の降臨の如くに狂喜し渇仰し、寺の名に因みて幡随院の親分と称し、一身一家の些事と雖も、苟《いやしく》も我身に余る難義あれば、「親分頼む」と駆け付ける。頼むとあれば後へは引かぬ男伊達、事の大小は問はず、何事にまれ生命に代へて裁決してやる。其の度胸には、いかでか感激せずに居られやう。幡随院長兵衛の名の恰も無冠の帝王の如くに響き渡つたのも、決して偶然でない。渠《かれ》が最後の一幕も、劇場に於ける旗下の横暴を挫いたのが原因で、挫かれた旗下は己が非行を棚に上げ、事に托して渠を招き酒に盛り潰して殺したのであつた。予めそれと知つて招きに応じ、足腰立たぬまで酒を飲み、其場で殺害された長兵衛の意気や千古に凛然たるも、敵手の仕打こそ卑怯千万。決して武士の風上に置くべきものでない。果然、長兵衛の横死の第三日、件《くだん》の武士は長兵衛の乾児《こぶん》唐犬権平等の為めに、耳鼻を斬り取られて、公儀より切腹仰せ付けられ、唐犬権平等は、為めに死刑に処せられて、其の盛名益々揚り、同時に侠客なるものゝ声望を高からしめたのである。其他、放駒四郎兵衛や夢野市郎兵衛や小仏小平や大口屋暁雨や日本銀次や八橋常吉や新門辰五郎の如き、男の中の男と謡はれた侠客は、孰《いづれ》も当時の狼藉武士に物見せて輿望を担ひ、侠客なる名目をして益々光輝あらしめたのであつた。

斯くして侠客は江戸の花と謡はるゝに至つた。同時に似非《えせ》侠客は江戸市内に続出した。渠等は侠客の名を藉りて金銭を強奪し、弱者と見れば喧嘩を売つて酒代を強請した。一面に狼藉武士を制御する真の侠客は、一面に此等の似非侠客を威伏して良民の難儀を救ねばならぬ。加之《しかのみならず》、血気に逸る乾児の喧嘩の後尻も引受けねばならぬ。喧嘩々々又喧嘩、泰平の天下に喧嘩の絶ゆる間なく、喧嘩と火事とは、遂に江戸の名物として計へらるゝに至つた。

然り、血煙立つ喧嘩の真只中に立ち、胸くつろげて自己の春色を煽る底の人物ならでは、到底親分としては立てぬ、啻に喧嘩許りでない。上下の別なく夜毎に見舞ひ来る火事場の働きこそ、渠等の男を売る試金石であつた。

嗚呼、喧嘩と火事、是れ渠等が胆力養成学校である。喧嘩に負ける、直ちに是れ木葉野郎也。火子を浴びて屋根の上に駆け上る、直ちに是れ兄哥《あにい》也。血と火を以て鍛ひ上げたる度胸を以て旗下にブツつかる、直ちに是れ親分也。標榜は「扶弱挫強」のみ。求むる所は「侠客」の美名のみ。その外には一物も無いのである。

古来我国は「花は桜木人は武士」と称し、武士道を以て国の精華としてある。これには誰も異存の無い筈。されど侠客町奴気質に至つては、武士も及ばぬ優美なる心懸けがあつたやうに思はれる。

抑々武士には、食禄なるものありて、食ふに困らぬやうにしてある。已れ一代許りでなく、子々孫々、大なる過ちの無い限り、永久に食へるやうになつて居る。のみならず、其道を励み忠勤を抽《ぬき》んずる者には進級増禄の道も開いてある。極言すれば、渠等は懸賞賄付の闘犬である。主人の命なら犬でさへ生命を的に闘ふものを、人として君の御馬前に胡為《なんすれ》ぞ生命を惜むべき。若し忠勤を励まぬものがあつたら、それこそ犬にも劣つた木葉武士で、人間の仲間を外れた奴である。然り、武士が君主の為めに忠勤を尽すことは、誉むるに値せぬ尋常一般の約束事であるのだ。

　侠客はさうでない。渠等には斯くせねばならぬと云ふ義理があるのでない。約束があるのでもない。況んや食禄懸賞をや。只々生れついてのおセッカイ、人の難儀を余処に見られぬ苦労性、一歩踏み出しや、刀鋸《たうきよ》前に横るも、後には退かぬ強情我慢、仮《たと》令死すとも立て通さねば休まぬ男伊達、その気合と云ふものは、又格別である。

　渠等が一たび激して他人に立ち向ふや、実に発狂したる閻魔のやうである。されど顧みてその心情を穿鑿すれば、誠に菩薩の如き優美な処がある。渠等は唯だ「情の人」である。故に事物に感じ易い、その感じ易い情線に何物か触れた時に、何の考慮をも費す遑なく、直ちに「オー好し、己れが引受けたッ」と頼みもされぬ事に出娑婆つて、黒白をつけるのである。

　然り、渠等を動かすものは一片の情である。情の激して発する所即ち義である。人或は情の人の名分を誤るを言ふものあれども、それ情の極致を解せぬ人の言で、情と義とは必ず背馳するもので無い。情至る時、義亦其中に宿る。真の侠客なるものは、即ち情の至れる者である。

　曾て日本銀次の乾児と国定忠次の乾児と事を構へ、忠治の乾児が銀次の乾児を奪ひ去るや、銀次単身上州国定村に至り、忠治の乾児に対して我が乾児の返戻を迫り、之を拒むや、一刀スラリと引抜きて決闘沙汰に及んだ。此時忠治近村にあり、此由聞付け馳せ帰りて様子を窺へば、我家の真只中に、唯一人刃物を抜いて多数の乾児相手に斬りまくる其不敵さ、忠治思ふやう、斬つて棄つるは難からねど、苟も我が縄張、しかも我家に一人にて斬込むは度胸ものなり、是には何か子細あらん、理由も聞かずに殺したとあつては、我名の瑕なりと、先づ乾児を制し、礼義正しく一応の理由を問へば、始めて乾児取戻しと判り、我が乾児の過誤を謝し、礼を厚くして之を返し、且つ銀次に乞ふて義兄弟の杯をなして別れたとの事である。一小事ではあれど、情より出た義、義より出た情と相一致して二致なきところ、実に言ふに言はれぬ妙味があるぢやないか。

渠等已に「情」を以て自己の生命となす。故に情激して発すること能はざるは、何よりの苦痛である。直ちに是れ自己の生命を奪はるゝに均しき業である。仮令ば釈迦が人生の無常を感じて出家するを拒まるゝが如し。拒むものは一国の皇太子たり、我身の君主たるを思ふ為めであるが、釈迦自身の情線には、「已に人生無常」てふ大問題が触れて鳴り響いて居る。王冠も栄華も眼中に無い、今は唯だ人生問題を解釈すべく「出家得道」が本願である、其他は顧る処でないのである。

大小の別こそあれ、侠客の胸中之に似たるものがある。渠等の目一たび弱者の強者に虐げらるゝを見るや、その情線は早鐘の如く鳴響くのである。眼中報酬もなければ子孫もなく、生命も無い。今は唯だ「扶弱挫強」の本願さへ遂ぐれば成仏するのである。其他に求むることはナンにも無い、若し禄に生き禄に死する日本武士を譬ふるに桜花を以てせんか、我れ侠客に比すべき名花なきに泣かざるを得ない。

我が浪花節は、斯る悲壮激越なる侠客を謡ふに適当なる平民芸術である。故に従来浪花節の言上題目は、多く侠客物を基礎として、武勇伝、仇討談、乃至佐倉義民伝などであつた。故に江戸市民の其の感化を受けて、今にも江戸ツ児気質の幾分の影を存し居るのは、実に是が為めだと思ふ。

げに「時は何物をも変化さす」と云ふが、近頃の文明とやらは、如何なる美風良俗も、遠慮会釈なく吹き去り将《もつ》て行き、法制の設備に伴うて江戸名物の火事喧嘩の減少せしは喜ぶべけれど、江戸の花なる侠客も、次第々々に凋落し、近世の大達物清水の次郎長以後次郎長なく、逸見の貞蔵以後貞蔵なく、東京に在りては、僅かに古賀吉にその影を止め、東海道にありては大庭平次郎、出井源次郎その余波を偲ばせ、甲州の早川助重、大坂の淡熊、小林佐平、神戸の中村友吉、九州の吉田磯吉、釣鐘三平等にその面影を窺はしむるのみで、高義逸気、古義人を照らし、熱情人を溶かす底の真骨頭は、見んと欲して見られず、仰がんと欲して仰がれない。それかあらぬか、浪花節までも俗化して、侠客物をそちのけに、やれ時代物だ武士道鼓吹だと、平民芸術の本領を没却して、上品に〳〵と、日を逐うて本来の定連たる半天着の御客を余処に、髯様大事と心掛くるは不心得千万、浪花節の破滅之に根ざし、江戸ツ児気質の壊敗も之に因するや必定、洵《まこと》になげかはしきの至りである。

斯く言へば、復古野蛮の説だと笑ふものもあるであらう。決して左様でない。論者は今の世に侠客を不用と云ふか、今年のやうな大洪水でもあつた時に、その救済方をお上に一任し、神経遅鈍なる富豪の道義心に一任して可なりと云ふか、斯る場合に飢餓を叫ぶは、万年町新網町許りでない。お役人や富豪の目は、そんな処までは届かない。どうしても裏長屋の隅々まで目を通して、已むを得ざれば富豪を叱り飛ばし、高利貸をせしめて、其財布の紐を解かせ、以て一飯の食に十年の寿命を取留めてやる侠的人物が必要である。

然り、警察権を振り廻はして一寸一盃屋や小商人を虐ぐる悪刑事を懲らしめ、若しくは国家民人の休戚を余処に、待合料理屋の楼上に節操の売買する国会議員等を戒め、乃至天下の機密を種に投機に手を出し、儲けた金で芸妓を受出して蠢《うご》めかす大臣宰相の鼻をなで上げて、毒気を吹掛ける底の大達物が出なくては、此の世は何処迄堕落しゆくか、殆んど底止する所を知らぬではないか。

それにつけても、浪花節のハイカラ振こそ言語道断、此の社会こそ先づ本心に立返つて、衰微せる江戸ツ児を叩きなをし、進んで一大侠客を現世に造り出すべきであるが、さる抱負あるもの、斯の社会に果して其人あるか、今の処甚だ覚束ないが、人は心の持ちやう次第、今日本心に立ち返れば、其時已に一歩を進めたのである。先んずれば人を制すとやら、浪花節も一時の盛運に眩して高木戸のみを貪らず、半纏着のお客を正客と心得、安木戸で俠客伝を怒鳴るやうにならねば、浪花節家そのものは勿論、自慢の江戸ッ児気質も最早駄目だ。サテも現代に取残されたる俠客先生は果して如何。渠等新刑法に恐れ、賭場を閉ぢて堅気になつたは結構として、徒らに女郎屋料理屋の主人となり、土木請負鉱山業乃至劇場の主、興行人となり、稼業大事に励みて、それで死せる親分に申訳が立つであらうか。思へばなか〳〵に心細き浮世にぞある。

要之、「江戸ッ児」は俠客の気を禀《う》け得て出来上つた品物で、浪花節は「俠客」を謡ふて江戸ッ児に其気を吹き込んだものである。帰するところ俠客が源で、それより流れ出た芸術と江戸ッ児である。而るに今や其源殆んど涸れて江戸ッ児淋び、浪花節堕落して、また昔日の面影がない。此時に当りて、政教社同人諸君玆に俠客号を発行せらる。蓋し時勢に感ずる所あるが為であらう。謹みて所感を記して責を塞ぐと云爾。

浪人界の快男児宮崎滔天君夢物語

泥土に塗れた落花

「アイヨ浪花節の滔天か、革命党の宮崎か」は少し恐入らざるを得ないね。此でも僕には霊的の生活時代もあつた、初恋もあつた。今日あるに至つたのは僕自らにはチヤンとした理窟もある、経路もある。今の骨抜鰌等のやうなフンニヤリとは少し違つてござるわ。僕嘗つて鏡に向つて自分から自分へ云つたことがあるて。「君の容貌一癖ありさうにして而して何ぞ之なきの甚しきや。君の風姿英霊なるが如くにして而してその手腕何ぞ鈍なる。君の体軀徒らに長大にして而して其の心何ぞ豆の如くなる。君の行為斯くの如く磊落にして而して其の情何ぞ婦女の如くなる。君は是れ終に天下の不英雄なるか。嗚呼不英雄なる哉。天下の不英雄君と我とのみ。共に唱はん落花の歌、共に奏せん落花の曲、武蔵野の花も折り度しそれかとて、嗚呼それかとて……」

響きなば花や散るらん吉野山、去り乍ら誘ふ風にも散るものを。僕は花とならんとしてそら泥土に塗れた落花となつてしまつた。ぎやあと生れて四十と有二年。浪花節の口調は御免の蒙り、何ふしたぞへ滔天、斯ふしたぞへ諸君と、前半生は大束にまけとき、少しは応へた大きい所を二つか三つを話してくりやうか。

半生の夢と初恋

加藤肥州が夢の名残の銀杏城を距る西北十余里、大道髪の如き長州街道の、ゆく〳〵将に筑後の国境に入らんとする所に一小村落がある。荒尾村と云ふ。此寒村の名族の家に生れて旦那々々で育つたものだ。父は僕が十一歳の時に世を去り、僕は畳の上で死ぬるは男子の恥辱也、と教へた母に育てられ、二兄の感化を受けたことも多かつた。兄弟は男八、女三、而して僕は末弟だ。勿論僕は大将豪傑たらんことを望み、自由民権を善いことに思つてゐた。

面倒臭い、ウント飛ぶよ。小学、中学、其から今は変節で時めく徳富蘇峰先生の有名な大江義塾、東京へとんで今の早稲田大学の前身東京専門学校。師事した先生の順から云へば蘇峰先生徳富猪一郎さん、フシヤ師、小崎弘道師、海老名弾正師。

初め英雄を知らないで英雄になりたくなり、自由を知らないで自由民権を好み、それで猪一郎（徳富）さんの内弟子となつた。大江義塾は全くの自治制度、僕も大に其学ぶ所を得たのを喜んだのであるが、日ならずして先生も生徒も少しも豪いものでない事を知り、尻に帆かけて東都へ上つた。

腰を落付けた先は義塾時代の旧友の所、毎月母より受くる学資はヲンリー三円、赤貧洗ふが如しを通越しても物質的には極めて満足してゐた。此時旧友如何と見れば、義塾で天下国家、自由や民権を怒号して居た天下の書生はユナリ、シヤナリと壮俳の化物のやう、驚いたよりは可愛相であつた。

恰も青春漸く十六、七、思想の困難煩悶が止む時が無つた。所が一夕基督教の講義を聞いて無上に感じて仕舞ひ、讃美歌とヲルガンの音とが此上ない平和を与へてくれた。僕が熱烈な基督教信者となつたのは此時である。

僕は泣虫となつたが、僕には楽地があつた。僕が最初救はれたのは築地の外国伝道者フシヤ師で非常の知遇を受けたが、恰度此時旧師猪一郎さん（義塾では平等主義で斯ふ呼んでゐた）も東上したので、一夕寓居を訪ふた所が、同氏から小崎（弘道）師を紹介せられて同師の門弟となり、師の教会が自由主義の組合派であるのが僕の気に入つた。矢張り自由民権は僕の天性と見へる。所が茲で洗礼を受たので旧師を喜ばせうとフシヤ師を訪ふに及んで却て不機嫌の顔を見、初めて基督教にも沢山の派がある事を知つて茲に信仰上にも革命の萌芽を見るに至つた。此の一打撃は元より余が安心を擾乱《ぜうらん》するには足らなかつたけれども、確に無識なる余が胸中一点の闇雲とはなつた。此は少し研究しなければならぬ。天国も終に学に待たなければならぬかと思つた。

僕の二兄〔弥蔵〕も亦東都に遊学してゐたのであるが、暑中休暇に僕は二兄の下宿に起臥を共にして遂に二兄や母までも信者にしてしまつた。然に二兄の煩悶は僕よりもずつと大きいものであつた。

二兄の胸中に貯ふる所の秘密は、黄人長く白人の圧抑する所となり、其運命は支那の興亡盛衰にあるから、自ら支那に渡て英物を物色し、此を説んために一友も入清せんとするのであつた。僕が支那と云ふ印象を初めて得たのは此時からである。

其後初めて上海に渡つた時や其前後は凡て略するが、初恋丈けは……。六尺の巨大漢にも恋は同じだぜ。当時長崎にアブラハムと云ふ狂《きやう》乞《こ》叟《じき》があつた。彼は一種の凡神説を把持する極端の自然主義者であつた。僕は此者に依て基督教的迷信より遠かるを得、彼の媒介により前田家の令嬢〔槌子〕と婚約した。其からの熱烈な恋や其の嫁ぎのイキサツは云ひたくても日が暮れる。止さう止さう。

金玉均及無名の英雄と同女俠

初度の上海行に味噌をつけてから、暫時は故郷で例のお可愛い奴と貧乏世帯をはつてゐたが、其も三年でたゝき売つて妻には熊本で下宿屋をさせ、僕は二兄に謀つて単独東上し、当時品川に亡命してゐた金玉均を説き、大に支那に為すあらんとしてアボジ〔金のこと〕より大きい援助を受る密約が出来た。僕も二兄も手の舞、足の踏む所を知らなかつた。斯くて其時期を国で一日千秋と待つ内に、アボジは彼の康有為〔李鴻章〕のために刺され、僕は又たもやギヤフンとまいつてしまつた。

其から僕は又た東京へやつて来て金君の葬儀に列したが、天下の名士会葬するもの千を以て数ふる程あつた内に、銀座街頭の時計店の二階に寓居せる短矮肥満の一紳士、明かに云へば無名の大英雄〔渡辺元〕に遇つた。此の英雄の為めに僕は後図の上にどれ丈けの援助を受けたかは知る人ぞ知るだ。又た此の他僕はまた一無名の女侠と相見るの機を得た。女侠名はお玉〔杉谷玉〕、北海の産で、金君の大志に賛する所があつて、アボジ死後は僕等に其の遺志をつがんことを乞ふたのだ。此の女侠の為め僕は又たどれ丈け助けられたか知れぬ。天下の志士に向て焼くまいぞ、〳〵。

活動写真じや無いけれど、第一、第二の暹羅《シヤム》遠征や、僕が活動の源泉の二兄の死から、中村背水〔弥六〕子、大井馬城〔憲太郎〕将軍とのイザコザや、度々受る木翁〔犬養毅〕の商義談、面倒臭いや打飛ばして、骨も身もある革命一件に、一寸一服して言上の仕らうか。

初めて革党首領孫逸仙に逢ふ

話はずん〳〵飛んで渡清数回後のことに移る。僕は又もや木翁の好意に依つて、南万里〔平山周〕、長鋏〔可児長一〕の二君と共に〇〇省〔外務省〕の命を受け、支那〇〇〇〇〔秘密結社〕の実情を視察することゝなつて、横浜に寓居中の陳白君を訪ふた。彼は流石に会中の内情を打明け兼ねて、唯党の首領として孫逸仙を戴くことを告白し、是即ち其人なりとて一小冊子を取り出して示したのみであつた。此冊子は〝Sun Yat Sen; Kidnapped in London〟と題し、孫逸仙が自ら英国の支那公使館に幽閉せられた顚末を記述したものであつた。僕は茲に於て彼が興中会の一人なる事を察知し、明治廿九年に南清に事を挙げんとして成らず、孫と共に逃亡せる一人なる事をも推測した。其から僕は紹介状まで貰つて香港へ渡つた。

香港上陸後の事は略するが、要するに僕等が革党の事業を助くるならば宜しく急に孫を訪うてくれ、彼前月既に倫敦《ロンドン》を発するの報あり、不日貴国に到着すべしとのことであつたから、南万里と相携へて孫の後を逐ふべく一旦帰国した。孫逸仙とはそも如何なる人ぞ。僕は極力其の初対面記を記さなければならぬ。苦節十年、自由民権、支那の覚醒、英《ママ》人種の向上は僕の生命だ。此をマイナスすれば後は零だ。人は知つても知らなくても宜いよ。

香港を発して航行一週汽船は横浜に着いた。僕は一旅宿に投じ、日の全く暮るゝを待て独り陳白の寓を訪ふた所が、陳白は台湾へ行つたとて居ないが、一週間ばかり前確かメリケンから来たとか云ふお客があるとのことであつたが、此客も此日不在で僕は深更旅宿に帰り、翌朝早起馳せて再び陳の寓を訪ふた。

　顔なじみの下女に面し、様子如何にと尋ぬると、お客さん未だお寝みになつてゐると云ふので、僕は庭前を徘徊し、彼の起上るを待つて独り妄想に耽つてゐた。するとピンと音して扉が開ひたので何心なく顔を上げて見ると、寝衣の儘で顔を出した紳士がある。僕を見て軽く首肯しつゝ、英語もてお上りなさいと云ふ。之を熟視するに曾て写真で見覚へある孫其人である。乃ち一揖《いちいふ》し応接間に入り彼と対座した。則ち彼は口も嗽《すす》がず顔も洗はず、ホンの寝起の其の儘だ。僕は先づ其の無頓着に驚いた。而して少しく其軽躁なるにも驚いた。併し僕は名刺を出して初対面の挨拶を述べた所が、彼は陳白から僕が事を知てると云ひ、且つ亡二兄の事なり。僕と陳白と相知るに至りしことを繰返し、而して今日又此の会合あるは天の冥命なりと説き、早く既に心を許して城府を設けないやうであつた。僕は無上に喜んだ。併し其挙止動作の飄忽《へうこつ》にして重みの無い所は僕をして聊か失望せしめたが、既にして下婢来り口嗽《うがい》のお湯が出来ましたと云ふ。彼は暫くと云ひつゝ出て行つた。斯かる間に僕は独り思ひ惑ふた。此人能く四百余州を背負つて立つべきか、又能く四億万衆の上に政権を揮ふべきか、僕遂に其人を助けて僕が志を遂ぐるに足るか、如何かと。則ち僕は外貌に依つて鼎の軽重を問はんと試みたのだ。

　既にして彼は再び出て来た。その頭髪を撫で付け、衣服を更《あらた》めて椅子に凭《もたれ》た風采は実に好箇の紳士であつた。而も僕が予想した孫逸仙は這麼者《こんなもの》では無かつた。僕は何となく物足らぬ心地がして、モツト貫目なくてはと思つた。其から徐々に彼の口から革命の主旨と之に附帯する方法手段の詳を聞くに及んで、僕は初めて僕の運命が大に定まるを覚へた。僕が一生は此の初対面に最も重要な頁《ページ》を割かねばならぬ。此から来る枝葉は何ふでも宜い。初め処女の如かりし彼は脱兎のやうになつて来た。一言は一言より重く、一語は一語より熱し来つて終に猛虎深山に嘯《うそぶ》くの概があつた。彼は一種形容すべからざる悲壮の語気と態度とを以て談話をつづけた。彼の云ふ所は簡にして能く尽してゐた。而して言々理義を貫き、語々風霜を挟み、又箇中自ら熱情の燃へて溢るゝやうのものがあつた。其所で僕は私かに恥入つて懺悔した。僕思想丈けは二十世紀にしてゐる積りでも、心は未だ東洋の旧套を脱せず、徒らに外貌に依て漫に人を速断するの病がある。之が為めに自ら誤り、又人を誤ることが甚だ多い。孫逸仙の如きは実に已に天真の境に近きものがある。彼何ぞ其の思想の高尚なる、彼何ぞ其の識見の卓抜なる、彼何ぞ其の抱負の遠大なる、而して彼何ぞ其の情念の切実なる、我が国人士中斯の如きもの果して幾人あらうぞ。誠にこれ東亜の珍宝であると、僕は実に此時から凡てを彼に許すに至つたのであつた。

南洋の風雲其他一括

右の一項を語れば他のくど〳〵しいことは云ふも面倒至極。康有為の日本に来てからの事や、哥老会頭目の来港一件、大挙南征の事件に引続くシンガポールでの入獄、最後に至つて経綸画策の全滅、或は恵州事件、近きは今回の〇〇大事件等語り出せば小説よりも面白いかも知れないし、又は僕滔天の滔天たる所が馬鹿々々しく見へるかも知れないが、下手の長談議は見物の御退屈、先づ此の辺で切上げて、僕が浪花節語りとなつた由来丈けを一席一寸弁じて置く。

浪花節語りとなつた由来

浪花節語りとなつた由来は何でもない。僕幼時「親分頼む〳〵の声さへ掛けりや、人の難儀を他所に見ぬてふ男伊達、人にやほめられ女にや好かれ、江戸で名を売る長兵衛で御座る」の祭文を語る、此技が少し進んで来たまでだ。我事悉く敗れて終に桃中軒〔雲右衛門〕の門を叩き浪花節の群に投じたまでだ。何の屁理屈がありましやうかい。又た僕の近況が知りたいなど野暮を云ふ可らず。僕が豚屋へ来て見玉へ。「主人は絶体に留守であります」

朝鮮のぞ記

社長編輯長両位先生足下

去りぬる日、朝鮮京城にて、黄興君三週年の思ひ出を、少しばかり書いて差上げましたが、その後仁川に遊び、又引返して京城に帰りそれから釜山に出て、連絡船にて下関に着き、又汽車にて岡山に到り、玆にて汽車を乗り替へ宇野へ参り、連絡船に乗りて四国高松に着く。一週間ばかり此処で愚図つきて、呑ん気のようで呑ん気ならぬ旅行を終へて、今や復東京の片辺りなる高田村に舞ひ戻りました。

朝鮮は私には要事のないところで、曾て一度も其地を蹈んだことがなかつたのです。然るに今度は自分の要事でなく、国元の姉〔富〕に命ぜられた事があつて、生れ来て始めての姉への孝行の序に、お蔭さまで一寸でも、朝鮮見物が出来ました。

今申す通り、元来私は朝鮮といふ土地には、何等の因縁も有たなかつたけれども、朝鮮人には多少の因縁があつた、否大ありでした。私が世の名士といふ名士に会つたのは、金玉均君が最初で、それから朴泳孝君以下の亡命客でした。殊に金玉均君は、私が此人はと見込んで、支那革命の志願を打ち明けた第一人なのでした。

此事に就ては、曾て拙著『三十三年の夢』に少しく書きましたから、今改めて申し上げませんが、金君死後間もなく、其親友石井信君は「自棄糞《やけくそ》だ、金の吊《とむら》い合戦でもやろうじゃないか」と、少壮連二十余名をかり集め、私にも其相談があつたので、絶望の矢先ではあるし、早速それに賛成する、石井君大満足で、詰襟の洋服と太刀一本贈られたのでしたが、急に関門の警戒が厳重になつて、ツイそれなりけりになつて了つたことがありました。

私が朝鮮に渡らうと思つたのは前後只此の一回でした。顧れば当時と今とは、実に隔世の感があります。要件といふ要件はつまらぬ事としても、多少の因縁のないといふでは無し、新領土の瞥見も一興なりと、予《かね》て姉との約束も成立したれば、私かにその電報の到来を、心待ちに待つて居たのでした。

電報の来たのが先月の二十二日でした。私は準備の為めに二日の猶予を乞ふて、二十四日の夜行にて東京を出発する旨を電報し、その夜の十一時に乗込んだのでした。勿論特急車に乗れば早くて便利ですが、それで行けば、九州線に乗り換ふるのが翌晩の十時で、おまけに私の郷里なる万田駅も、姉の宅に近き長洲駅も、共に田舎とて急行は御無礼する規定、一駅手まへの大牟田駅には立ち寄れども、そこに着くのが夜明け前三時といふに閉口して、遂に牛の歩みにも似たる此の列車を選んだのでした。ところが驚いたのは、汽車の中に二泊です。成る程そうなる理屈ですが、斯麼《こんな》こと、知れば福岡にでも一泊して、生前一方ならぬ面倒をかけた的野半介君のお墓詣りでもと思へど、下手の智恵は後からの譬へ、余り好きもせぬ小説を途中で買つて、しようことなしの催眠剤、眠り眠りて目醒むれば読み、読んでは眠るうちに下関に着いて、海峡一つ越ゆれば我が九州。何時見ても楽しきは故郷の山川、近くなるほど親しみ深く目が冴へて、応接に遑なければ汽車も時間も足早く、何時しか博多を過ぎ、久留米を過ぎ、大牟田を過ぎて、我郷村なる万田駅にさしかゝつたのでした。

此日は定めて待ち詫て居る事と思ひつゝ、我が郷村は乗越にして後廻しに、長洲駅に近き永方の二姉の宅を先にせんと、手紙は郷村の嫂〔美以〕宛に出し置きたれども、誰か知る人でも見えたら、口づから伝言し置かんものと、首さし延ばしして見廻す途端「叔父さん！」と呼びしは確かに姪！　それは早く良人に死別れて本家に帰り居る長姉〔留茂〕の長女で、その結婚以来二十余年といふものは、一度も会ふ機会なく、これも一昨年其良人を喪つて今其母の膝下なる私の家兄〔民蔵〕の宅に帰つて来て居る姪なのです。

私はその姪と共に万田停車場の柵外に立つ嫂を認めました。嫂は手を挙げて「早く降りなさい」と云ふ。「此汽車で永方に行つて明日帰ります」と私が言へば、姪は大声を張上げて「早く下りなさらぬと汽車が出ます。永方には判つてます」と叫ぶ。私は最早考慮の遑がない、手荷物を提て直に汽車から飛下りる、嫂と姪は私の荷物を受取りつゝ「成功成功」と笑ひ喜ぶ。成功とは変だと其故を問へば「永方にはお待ちでせうけれども、本宅の前の素通りは出来まツせんたい、明日はお母さんも此叔母さんも、一緒に永方に行つてお詫すると言つてゐられますから、一日位遅れても構いまツせんよ」と姪がいふ。果然、私は一杯喰はされたのでした。併しかゝる喰はされ方は、私の身に取つて、どのくらい嬉しかつたでせう!

切符を渡して停車場の外に出て改めて嫂、姪と久方振の挨拶の交換済めば、嫂は背後を顧みて、「叔父さんにお辞儀は……」と言ふに始めて気付いて目を配れば、家兄の末子で今年七歳の腕白息子〔真英〕。其風貌の野蛮的に挙動の快活なので、四年前私が戯れに張勲と綽名せる最愛の甥が、その母を楯に取つて私から隠れてゐるのです。「張勲! お辞儀は!!!」と言ひつゝ手を延ばせば、宙を飛んで逃しまゝ嬉しさうにそこらを縦横に走り廻る。折柄停車場前の主人女房連は馳せ出でゝ、さも珍し気に会釈するを、一々応対して歩を我が生家の方に進むれば、我が張勲は前になり後になりして走れども、手を延ばせば捕へられじと逃廻る。

私の最も嬉しく感じたのは、嫂が四年前に逢つた時よりも、ズツと肥つて健康体に見えた事でした。元来貧乏の点に就ては、私も決して家兄に負けを取らぬのですが、家兄年が年中不在勝ちで、その留守宅には、嫂が主となりて子供を育てながら、四方八面から攻め寄する債鬼も一人で引受けて、二十有余年間苦闘悪戦を続け、今尚ほ戦闘中にありて、辛ふじて廃残の本城を守つてゐるので、私の最も心配なのは、本城の没落といふことよりも、寧ろ嫂の健康であつたのですが、今やその心配は霧消して、実に我身も心も、軽きを覚えました。今春私が上海より帰りますと、その留守中に東京に出て来た嫂の事を私の子供が報告して、「叔母さんはもう貧乏の悟道に入つてゐられますから御心配には及びません」と言ひましたが、全くその通りだと思つて、言ふにいわれぬ喜びの中にも、何だか悲しいやうな済まぬ気がしてなりませんでした。けれども嫂は何処までも快活です、姪も甚だ快活です。私が彼女の亡夫の事を言ひ出さうとすると「それはもう過ぎました、やめにしませう」と打消しつゝ、我が郷村の近状を話ながら歩く。そのうちには幾多の旧知と行合ふ、向ふには見知らぬほど老たのもあるので驚けば、「御自分は……」と、姪が冷笑する。嫂は評判ほどではないと弁護する。斯る間に十町許りの道中も夢の如く過ぎて、我が生家たる家兄の家に着きました。

長姉は私の為めに御馳走の庖刀を持ちながら起ち上りて「多分、間違はあるまいと思ふてやつてゐた」と喜ぶ。此日甥や姪は学校の遠足でまだ帰らず、先づシツポリ話が出来ると思ふ間もあらせず、我家伝来の世話役たる平川〔千馬〕君は、イの一番に駆けつける。兎に角一杯とて、飲んで食つたところへ、村の若衆がゾロ〳〵と攻め寄する。改めて酒となる。三井炭礦一揆の話や農作の話、生れた子や死んだ人、何じゃ蚊じゃと話は転々として十二時まで息もつかせず、その夜は一家団欒の楽しみもなづかしき村の衆に奪はれて、それなりけりに華胥《くわしよ》の国に遊びました。

翌朝私は六時前に起ました。そして楊子をくわへながら庭内を一週しました。家は傾き朽ちても、昔ながらの庭は広く、樹木は驚くほど成長して繁つてゐる。中にも柑橘類の成長してゐるのと、母上〔佐喜〕在世中、いかめしき門構へを取除いて、その両側に小松を一本づ丶植へられしが、今は早呉下の阿蒙に非ずして、堂々たる偉丈夫となつて居るのです。母上はこの二本の松を兄と私とになぞらへて、両者の成長しゆくのを楽しみにしてゐられたのですが、それを思へば、私共兄弟は、松に対して慚色無き能はず、取別け亡き母上に対しては誠に申訳がないような気がしてなりません。

心細いのは庭先の老梅です。此梅は二百余年前、我家の祖先が佐賀を浪人して、此処に移住せし時に携へ来られしものと伝へられ、我家にては唯一の誇りであつたのですが、痛ましや今は気息奄《えん》々として、迚《とて》も久しきに堪へざる風情なのです。それに引かへて、その傍らにある略同年齢の椋木《むくのき》は尚ほ元気で、これも同年齢の公孫樹《いちやう》は老て益々盛んなりの気勢を示してゐる。私はその老公孫樹の下の、長姉の隠宅に仮寓せる村上君を敲き起して、大谷に同行しようと強請した。

大谷は我家の墳墓の地で三十町計りの山手にあり、曾ては父上の別墅《べつしょ》もあつた処ですが、今は荒廃してその痕跡を留むるばかり。但し私ども幼少の頃はホンノ一軒家なりしが、今はこゝまでも弱き農民の追ひつめられて、十余軒の小村落となりしも生存競争の程度を卜すべく、私は村上君と此処に到りて、祖先累代の墓に詣で、此の小村落の頭領にて、以前は十年近くも我家に下男となり、後米国に出稼ぎして小成功者となりし末吉の宅に小憩し、私が将来の理想的安宅なる此地の風景に一瞥を与へて、急ぎ我家に帰つたのでした。

長姉も嫂も、今日は珍しく帰つた末弟の私と共に、永方の二姉の宅を訪はんとて、早や髪さへ結び直して、私の帰りを待つてござる。イザ朝飯だとの号令に、これも珍しの叔父様と御飯を待ちかねの甥姪、ゾロリ出揃つて食卓に就かんとする時、誰の口からか「永方の伯父様が……」と云ふ叫びが響き渡つた。それでは先越されしかと、玄関に立ち出づれば、果せるかな、姉婿〔築地貞俊〕とその長子とが、ニコ〳〵顔で門口から進み来たのでした。

朝飯も一時中止し、姉婿と甥の房雄とは、交る〳〵に昨日三度停車場に出迎へさせた事やら、買置の魚が古くなつて三度買ひ改めて待つてゐたことやらを話して、長姉と嫂に笑ひながらに苦情の数々を述べたてる。それは承知の上の事だから、魚は此方で買つて持つて行くようになつてゐますと申訳をする。話はそれからそれへと転々して、何時はつべしとも思はれぬうちに、酒肴の用意が出来る、村の有志もやつて来る、茲に新なる小宴会が開かれて、時ならぬ春風が一時に漲つたのでした。

然るに朝鮮の方の要事が急ぐとあつて、私と甥の房雄とは、午後一時の汽車にて直に出発することになり、長姉と嫂とは、永方の二姉にお詫のためとあつて、用意の魚を御持参で、義兄と共に永方に行くことゝなり、一同打ちつれて万田駅に到り、こゝに行合ひの汽車を待ちうけて、南と北にと別れました。ヨシや将来の進歩せる社会に於て、家庭なるものが如何に取扱はるゝかは知らねども、今の我身に取りての慰安と幸福とは、只この中にこそ求め得らるべく、その他に求めて得べからざるものであることが、身にしみ〴〵と感じられました。是も多年浪々の身の上の、家庭の和楽に渇してゐたせいかも知れません。

下関に着いて釜山の連絡船に乗つたのが午後八時半でした。是からが私の初旅なのです。船の構造は綺麗だし、おまけに浴場までが準備されてゐて、汽車に較ぶれば極楽浄土です。たゞ船が進行を始むると同時に、厳しき制服着けた税官吏が、一々お客の荷物を検査するのが、聊か殺風景に見へましたけれども、お客様にその目を掠めて税金を逃れようとする人の屢々あるのを目撃しては、此の殺風景も已を得ぬと思ひました。聞けば釜山の税関吏が下関から乗込み、下関の税関吏が釜山から乗り込んで、時間を空費せぬ為めに船中検査を行ふのだと云へば、殺風景位は、尚更以て忍ばねばなりませんが、汽車のボーイ君に比べて、船のボーイ君が不親切で官臭あるは少しく変に感じました。

私共は船の大浴槽に汽車中の垢塵を洗ひ清め、船の御接対の夕飯を頂戴して、そのま、寝台にもぐり込んで眠りました。そして翌朝六時頃起床して甲板に出た時には左に対州が見へて、遥か向ふには朝鮮の山々が、その山脚に朝霞を棚引かして半身をあらはに、ニッコリと立ち並んで見へるのです。襯衣《シャツ》のま、朝風に吹かれて眺め込んでゐた私の両眼には、何時しか涙が一ぱいでした。私は船室に退却して、着物を着かへて手荷物を片付けました。

船は朝の八時に釜山の桟橋に横着けになりました。第一に眼に着いたのは、憲兵の左往右往する様です。更に眼に着いたのは、全街悉く日本式なのと、山々に木の無いことです。此地には旧友の小成金君もゐるのですが、京城行を急ぐために、その訪問は後廻しとして、早速連絡汽車に乗込み、波止場に立ち働く朝鮮苦力を打眺めて、上海の郵船波止場を聯想しつ、、心淋しく汽車の出発を待ちました。

汽車が進行を始むると同時に、私の萎れし心は緊張して、此の亡国の……、否我が新領土の風景の一画でも見逃すまじと気構へました。そして其時始めて汽車が広軌式であるのに気付いて、本国のそれが窮屈のような感じが起りました。斯る間に汽車は進行する、風景は多少の変化を示す、白衣を着けた朝鮮農夫が、鶴か鷺が田圃に立つたように、田の中に米を収穫してる様が見へる。彼方此方に乞食小屋とも思はるゝ農家の散在するのも、初旅の私には物珍しく眼底に映ずる。

一時間程計りの処にて、可なり大きな川の流れを渡りました。水の清きは何となく嬉しいです。甥を顧みて何川だと問へば「是が有名な洛東江です」と答へました。私は「是か」とばかりに振り返つて再び川の流れに眼を注ぎました。そして故金玉均君の事が又もや胸を衝いて私の追懐を呼び起しました。私は感情を抑ゆるに由なくして、その古事を甥に話し聞かせました。

「洛東江に就て曾て金玉均君が話して聞かした朝鮮節婦美談を思ひ出した。時代も名前も忘れたが兎に角或る時代の王子殿下だ。その王子殿下が民情視察とあつて、僅か従者一人を従へて各道を微行された、そして此の洛東江の辺に出でられた。不図その辺りの農家を籬越《まがきご》しに御覧あれば、農夫の妻女と見へて着物の洗濯をして居る、能く〳〵御覧になると、その女が髪はやつれ衣は汚れて見る影もなけれど、其容貌や秀麗端清で実に驚くべき絶世の美人である。殿下は且つ驚き且つ怪しみつゝ、其処へそのまゝ見惚れて立ちすくんで了つたのである」

「従者は怪しみながら、既に日暮に近きを告げ参らせて、促して旅宿に返り、その夜はそれで御寝になつたが、その翌日も更に御出発の御模様もなく、何時しか知らぬ間に、何処へか立ち出で玉ひたるを、驚き慌てゝ尋ね廻りたるに昨日の農家の籬近く佇み玉ふにぞ、又もや強いて促し返りたるに、御気色甚だ勝れ玉はず、遂に寝食を廃して、病の床に就かれたれば従者も一方ならず心配して、御旅程も茲を打ち止めとして、病王子を擁して、急ぎ京に帰つたのであつた」

「サテ御身柄だけに殿中大騒ぎ、天下の名医と云ふ名医を招き集めて診察させ玉ふに、誰一人その病源を知るもの無く、一同恐惶措く所を知らざるが中に、其中の一人国王殿下に拝謁して、今回御行幸のその砌り従随せるもの、お召を請ひ、従者に向つて御旅中の事ども聞きたゞし、従者が別に御異状なかりしも、洛東江の辺り一農家に就て如々是々《しかじか》の事ありし由申出でたるに、此医生ハタと手を拍つて、此病こそは世に所謂恋病也と診断し、王子殿下に向つて其事を言上に及び、総て御包み隠し玉ふことなく、御打明け玉はゞ、雲上の御身の上、などて御望みの叶はざらめや、愚拙身を粉にしても、御力となりぬべしと申上げた」

「星を指され玉ひし王子殿下は、今は包まん由もなく、実は洛東江の辺り何とか云ふ処の農民の妻に懸想して、意馬心猿自ら御するに由なく、遂に思ひを一絶の詩に寄せて籬の内なる其女に投与せるに、彼女は直に一絶を筆に托して我に返せるによりて、我望み茲に断へたるが、其詩を読んでは我思ひ更にいやまして、忘れんと欲して忘れ難く、其容顔眼前に髣髴として追へども去らず、熱情憂思凝つて遂に斯は病苦に陥れりとて、両人の間に往復し玉ひし詩までも、書いて示されたのであつた」

「その書き示されたと云ふ王子の詩に曰く、

節如霜雪威如山　不去亦難去亦難
回首洛東江水碧　彼身安処此心安

農夫の妻女の返せる詩に曰く、

十手指処十目明　有情無覚似無情
踰墻穿穴非難事　曾与農夫誓不更

医生も此詩を読んで其話を拝聞しては、恋病も無理ならじと同情したであらうが、御身柄だけに問題の解決はいと易い、医生が父王殿下に此儀を奏上するや否や、早速召抱ゆるようとの御勅命を下された」

「そこで御意を受けて、御勅使は金銀珠玉綺羅錦繍の御下賜品を携へて、洛東江の辺りなる一農家を訪れ、事情を打明けて御勅命を伝ゆれば、農夫も今は否まん由もなく(否めば打首は勿論である)最愛の妻に其意を含め、かげ徳利に破れ盃を取り出し、酒くみ交して表に妻の出世を祝しつ、心に別離意を寓し、尽きぬ名残を無情の勅使に引立てられ、妻女は着馴れたる破衣を脱て御下賜の綺羅を身に纏ひ、サラばと許りに別れを告げて、勅使が用意の船に乗る、無心な船頭が櫓を推すまゝに、漸く進んで中流水急なる処に到るや、彼の女は身を踊らしてザンブと許りに飛び込み、そのまゝ死体さへ見へずなつたのである。是が故金君の節婦美談の一節であつた」

追懐談に思はず時間を費して、途中の風景に御無礼した私は、話を終つて再び眼を汽車窓外の山水に転じました。上海附近と異つて到るところ山又山で汽車は其間を縫つて行くのですが、惜ひことにはその山が総て禿山なのです。而も大方は土が洗ひ流されて、巌石骨立で、到底植林の仕ようも無いのは痛ましい。節制の無い国民のする事は、何処も此の如き結果に陥る。禿山は亡国の徴証だと云ふも、決して無理ではありますまい。

私は釜山を乗り出して、やがて豚小屋式の家を見て、是が農家だと甥に聞いた時に、是は特別貧乏人の家で、所謂貧民窟だと早合点して居たのです。然るに汽車の進行につれて見る家々が皆同様なので、怪しんで甥に詰れば「到る処これです」と云ふのです。「寒いせいで家の構造も此の通りか」と聞けば、必ずしもそうでない。「朝鮮の農夫は全く其日暮らしで、殆ど何等の貯蓄もない、是が全道を通じての状態です」と、朝鮮通の甥は答ゆるのでした。

更に甥は農民に就て語つて言ふ、「朝鮮の農民が一番困るのは、秋の米収穫も済んで、その米を食つて了つてから、翌年の麦の収穫までの食ひつなぎです。彼等が草根木葉や、木の芽を食ふのは即ち此の食ひつなぎの間です。故に彼等は此の期間を称して『麦嶺』と云ふのです。併合以来、官憲は種々の方法によりて、勤倹貯蓄を奨励し、一面には金融機関を設けて、農民保護政策を実行して居りますし、自分で田地を有する中農以上の農民は、その恩沢に浴して少しづつ改善されて居りますが、一般多数の小作人に至つては、殆ど手の付けようがありません」と。

是は日本内地でもそうです。都市の労働者は、時々天下の問題に上りもするし、種々の保護法も研究の資料となるのであるが、地方の小作人に至つては、全然為政家政党員の眼鏡の外に置かれてゐるのです。而も国家の干城となつて兵役の義務を負ふものは、此の階級の人が十分の九以上を占めてゐるのです。彼等の生活状態は、殆ど前に述べた朝鮮農民の状態と、同一の境遇に居るのです。米の収穫の全部は徳米として地主に納め麦菜の外に多く甘藷を作つて、朝鮮農民の草根木皮の代りに、それを以て食ひつぎに充つるのです。今の聖代に斯る民のあるを疑ふ方は、閑を作つて田舎を巡廻して見るが好いです。

汽車から眺めたところ、先づ少しく富んで賑やかな場所は、いづくも全然日本町です。朝鮮人はと云へば、町の隅ツこに推しつめられて、小さくなつて居るとの事です。優勝劣敗が世の常とは云ひながら、是はまた大した変りかた、興国の気運は去ることながら、亡国の惨は、昔も今も西も東も、何処までも惨の惨なるものです。

日暮れて間もなく、汽車は漢江を渡り龍山を越へて、南大門の停車場に着きました。私共はそこに下車して車に乗り、大通りを軋《きし》らして本町の一旅館に着きました。此間十四、五町、純乎たる日本街で途中に往来せる朝鮮人は、上海の虹口を歩く日本人の数よりも、却つて少いように思はれました。此の京城でも、朝鮮人は町の一角に立籠つて居るのだそうです。

私は旅館に入つて以来、三日間と云ふものは、一歩も外に出でず、唯一室に閉ぢ籠つたまゝで、ヤツト要事だけを済ましました。此間人の見物を勧むるあり、セメテ旧知の朴泳孝君でも訪問せずやと勧められましたけれども、何となく気が引立たず、二、三要人の外、誰にも会はず、丁度四日目の十月三十一日正午十二時を以て、仁川見物に出掛けました。此日こそ故黄興君の三週年忌日なのです。

仁川では縁故を辿りて、税関長の官舎に行李を解きました。此日天気晴朗、主人は小蒸汽を出して港内の彼処此処を見物させる。官舎に帰れば已に浴湯が出来てゐる。一浴してベランダに出で、一望すれば、波は静かに海を隔て、遠山影は雲耶煙の如く、内地にても一寸見られぬ風景です。尤も官舎が山上に好地位を占めて展望を縦にせしむる賜物を閑却する訳にはゆきません。

曾て徳富蘇峰君は杭州に遊び、日本領事館から西湖を眺めて、我に仕官の念はなけれど、玆の領事にはなりたい、書記官でも好し、居候なら尚可也と謂つたそうですが、此処の眺めは西湖に於ける日本領事館以上です。モ少し濶大です。それも好き〳〵でしようが、私は西湖の景色も愛しますが、寧ろ呉山第一峰から銭塘江を眺めた処を優れりとするのです。

仁川のそれは、山に木の無いのが矢張り欠点です。港口にある月尾島には、その周囲に桜樹を植へあれども、生育内地の如くならずと云ふ。但しその葉は真紅を帯びて、日本にて見られぬ紅葉を呈するは奇ですが、是は矢張り気候のせいだと申します。花と紅葉とが見らるれば、一挙両得で、紅葉だけは景物じやと云つて、主人公と大笑したのでした。

私は此の官舎に二日遊び暮らしました。その多くは令息令嬢が遊び相手で、友ほしさの子供達は、便所に行く私の後さへ追ふのです。そして時々は喧嘩の仲裁役さへせねばならぬのです。三日目に京城から甥が来て、その夕一緒に帰ることになつたところが、自分達も東京に行くとて大騒ぎです。私はやつと此の難関を切りぬけて、京城に帰り、其夜一泊して、翌日の夜行で帰途に就きました。甥は京城に残つたのです。

汽車は元来し道を急ひで、釜山に向つて進む。私は寝台にもぐり込んで、翌日目醒めた時には、已に釜山近くで、顔洗ふ間も無く着駅、旅宿に到りて朝飯を済まし、更に一睡を貪り、再び目醒めて車を大庁町に駆り、旧友香椎源太郎君を訪れしに、不在にて引返したところ、軈《やが》て電話にて「商用にて多忙を極めて居るから、午後四時五時頃某旗亭に来て呉れ」と云ふのでした。

時刻を計りて某旗亭に到れば、主人の香椎君先づあり、芸妓四人もあり、互に久濶を叙するうちに見覚へある一人の蛮的紳士が来た。香椎君は久しぶりに君に逢はすべく招ひた旧友、定めし見覚へあらんと云ふ。私は少し許の考慮を費して、直にそれと気付いて、立ち上つて手を握つた。彼も「左程変つても居ない」と笑ひながら席に着く。是ぞ大村大代君とて、私が小学校時代の同窓生で、シカも同級の親友であつたのだ。彼は同釜山で検事正をやつてるとの事でした。

香椎君も三十年来の友人、彼が十四、五年前、背水の陣を張つて朝鮮に推し渡り、千辛万苦を嘗め尽くして、今の小成金になつてから僅に一度逢つたきり、大村君には小学卒業後中学にて暫らく学窓を同じふした以来絶へて逢はざりし久しぶりの面会、話は少年時代の事より始まりて、それからそれへと湧くが如く、芸者連が唯ボンヤリと聴き役を努むるのみで、甚だ手もち無沙汰のようですけれども、私は今夜の船に乗り込む予定なれば、左様の事には頓着仕らず、青春時代の夢物語りに花を咲かせて、相顧みて白半の頭を撫廻したのでした。

斯かる場合の時間の経過の早さ、話半にも至らぬに、早時間は切迫して、出帆に三十分前の八時とはなりました。私は尽きぬ名残を惜み、再会を約して立ち上りました。香椎君、長谷川〔好道〕総督を迎へんと急ぎ、大村君は私を送らんと車を呼ぶ。私はそれを断りて旅舘に帰り、小荷物を提げて直に船に乗込ました。

翌朝下関に着いて七時半の特別急行車に乗込むつもりで、停車場に待つて居ると、これも昨夜の船に同乗したる一支那人が私の傍に腰かけて居るのですが、厳しき憲兵君は直に其人を捉へて至極怪しげな支那語にて「何処から来たか」と尋ねる。「ハルピンから」と云ふ。「何処に行く」「大関《ママ》に……」「年は何歳、姓名は何と……」なぞ、一々厳重に問ひ詭《ママ》す。支那人は人目恥し気に、顔赤らめて応対する。軈て他の二人の憲兵来りて、又同じ事を詰《つめ》る。何の必要ありてかは知りませんが、此の支那人こそ、憐れにも気の毒の至りでした。

　後にて他の日本人に聞けば、下関にては唯に支那人のみでなく、各国人に対して其通りだと云ふのですが、斯様の事が、どの位外客に面白からぬ感じを与ふるか知れません。過般米国から帰つた人の話に、我が本国に帰つて尤も目につくは、巡査の多いことで、それさへ一寸不快の感を与へると云ふに、礼儀も言語も弁へぬ憲兵が、外人に対してのこの挙動こそは、排日感情を刺戟するの妙薬としては格外、其以外には何等の効力も無い手数と思はれました。蓋し是も官僚政治の余弊なのでしよう。彼等は如何なる手段を尽くしても我国を孤立の境遇に陥れて、声して後甘心せんとする者とほか思へません。

　私は元来船が好きで、汽車が嫌ひです。されば汽車中では、眠るのを第一要件とし、眠り飽いては下らぬ書物読むのを第二要件として居るのですが、此の汽車中でも、そろ〱第一要件に取掛らんとする折柄、不図逢つたのが花井卓蔵博士、二度までも食堂を共にして、時局談から風景談、話佳境に入りて時の移るを知らず、岡山にて相別る、まで、第一第二要件とも、遂に不用に終りしは、近年になき愉快なる汽車旅行でした。

私は此次岡山に一泊して、翌日四国の高松に渡る予定でした。而るに花井君はそれを愚なりとし、岡山に要件なければ、一気直に高松に到るべし、岡山よりは接続の汽車あり、宇野に到れば、其処には連絡の汽船ありと教へて呉れたので、その通りに実行して、其夜の十一時に高松城下に着いたのでした。

高松に滞留すること一週間、其の半日を栗林公園に遊び暮らし、京城にて別れた甥の来着を待つて倶に屋島に半日を遊び暮らしたのでしたが、栗林公園は確かに岡山の後楽園、それから金沢の兼六公園と比肩すべきものと思ひました。唯人工を加へ過ぎたのは何よりの遺憾ですけれども、それは後楽も兼六も同様で、共に惜むべき欠点だと感じました。

屋島に至つては、実に天下の絶景です。仁川港の風景も、済まないけれども物の数かはです。私の筆は此の風景をうつすべく、余りに拙ですから、唯「絶景」の一言に止めておきましよう。殊に此の景勝の地を探るべく、古風の駕のあるのは、亦是れ風勝の一景品です。頂上には可祝と称する旅舘の支店ありて、支度も宿泊も出来るようになつてゐます。今日まで成金派の此地を汚すものなきは、是れ亦一大仕合せだと思ひました。私は十三日に高松を出発して、十四日に東京に帰着しました。折角の旅行にも、身に俗用あれば、風光も目に属せず、従つて筆にも力が這入りません、御察しを願ひます。

宮崎滔天（みやざき　とうてん）

明治三年、熊本県に生れる。徳富蘇峰の大江義塾、次いで東京専門学校に学び、また小崎弘道によりキリスト教の洗礼を受けるが、八郎、民蔵、弥蔵の兄たちの感化で、中国革命の援助を念とする早い民間の浪人として大陸の諸方に行する。朝鮮独立党の金玉均あるいはフィリピン独立運動のポンセと識り、同志と事業に挺身するうち明治三十年に初めて孫文に会してからは、孫を扶けて奔命するも、同三十三年のいわゆる恵州事件で志の破れたことから身を転じ、浪曲師桃中軒雲右衛門の門に入った。その後同三十八年、中国革命同盟会の機関紙「民報」の発刊に参画し、翌年の「革命評論」の創刊に関わるなど、夢を再び大陸に馳せては運動に周旋の労をとり、同四十四年の辛亥革命後は臨時大統領に就いた孫文と行動を共にすること多く、中国との間を往来して歳を送るが、大正十一年に日本で歿。文筆にも才を示したなかで最も知られる「三十三年の夢」は、明治三十五年の刊行である。

近代浪漫派文庫　9　宮崎滔天
二〇〇五年五月十六日　第一刷発行
著者　宮崎滔天／発行者　小林忠照／発行所　株式会社新学社　〒六〇七―八五〇一　京都市山科区東野中井ノ上町一一―三九
印刷・製本＝天理時報社／ＤＴＰ＝昭英社／編集協力＝風日舎
ISBN 4-7868-0067-8
落丁本、乱丁本は左記の小社近代浪漫派文庫係までお送り下さい。送料小社負担でお取り替えいたします。
お問い合わせは、〒二〇六―八六〇二　東京都多摩市唐木田一―一六―二　新学社　東京支社
ＴＥＬ〇四二―三五六―七七五〇までお願いします。

◉近代浪漫派文庫刊行のことば

文芸の変質と近年の文芸書出版の不振は、出版界のみならず、多くの人たちの夙に認めるところであろう。そうした状況にもかかわらず、先に『保田與重郎文庫』（全三十二冊）を送り出した小社は、日本の文芸に敬意と愛情を懐き、その系譜を信じる確かな読書人の存在を確認することができた。

その結果に励まされて、専ら時代に追従し、徒らに新奇を追うごとき文芸ジャーナリズムから一歩距離をおいた新しい文芸書シリーズの刊行を小社は思い立った。即ち、狭義の文学史や文壇に捉われることなく、浪漫的心性に富んだ近代の文学者・芸術家を選んで四十二冊とし、小説、詩歌、エッセイなど、それぞれの作家精神を窺うにたる作品を文庫本という小宇宙に収めるものである。

以って近代日本が生んだ文芸精神の一系譜を伝え得る、類例のない出版活動と信じる。

新学社

新学社近代浪漫派文庫（全42冊）

❶維新草莽詩文集
❷富岡鉄斎／大田垣蓮月
❸西郷隆盛／乃木希典
④内村鑑三／岡倉天心
⑤徳富蘇峰／黒岩涙香
❻幸田露伴
❼正岡子規／高浜虚子
⑧北村透谷／高山樗牛
⑨宮崎滔天
⑩樋口一葉／一宮操子
⓫島崎藤村
⓬土井晩翠／上田敏
⓭与謝野鉄幹／与謝野晶子
⓮登張竹風／生田長江
⓯蒲原有明／薄田泣菫
⑯柳田国男
⑰伊藤左千夫／佐佐木信綱
⓲山田孝雄／新村出
⓳島木赤彦／斎藤茂吉
⓴北原白秋／吉井勇
●21萩原朔太郎
●22前田普羅／原石鼎
●23大手拓次／佐藤惣之助
㉔折口信夫
●25宮沢賢治／早川孝太郎
㉖岡本かの子／上村松園
㉗佐藤春夫
㉘河井寛次郎／棟方志功
●29大木惇夫／蔵原伸二郎
●30中河与一／横光利一
㉛尾崎士郎／中谷孝雄
●32川端康成
●33「日本浪曼派」集
[34]立原道造／津村信夫
㉟蓮田善明／伊東静雄
●36大東亜戦争詩文集
㊲岡潔／胡蘭成
●38小林秀雄
●39前川佐美雄／清水比庵
㊵太宰治／檀一雄
㊶今東光／五味康祐
●42三島由紀夫

※白マルは既刊、四角は次回配本